깨달음과 자유에 이르는 유일한 길 깨어있음

| 문답편 |

깨달음과 자유에 이르는 유일한 길

깨어있음

| 문답편 |

ⓒ 우보거사, 2025

초판 1쇄 발행 2025년 4월 16일

지은이   우보거사
펴낸이   이기봉
편집   좋은땅 편집팀
펴낸곳   도서출판 좋은땅
주소   서울특별시 마포구 양화로12길 26 지월드빌딩 (서교동 395-7)
전화   02)374-8616~7
팩스   02)374-8614
이메일   gworldbook@naver.com
홈페이지   www.g-world.co.kr

ISBN   979-11-388-4172-6 (04220)
ISBN   979-11-388-4170-2 (세트)

깨달음과 자유에 이르는 유일한 길

문답편

깨어있음

우보거사 법담록 2

명상마을 그냥그대로 좋은땅

이 책은 다음 도반님들의 법보시로 출판되었습니다!!!

1. 책의 모양으로 세상에 나올 수 있도록 전반적인 자문과 정보조사와
   디자인선정에 도움을 주신 아문님과, 책 내용의 편집자문과 교정과
   감수에 도움을 주신 문득님과 아이스크림님과, 책 내용으로 우보거
   사의 말과 글이 나오게 된 대화의 인연이 되어주신 많은 수행자 도
   반님들과,

2. 책으로 출판되고 유통되어 삶의 점검의 인연이 되도록 법보시에 참
   여해 주신 도반님들(본명일 경우 성씨와 스님 등 존칭 생략) :

연연, 법계, 통연, 자연, 소백화, 용수(미국), 일각, 여연, 피오니, 일광
명, 문득, 무무, 구룡포, 여실, 무진, 타다타, 올라, 보문, 에나, 케로, 다
원, 풍경, 갈대, 대구반야, 무무득, 반조, 약수, 나래, 도현, 다완, 지금,
원통, 금산, 진모, 느티나무, 율마, 사리자, 아따마야타, 지천, 홀로그램,
무애, 묵조, 구기, 써니, 부산무주, 감사

_____께

깨어있음으로 깨달음과 자유의 삶이 되시기를!!!

_____드림

목 차

■ 유일한 길이라는 깨어있음

■ 유일한 길이라는 깨어있음

■ 깨달음과 자유

■ 깨달음과 자유

괴로움이라는 착각

1.

원망하고, 탓하고, 욕심부리고, 화내는 것은 그저 그러함(자연의 이치)에 포함되지 않는 것인지요?

일어나는 '원망이나 탓이나 욕심이나 화'라 불리는 현상은 그저 그러함의 현상입니다!!!

그런데 그러한 현상인 '원망이나 탓이나 욕심이나 화'를 "내가 원망하고 내가 욕심을 부리고 내가 낸 화"라고 함은 착각 또는 오해입니다!!!

착각은 착각이지 그저 그러함이 아닙니다!!!

왜냐하면 그저 그러함일 뿐이면 괴로움도 괴로움의 원인이 되지도 않지만, 착각은 괴로움 또는 괴로움의 원인이 되기 때문입니다!!!

깨달음과 자유에 이르는 유일한 길 깨어있음 - 문답편

2.

거사님이 괴로움도 관념이라고 말씀하지만 개개인의 상처는 그 누구
도 대신할 수 없고 알 수도 없다고 생각합니다.

저는 지금에야 괴로움이 관념이라고 나로부터 분리가 가능한 시점이
되었지만 외부환경이 직접적으로 나를 압박하고 심지어 피하려는 걸
찾아와서 물리적인 위협이 될 때 어떻게 이것을 관념이라고만 할 수 있
겠습니까?

불쾌감이 착각일 수도 있습니다만 그런 직접적인 원인 고려 없이 무지
로만 치부될 수 있나요?

예를 들자면 암으로 인한 통증이 있는데 통증은 생각일 뿐이다 라고 해
서 통증이 사라지지 않을 것 같습니다.

암이나 외부의 물리력이라 불리는 현상 또는 사건들의 실제는 조건생
멸이고 찰라생멸인 물질 작용들입니다!!!

그러한 실제는 느낌으로 알아집니다.

그러한 작용과 느낌을 암이니 외부 위협이니 통증이니 하고 확정된 실
재라는 착각으로 되지 않으면, 그러한 작용과 느낌은 그냥 작용과 느낌
(생생하고 절절한 느낌일 수는 있지만)일 뿐이지 괴로움은 아닙니다.

괴로움은 암이나 외부 위협이나 통증이라는 현상이나 사건을 확정된
실재라는 착각된 생각의 느낌입니다.

그러한 착각이 없으면 생각은 조건생멸이고 찰라생멸인, 그래서 무상이고 무아인 생각일 뿐입니다!!!

괴로움이 아니라면 통증에 대한 괴로움은 손가락이 잘렸을 때 느낌일
뿐이라고 생각되면 아무렇지도 않을 수 있나요?
물론 아픈 것이 몇 년씩 가지 않지만 며칠 동안은 괴롭지 않나요?

통증과 괴로움에 대한 이해가 필요합니다.
손가락이 잘렸을 때 당연히 어떤 감각(느낌)은 있습니다.
통증은 그러한 감각이 실재라고 착각된 느낌에 대한 이름이지요.
그러한 통증이 괴로움입니다.
통상 손가락이 잘린 경우 통증이라는 괴로움만으로 끝나지 않고, 통증에 대한 생각(부주의에 대한 자책, 불운하다는 생각, 야기시킨 사람 또는 물건에 대한 원망 등등)이 또 실재라고 착각될 경우 마음의 불편함이라는 괴로움까지 더해집니다.
엎친 데 덮친 격이지요.
하지만 그러한 통증이 조건생멸이고 찰라생멸인 어떤 감각일 뿐이라는 이해가 있고, 통증에 대한 생각들도 역시 조건생멸이고 찰라생멸인 생각작용의 현상일 뿐이라는 이해가 있으면, 손가락 잘림에 따른 감각들과 생각들은 있겠지만 괴로움(통증과 마음의 불편)까지 야기되지 않을 수 있습니다.
그러한 이치를 말하는 것입니다!!!

착각될 수 있는 생각이 안 일어나야 된다는 것이 아닙니다.

일어난 생각을 없애야 하는 것도 아닙니다.

생각은 '나'가 '하는' 것이 아닙니다.

'하는' 것이 아니고 저절로 '일어나는' 것입니다.

그래서 생각도 자연의 현상입니다.

저절로 작용하는 자연의 이치를 '내가 한다'고 착각하고, 저절로 작용하는 자연의 이치를 '내 의지대로 안 된다'고 착각함으로써, 괴로움이 있게 되는 것입니다!!!

괴로움의 직접적인 원인이라는 것은 조건들일 뿐입니다.

어떠한 사실 또는 사건 자체가 바로 괴로움은 아닙니다.

예를 들면 "암"에 대해서도 직접 겪는 사람들의 반응은 가지각색입니다.

절망하는 사람부터 순응하여 남은 삶에 오히려 감사하는 사람까지…

암 걸린 사람들의 마음상태에 따라 천차만별이지요.

만약 "암" 자체가 괴로움이라면 모든 사람들의 반응이 똑같겠지요.

그 이치를 새겨 보십시오!!!

일어나는 모든 사실 또는 사건, 심지어 생각을 포함한 몸과 마음의 모든 현상까지도, 다 자연의 이치인 연기작용의 현상임을 모르고 "내가 한다" 또는 "내 행위"라고, 착각함으로써 괴로움이 생기게 됩니다.

'나'가 아닌 자연의 현상일 뿐인데 '내 뜻대로' 될 리가 없지요.

'내 뜻대로' 안되니까 괴로운 것입니다.

자연의 이치대로 내리는 비나 눈을 '내 뜻대로' 안된다고, 화를 내고 괴로워하는 것과 같은 꼴입니다!!!

지금 이 순간의 생각까지도 자연의 현상일 뿐입니다.
'내가 생각한다'고 착각하지 마시고 단지 그냥 경험되는 그대로의 깨어있음이면, 그러한 이치가 저절로 알아지게 될 겁니다!!!
그렇게 그냥 그대로 괴로움 없는 삶이 되게 됩니다!!!
그러니 오직 오로지 깨어있음이라는 삶일 뿐입니다!!!

3.

어느덧 눈 떠 보니 나이를 먹었습니다… (73년생)

젊었을 때 흥청망청 즐기다가 그 업보를 받아서 현재 빚도 있고 겨우 일은 하는데 입에 풀칠할 정도고요…

몇 년 전부터 우울하고 사람보기도 싫고, 사는 게 힘듭니다…

눈에 자꾸 밟히는 여자가 있었는데 알고 보니 잘난 남자 친구가 있는 걸 보고서 마음이 너무 아픕니다.

난 나이도 너무 많고… 집도 차도 없고 빚진 상태이며…

내세울 것이 하나도 없는데…절망감 때문에 힘드네요…

괴로움에 벗어나고자 몇 년 전부터 이 수행 저 수행… 조금씩 수박 겉 핥기로 해보아서, 배운 대로 그냥 그대로 짝사랑하는 여자가 남자 친구 와 있는 모습을 보고 느끼는 감정을 그냥 그대로 바라보면… 생각이 점 점 잦아들고 나중엔 없어지겠지 했는데…

그냥 그대로 바라보지만… 이 생각이 계속 나네요… 관법수행이 저한 테 안 맞는 건가요?

없애려는 마음 없이 나의 업보다 하고 무념으로 바라보았는데도… 또 조금 있음 떠오르고… 딴 생각 하다가… 또 조금 있으면 그 생각이 떠 오르고… 미치겠습니다…

자비의 마음을 내시어 마음 좀 편안하게 해주시면 고맙겠습니다… (_)

그 여자에 대한 생각이 자꾸만 떠오르는 것은 자연스런 일입니다.

그 여자가 보일 때마다, 그 여자를 생각나게 하는 물건이 보일 때마다, 또는 그 여자를 생각나게 하는 상황이 있을 때마다, 즉 조건이 될 때마다 그 여자 생각이 자꾸만 일어나는 것은 자연의 이치입니다.

그 여자가 생각날 때마다, 그 여자에게 떳떳하게 나서기 어렵게 하는 경제적 어려움과 못나 보이는 자신의 모습에 우울하고, 그러한 지금의 자신의 모습과 상황을 초래한 과거와 환경에 대한 후회와 탓함으로 괴롭고, 그 여자에게는 남자 친구도 있어서 지금 어떻게 해 볼 수도 없고 또 그런 모든 상황을 바꾸기도 쉽지 않다는, 미래에 대한 불확실함이 절망감으로 느껴지는 것 또한 자연의 이치로서 너무나 자연스런 일입니다.

그러함은 비나 눈이 조건만 되면 내리는 것처럼 너무나 당연하고 자연스런 것이어서, 그런 상황이 되지 않기를 바라는 것은 비나 눈이 내리지 않기를 바라는 것만큼 어리석은 것입니다.

수행자님은 그냥 무념으로 그러함을 지켜보는 관법(위빠사나)수행을 해왔다고 하나, 그런 상황에서 벗어나고 싶음(화)과 새로운 상황을 만들고 싶음(욕심)이 조금도 없었다고 말하기는 어려울 것입니다.

그래서 여전히 힘들고 우울한 것입니다.

그러나 걱정하지 마세요.

그 여자 생각이 자꾸만 나도, 우울이나 절망감이 자꾸만 엄습해 와도, 그러한 상황을 바꾸거나 다른 상황이 되고픈 욕심이나 화가 자꾸만 일어나도 괜찮습니다.

그냥 있는 그대로 편안하고 행복해질 수 있습니다.

제대로 수행하면 지금의 상황이 전화위복이 될 수 있습니다.

소위 '업보'란 과거의 어떤 행위 때문에 지금 어떤 결과적인 처지가 불가피하게 되는 단순한 인과응보가 아닙니다.

지금 이 순간 이전의 모든 경험(업)은, 지금 이 순간에 처한(보이고 들리고 맡아지고 느껴지고 생각되고 알아지는) 경험상태에 조건화(반영)되어 있는 것이지, 과거의 어떤 행위 자체가 아닙니다.

지금 이 순간의 처지(업보)는 과거의 어떤 행위에 따른 불가피한 결과가 아니라, 과거(지금 이 순간 이전)의 모든 행위 또는 경험과 지금 이 순간의 상황이나 조건에 따라 유동적인 것입니다.

그 중 가장 중요한 조건이 바로 지금 여기 이 순간의 깨어있음이라는 것입니다.

그러니 업보에 체념할 필요가 없습니다.

지금 여기 이 순간의 깨어있음이란 누구나 가능한 것이니까요.

그리고 깨어있음의 업보야말로 어떤 업보보다 크고 좋으니까요.

그래서 깨어있음을 알게 해준 지금의 그런 상황(그 여자 생각, 우울과 절망, 후회와 자책 등)이 감사할 인연이란 것을 알게 될 테니까요.

좋아함(사랑)이란 무엇입니까?

'나한테' 보임이 좋고 들림이 좋고 느껴짐이 좋고 생각이 좋음입니다.

'나'에게 좋음이지 상대 자체의 좋음이 아닙니다.

상대는 그냥 상대일 뿐입니다.

상대는 '나'를 위해 있는 것도 아니고 '나'를 불편하게 또는 해치려고 있는 것도 아닙니다.

'내' 생각으로 좋으니 싫으니 하고 분별할 뿐이지요.

그러니 좋고 싫음은 상대에 있는 것이 아니라 '내' 생각에 달려있고, 그래서 생각이 바뀌면 상대에 대한 좋고 싫음도 바뀌게 되지요.

그래서 좋아하던 사람이 싫어질 수도 있는 것입니다.

그래서 좋아함은 특정 상대의 문제가 아니라 '내' 생각의 문제인 것입니다.

특정 상대를 좋아함은 사실 욕심입니다.

'나한테' 보임이 좋고자 들림이 좋고자 느껴짐이 좋고자 생각에 좋고자 하는 욕심입니다.

욕심이 무엇이며 어떻게 일어나고 사라지는지를 알게 되면, 더 이상 특정 상대에 대한 욕심으로서의 좋아함은 없어지고, 대신에 모든 상대를 평등하게 좋아하게 됩니다.

그러함이 진정한 좋아함(사랑)입니다.

그러함은 '나'의 상황(외모, 직업, 학력, 건강, 경제력 등의 조건)에 대해서도 마찬가지입니다.

그러한 진정한 좋아함은 제대로의 수행을 통해 드러납니다.

이제 '제대로 된 수행'에 대해서만 알면 됩니다.

수행이란 자연의 이치(진리, 법)를 알아 괴로움 없는 삶이 되어짐입니다.

자연의 이치를 안다는 것은 자연의 이치에 따라 산다는 것입니다.

자연의 이치에 따라 산다는 것은 자연의 이치를 거스르지 않는 것입니다.

즉 자연의 이치가 되는 것입니다.

그런데 '나'를 포함한 우주만물만상은 이미 자연의 이치 그대로입니다.

'내' 몸과 마음에서 일어나는 모든 현상(열, 움직임, 감각, 느낌, 생각, 의도, 앎, 말, 행동 등등)도 다른 사람, 사물, 생물, 사회, 세상, 우주에서 일어나는 모든 현상, 존재, 사건, 사고 등등도 모두 자연의 이치로 일어나고 사라지는, 자연의 이치 그대로입니다.

사실 '나'라는 존재는 생각대로라는 착각(관념)일 뿐입니다.

'나'에게서 일어나는 느낌이나 생각이 '내'가 안 일으키려 한다고 안 일어나고 바꾸려 한다고 바뀌던가요?

'내' 몸에서 일어나는 숨도 안 쉬려고 한다고 안 쉬어지고 쉬려고 해야만 쉬어지던가요?

그러한 몸이나 느낌이나 생각을 '나 또는 내 몸이나 느낌이나 생각'이라고 할 수 있나요?

의도나 말이나 행동 또한 '내가 한다'는 것은 착각이고 '인연(원인-조건)만 되면 일어나는 자연의 이치'일 뿐입니다.

그러함을 단지 '나'라고 생각할 뿐이지요.

그러함은 다른 사람, 사물, 생물, 사회, 세상, 우주에서 일어나는 모든 현상, 존재, 사건, 사고 등등도 마찬가지입니다.

그러함을 모르는 무지는 '나라는 존재가 있다'는 착각에서 비롯된 '내가 한다'라는 착각으로 점점 강화됩니다.

그러한 착각은 괴로움으로 귀결되고 드러납니다.

그래서 '내가 한다'는 상황은 착각인 상태이기 때문에, '착각 속에 있음'도 모르고 '이미 자연의 이치'임도 모르게 됩니다.

그러함을 알려면 '내가 알려고 함'이 없는 '깨어있음'의 상태에 있어야 합니다.

그래서 '알려고 함'이 없는 그냥 알아지는 그대로의 '깨어있음'이 바로 '제대로 된 수행'인 것입니다.

그렇게 '제대로 된 수행', 즉 '알려고 함이 없는 깨어있음'이 있으면 자연의 이치에 대한 착각 내지 거스름이 없기 때문에 그대로 편안하고, 결국 수행을 통하여 '나'를 포함한 모든 것이 자연의 이치일 뿐임을 알게 되고, 자연의 이치를 알게 되면 자연의 이치를 거스르지 않게 되고, 그러면 자연의 이치 자체가 되어 불편함도 괴로움도 없는 대자유의 삶이 됩니다.

그렇게 그냥 알아지는 그대로 행복한 삶이 되는 것입니다.

그러면 그 여자도 그 여자에 대한 생각도 우울함도 절망감도 모두 아무 문제가 아닐 것입니다.

'제대로 된 수행'을 통하여 날마다 좋은 날이 되시기를!!!

4.

안녕하세요.

외환. 선물 투자에 실패한 후 3년간 술을 거의 매일 먹고 담배를 하루 2갑 폈습니다…

지금은 열심히 살아 보려고 노력 중인데… 이놈의 술 담배 중독이 독해서요…

끊는다 끊는다… 마음으로 끊어야지 하면서도… 어느새 술 담배를 하고 있는 저를 보고 있습니다…

어떨 때는 술 담배 피는 것이 왜 괴로움인가?

그냥 먹고 피고 하다가 조금 남들보다 일찍 죽으면 되지…

이런 생각이 들다가 술 담배를 끊을 의지력이 없으니 이런 생각까지 드는구나 하고 생각되기도 합니다.

그리고 술담배를 끊으려는 생각과 계속 피우려는 몸의 습관이 부딪쳐서 괴롭습니다…

좋은 방편이 있을까요?

술 담배는 좋은 것입니까? 안 좋은 것입니까?

한때는 술 담배가 괴로움을 잠시라도 잊게 해주던 좋은 것이었었죠?

지금은 술 담배가 의지력 없는 무기력한 못나 보이는 자신의 모습처럼 안 좋은 것으로 생각되죠?

술 담배는 스트레스를 완화시킬 수 있는 좋은 효과도 있죠?

또한 몸과 마음을 피폐하게 하는 안 좋은 것이기도 하죠?

어떻습니까? 술 담배는 좋은 것인가요? 안 좋은 것인가요?

술 담배는 좋은 것도 아니고 안 좋은 것도 아니고, 그저 술 담배일 뿐입니다!!!

중독이란 무엇입니까?

자꾸만 하고 싶어지고 안 하면 하고 싶은 충동과 생각이 자꾸만 일어나서 편안하지 않음이죠.

왜냐하면 한때는 몸과 마음이 술 담배로 편안했었고 그래서 몸과 마음은 술 담배가 있어야 편안해진다는 잘못된 이해(관념)가 생긴 거죠.

몸과 마음이 술 담배에 너무나 익숙해져 그것이 없으면 편안할 수 없을 것 같게 된 것입니다.

그러함이 자연의 이치입니다.

괴로움이란 무엇입니까?

자연의 이치를 거스름입니다.

몸과 마음이 이미 술 담배에 익숙하여 원하고 있는데 그것을 끊으려 하니 힘들고 괴로울 수밖에요.

술 담배를 끊으려 하는 그 생각으로 괴로운 것입니다.

술 담배를 억지로 끊으려 하는 것은 일종의 '화'입니다.

화는 화를 불러일으키게 되고 그래서 악순환이 되풀이 되는 것입니다.

그러니 억지로 술 담배를 끊으려 하지 마세요.

그렇게 해서 술 담배가 끊어지는 것이 아닙니다.

문제는 술 담배에 있는 것이 아니라, 술 담배가 안 좋은 것이라는 고정관념과 그로 인한 싫어함입니다.

술 담배는 좋은 것도 안 좋은 것도 아닙니다.

그러니 술 담배를 끊으려 애쓰지 마세요.

대신에 술 담배가 당길 때 그 당기는 느낌과 당김에 대한 생각과 기분이 알아지지요?

그때 그냥 그러함이 알아지는 그대로(깨어있음)이면 됩니다!!!

그러다 술 담배를 무심코 하게 되면, 그때도 역시 술 담배의 느낌과 생각과 기분이 그냥 알아지는 그대로인지 깨어있음 점검이면 됩니다!!!

그렇게 단지 그냥 술 담배에 깨어있음이면 저절로 술 담배로부터 자유롭게 됩니다.

술 담배와 관련한 괴로움은 술 담배에 대한 잘못된 이해에의 얽매임에 있지 술 담배를 하고 안 하고에 있지 않습니다.

술 담배를 하든 안 하든 불편하지 않게 됩니다.

하고자 하는 생각이 일어나면 하게 될 것이요,

안 하고자 하는 생각이 일어나면 안 하게 될 겁니다.

자연의 이치대로 될 대로 될 것입니다.

술 담배를 끊으려 애쓰지 마시고, 그냥 편하게 술 담배의 느낌과 생각과 기분이 그냥 알아지는 그대로의 깨어있음인지 점검만 있으면 됩니다!!!

그러한 점검으로 되어지는 깨어있음이 바른 해결법입니다.

그러한 깨어있음으로 편안하게 되시기를…!!!

5.

고(불안정, 불만족)는 이미 언어로서 개념화한 것이고 이 개념은 상대 없이 있을 수 없는 이름임으로, 고니 불안정이니 불만족이니 하는 개념 으로부터 벗어나는 것이 시작이 아닐까요?
따라서 또 다른 이름인 태풍에 대한 비유도 또 어긋나는 것 아닌가요?

언어가 개념이라 함은 언어로 무엇인가를 규정함에 대한 이름이고, 언 어로 규정된 무엇인가의 경험 실제를 가리킴으로써 언어의 개념을 타 파하기 위한 언어까지 개념이라 함은, 달을 가리키는 손가락을 왈가왈 부함이지요.
법담이란 개념놀이가 아니라 개념으로 개념을 타파하여 경험 실제(실 상)를 규명함이지요.
태풍의 비유도 개념으로써 경험 실제에 대한 이해를 돕기 위함이고요!!!

태풍이 실체가 없으므로 태풍의 없음이라면, 고도 실체 없으므로 고의 소멸이 아니라 고의 없음이 맞는 것 아닌가요?

그렇습니다.
관념(실재라고 착각된 생각)에서만 고(불만족, 불안정)가 있지, 실제 경험에는 고란 없습니다.

그러나 고로 표현되는 어떤 실제도 없는 것은 아니니, 또 없다는 관념에 빠지지도 마십시오!!!

일체 유위법은 꿈 환영 물거품 그림자라고 비유되는 그러함이 듯, 고도 실재가 아닌 환영 관념이라면, 고가 사라지는 것은 환영 관념이 사라지는 것인데, 고로 표현되는 어떤 실제(실상)를 말씀하는지요?

환영의 내용대로 있는 것이 아니라는 말이지 환영이라 표현되는 경험 실제(실상)도 없다는 말은 아니라는 것입니다!!!

일체법이 무실무허라는 말씀 같습니다.
그렇다면 고라는 말 관념 생각이 무실이고 이러한 생각을 일으키는 작용이 무허라는 말씀 같습니다.

무실무허라 표현되는 일체법의 법은 실상을 말합니다.
관념은 말 그대로 관념이니, 무실이니 무허니 할 필요도 없지요.
무실무허는 법의 실상을 표현한 말입니다.
일체법의 실상은 실재가 아니니 무실이고, 그렇다고 경험까지 없지 않으니 무허입니다!!!

6.

가끔씩 욕심이나 화가 커서 깨어서 알아차리려고 해도 욕심과 화에 질 때가 있습니다…
욕심의 느낌이 너무 달콤해서 알아차림을 포기할 때도 있습니다.
화가 정당하다고 판단되어 화를 내버릴 때도 있습니다.
나가 없다는 말씀에 의심의 여지가 없는데요.
아상이 남아있어서 일까요?
업 때문일까요?

비나 추위는 자연현상일 뿐으로 누구를 괴롭히려고 일어나는 것이 아님을 아는데도, 가끔 비나 추위를 탓함이 일어나기도 하지요?
욕심이나 화도 비나 추위와 다르지 않는 자연현상(인연작용, 연기작용)입니다.
그러니 비나 추위에 가끔 탓함이 일어나도 상관없듯이, 욕심이나 화에 가끔 휩쓸려도 그런 사실이 단지 알아지면 되지 상관할 필요가 없습니다.
아상이니 업이니 하면서 '나'와 동일시 또는 '내 것'으로 착각하지 마세요.
아상이니 업이니 하는 것이 삶을 괴롭게 하는 것이 아니라, 그러한 동일시 내지 착각으로 삶이 괴롭고 불편하게 되는 것입니다!!!

7.

메주가 망가지면 아쉽고 불편한 마음이 드는 게 당연한 거고, 그냥 그 불편을 느끼면 되는 것 아닌가요?
메주가 망가져서 불편한 것은 착각이다… 혹은 불편하지 않아야 한다 는 아닌 것 같습니다.

메주가 망가지면 아쉽고 불편한 마음이 드는 게 당연한 것은 아닙니다.
그렇다고 불편이 안 일어나야 되는 것도 아닙니다.
불편이 일어나서 불편한 경험과, 깨어있음으로 불편이 일어나도 불편 하지 않는 경험들을 통하여, 불편이 어떻게 일어나고 경험되는지에 대 한 이해가 되어지면, 불편이 일어나도 점점 불편하지는 않게 되어가고, 그러면 점점 불편이 일어나지 않게 되어 갑니다.
그러니 메주가 망가지면 아쉽고 불편한 마음이 드는 게 당연한 것은 아 닙니다!!!

깨달음과 자유에 이르는 유일한 길 깨어있음 - 문답편

8.

거사님께서 어떤 질문도 괜찮다 하셨는데요.

거사님께 바른 질문이나 대화란 어떻게 해야 하는 겁니까?

거사님께서는 '안다'라는 단어를 '명확하다, 깨달았다'로 쓰실진 몰라도 제가 모임에 가서 '알지만, 알았는데'라고 한 말은 '명확하다, 깨달았다' 가 아니라 어떤 것이 알아졌고, 어느 것이 이해가 되고 있고, 이 이해가 바른 이해인지, 수행은 바르게 하고 있는지, 무엇이 잘못되었는지에 대해 여쭙는 그런 뜻이었는데요…

물론 제 말투에서 질문 방법이나 대화에서 문제나 오해가 있을 수도 있고요…

'안다'라거나 '알아졌다'는 말을 거사님께서는 '명확하다'거나 '깨달았을' 때 쓰신다면 깨닫지 못한 제가 느낀 걸 표현할 때 이 단어 말고 어떤 단어의 조합이 적절할까요?

'엄청난 공포다'는 생각은 당연히 관념이지요…

그러나 한 생각과 동시에 머리 혹은 심장에서부터 전기로 지지는 듯한 느낌이 온 몸으로 퍼져나가요.

동시에 혈압이 오르고 심장이 불규칙해지고 사지는 후들거려 제대로 서 있지도 못하겠고 시력도 흐려져 앞도 잘 안 보이는 증상이 짧은 간격으로 연속적으로 반나절 혹은 하루 종일 혹은 몇날 며칠 지속되고…

최근에는 이제 그만하고 싶다,

그냥 이대로 심장이 멈춰버렸으면 싶었지요…

그 외에도 심방세동에 마디마디 여러 통증과 이해관계의 문제에… 이 고통이란 것이 쇠에서 녹이 나오듯 저의 어떤 해소되지 못한 경험에 의해 생긴 관념의 현상이라 할지라도요…

착각이라는, 관념일 뿐이라는 이치적으로 무엇을 말씀하시고자 하심은 알겠지만 남의 고통을 너무 쉽게 말씀하시는 건 아닌지요?

남편과의 문제도 제가 남편의 입장도 충분히 이해되지만 거사님께서는 관점이 없으시다니 그 점을 고려해 들으시고 말씀해 주실 거라 생각해서 상대방 입장보다는 제 입장에서만 거사님께 여쭈었고요…

이치, 진리, 수행의 입장에서 말 한다면 지금 적고 있는 이 글도 무지한 생각일 뿐이겠지요…

저는 거사님처럼 짧은 기간에 단번에 깨달아지지도 알아지지도 않습니다.

처음에 수행에 대해 전혀 몰랐고 지금은 빠졌다 나왔다 반복하며 알아가는(?) 과정입니다.

꼭 상처가 아물 듯, 퍼즐 맞추듯요.

어느 날 상처가 나고 딱지 앉고 아물기 전에는 딱지가 안 떨어지고 덜 아물었을 때 떼면 곪고 피나고 긁고 또 덧나고 피나고 반복하다 아~ 자꾸 손대면 안 낫는구나 알고 가려우면 손톱으로 누른다던지, 약을 바르거나 통풍도 적당히 해주며 가만히 놔두면 저절로 어느 부분부터 서서히 아물어 완전히 아물면 마지막에 딱지가 똑 떨어지듯이요…
퍼즐도 끼웠다 뺐다 반복하다 보면 패턴이 보이고 하나 둘 그렇게 마지막 한 조각을 끼워 맞추듯이요…
저는 수행과정이 이런 것 같다는 생각이 듭니다.

이상 법담의 어느 부분을 조건으로 제게 일어난 생각을 적었습니다.
거사님께서 제 관념을 깨주시고자 하신 말씀인거 알지만요… 며칠 일과 겹쳐 울컥했습니다.
이렇게 글 올리면 누구 표현처럼 벌떼처럼 달려들면 어쩌지 심장이 쪼그라들지만 올립니다.

1. 예, 안다라는 말은 님 말씀처럼 이중적으로 사용될 수 있습니다.
머리로는 이해되지만 경험적으로 확인되지 않은 경우와, 경험을 통하여 확인된 이해의 경우입니다.

2. 그래요, 그럴 수 있습니다.
너무 쉽게 이야기하는 것처럼 느껴질 수 있을 겁니다.
그러나 그렇다고 달리 드릴 말씀도 없네요.
우보거사를 포함한 누구나 처해지는 어떤 상황을 일어나지 않게 할 수는 없으니, 무엇이 처해지든 처해지는 그대로에서 관념에 얽매이지 않을 수 있는 도의 점검 외에는 다른 길이나 방법이 없으니…

매번 말씀드립니다만, 우보거사는 자비심이 깊지 못해 관념적 위로는 못해드리고, 오히려 아픈 부위를 사정없이 쥐어짜버림으로써 관념으로 회피하는 길을 없애버리는, 무자비의 자비밖에 없습니다.

그래서 미안합니다!!!

3. 예, 님 말씀처럼 퍼즐 맞추듯 그렇게 이치가 알아지고, 그러한 과정을 수행이라 합니다.

우보거사 또한 아픔의 모습은 달라도 죽을 만큼의 괴로움의 경험이 없었다고 할 수는 없습니다.

짧다라는 기간은 현상적으로 측정될 수 있는 기간만을 말하는 것이지만, 그렇게 표현되는 기간의 심리적인 경험은 짧다고 규정할 수 있는 기간은 아니겠지요.

암튼 우보거사를 포함한 누구라도 모습은 다를지언정 나름 죽고 싶을 만큼의 괴로움의 경험을 통하여 깨달음과 삶의 자유에 이르게 될 겁니다… 누구나, 예외 없이, 몸이든 마음이든…

그러니 어느 누구도 남의 괴로움과 답답함, 그리고 그에 대한 토로에 대하여 벌떼처럼 달려들 수는 없을 겁니다.

만약 그런 도반이 있다면 정말 무지의 소치이겠지요.

거듭 편안하게 해드리지 못한 무능력과 무자비에 미안합니다!!!

9.

며느리도 똑 같습니다.

그냥 친정어머니에게 하듯이, 자기 자식에게 하듯이… 잘하려고, 훌륭한 효부 되려고, 음식 잘해드리려고… 그렇게 애쓰지 말고, 그냥 편하게, 자신이 먼저 편하게 그렇게 하세요.

그냥 평소의 일상처럼, 시어머니 안계시던 때처럼… 그리고 시어머니게 말씀하세요.

그냥 제가 이렇다고, 그냥 이렇게 지내자고…

훌륭한 며느리가 되고자 하는 그 마음 때문에, 편안한 삶이 되고자 하는 그 마음 때문에, 무엇인가 되고자 하는 그 마음 때문에, 이래야 한다 저래야 한다는 그 견해 때문에, 불편하고 괴로운 삶이 되는 것입니다!!!

훌륭하고자 편안하고자 무엇인가 되고자 하지 마세요.

이래야 한다 저래야 한다고 단정 짓지 마세요.

어떠한 상황이 눈앞에 닥치든 그냥 그대로 사세요.

그냥 그대로 사는 삶에서 충만함이, 향기가, 사랑이, 행복이, 기쁨이, 평온이… 문득 피어남을 알게 될 것입니다!!!

〈훌륭하고자 편안하고자 무엇인가 되고자 하지 마세요.

이래야 한다 저래야 한다고 단정 짓지 마세요.

어떠한 상황이 눈앞에 닥치든 그냥 그대로 사세요.〉

라고 했는데요,

사실, '하지 않기'도 힘들고, '그냥 그대로 살기'도 힘들죠.

그런 말들의 실제 의도는, 〈훌륭하고자 편안하고자 무엇인가 되고자 하든, 이래야 한다 저래야 한다고 단정 짓든, 어떠한 상황이 눈앞에 닥치든…〉 그러함에 그냥 알아지는 경험 그대로 깨어있음일 뿐이라는 말이에요!!!

10.

요구르트를 사서 반 친구들에게 돌렸다는 그 사실을 칭찬함은 좋지 않다고 생각되는군요.

아마 그 전날 친구 아빠가 요구르트를 보낸 사실이 그런 생각을 하게 했을 가능이 많기 때문이지요.

아마 그 사실을 칭찬하면 그런 방법으로 칭찬 받으려는 시도가 더 늘어날 지도 모르고요.

그런(돈을 직접 벌지 않으니 돈으로 하는) 방법은 어린 아이의 방법으로 칭찬하면 역효과가 날 수도 있고, 다른 아이들에게도 안 좋은 영향을 미칠 수도 있으니까요.

그래서 전에 서로 경쟁적으로 반 친구들에게 무엇인가를 사서 나누어 주려고 했었을 테니까요…

돈 없는 친구들은 열등감을 느끼게 될 것이고요.

무엇인가 다른 친구들에게 해주고 싶어했던 그 마음을 칭찬해 주세요.

친구들을 기쁘게 하고자 한 그 마음이 얼마나 아름다운 마음인지를 칭찬해 주세요.

그렇게 다함께 기뻐할 일을 하는 것이 얼마나 소중한 일인 지를 칭찬해 주세요.

그러나 방법은 좋지 않다고 조언해 주세요.

돈을 벌지 않는 학생으로서 부모에게 의존하지 않고, 친구들과 부모님과 선생님에게 기쁨을, 도움을, 이익을 줄 수 있는 방법, 그런 방법을 생각해 내고 실천하면 정말 너무너무 대단할 거라고 말해 주세요.
(돈 없는 친구들도 포함한) 누구나 할 수 있으나 아무나 할 수 없는 그런 방법들…

예를 들면,
(가능하면) 다른 친구들 공부 도와주기 (그럴려면 본인 먼저 공부하기), 다른 친구들 공부 방해 않기 (수업 중 소란 피우지 않기), 다른 친구들 청소 부담 주지 않기 (교실 더럽히지 않기), 불편한 다른 친구들 도와주기, (불쌍한?) 선생님 수업 방해 않기…
(우보거사는 수업 경험이 없어서 더 이상 창의적인 아이디어가 떠오르지 않는군요… 암튼 학생으로서 해야 할 일과 할 수 있는 일)

주의해야 할 점은, 무심코라도 공부 잘하라고, 모범생이 되라고는 말하지 마세요.
부모님이 일하듯, 선생님이 수업하듯, 학생의 일은 배우는 것이라고 상기만 해주면 돼요.
사람마다 재능이 달라 누구나 다 훌륭하다는 사실이 왜곡되지 않도록, 모두에게 도움이 되고자 하면서도 다른 친구들에게 피해를 주지 않으려 하는 그 마음이 소중하다는 사실을 이해하도록, 그러한 시도 그 자체가 아름답다는 사실을 이해하도록 말씀해 주셔야 합니다.

마지막으로, 학생들의 행동에서 드러나는 그들의 마음을 이해하려 해보세요.

인정받고자 하는, 훌륭하고자 하는, 주목받고자 하는, 맘에 들어 하지 않는, 재미없어 하는… 적극적, 소극적, 자포자기적, 또는 오히려 파괴적이나 부정적인… 그러한 말이나 표정이나 행동이 곧 그들의 마음이지요!!!

선입관으로 판단하지 않고, 있는 그대로의 학생들 말이나 표정이나 행동을 지켜보면, 해답은 스스로 드러날 것입니다!!!

깨어있음의 특징은, 그동안 무심코 간과했던 또는 당연시 했던 사실을 〈발견한다(알게 된다)〉는 데에 있습니다.

그래서 〈발견의 기쁨 또는 신기함〉이 있습니다!!!

위 사례에서 예를 들면, '내가 이런 생각도 하는구나', '어, 내가 왜 짜증내지', '이런 느낌이구나, 신기하다'

'~~~~을 알았다', '이렇게 많은 생각을 하는구나', '~~~~생각이 든다' 등등. 또는 '내 말속에 부러움이 있었구나' 또는 '내 행동속에 나도 몰랐던 미움이 있었구나' 등등, 〈발견의 기쁨 또는 신기함을 느껴보게 하는 것이 핵심〉입니다!!!

그러나, 단순히 '~~~~행동을 한다' 또는 '내 행동이 나쁘지 않은 것 같다' 또는 '~~~하고 싶은 생각이 들었다' 또는 '~~~이 기대된다'

또는 '~~~이면 좋겠다'와 같이 〈발견〉이 아닌 〈바램이나 추측이나 단순 묘사나 생각 자체〉는 조금 거리가 있습니다!!!

선생님이라는 일을, 깨어있음 수행하듯이 하면, 조급해 하지 마시고 점검 또 점검으로 깨어있음 수행하듯이 하면, 선생님이라는 일만큼 보람과 기쁨을 주는 일이 흔치 않음을 알게 되실 겁니다!!!
선생님, 우리 선생님!!!, 홧~~~~~~~~팅~~~~~~~~~!!!

11.

단명이라는 것은 죽음에 대한 오해로 일어난 생각입니다.

사람, 짐승, 곤충, 삼라만상 등 존재라고 하는 것들의 실상은 물질적 정신적 작용들의 흐름(연기현상)입니다.

우리 눈에 존재라고 보이는 것은 우리 눈의 착각입니다.

사람의 실상은 존재가 아닌 작용의 흐름(연기작용)이기 때문에 죽음도 태어남도 없는 것입니다.

끝없는 중중무진 연기작용만 있을 뿐입니다.

그러니 단명이라는 것을 업보라 할 수 없고, 윤회라는 것도 그러한 연기작용에 대한 이름일 뿐입니다!!!

사람마다 죽음이라는 생각에 직면했을 때 일어나는 반응은 천차만별입니다.

직접 겪어 보지 않아도 인류 역사와 일상생활의 다른(죽음 만큼 고통스런) 경험들을 통하여 알 수 있습니다.

그러한 차이는 죽음에 대한 이해와 욕심/화라는 정신작용에 대한 무지(실상과 이치의 모름)와 깨어있음의 차이로 비롯됩니다!!!

과거의 어느 한 경험(예를 들면 사람을 죽인 범죄)은 현재 또는 미래의 어느 한 경험(예를 들면 죽음)으로 반드시 드러나는 것은 아닙니다.

즉, 죽음에의 직면 또는 죽음이라는 경험으로 드러날 만한 무거운 업이라도 지금 여기의 조건에 따라 천차만별하게 되는 것입니다.

그러한 조건 중에는 어떤 사건/사고/질병/착각/깨어있음 등등이 있습니다.

그 중의 가장 결정적인 조건이 바로 깨어있음입니다!!!

그러니 업으로부터 자유로워지는 유일한 길은 깨어있음이라는 수행입니다!!!

12.

무엇보다 먼저 술 먹으면 술 먹는 줄 알고, 고기 먹으면 고기 먹는 줄 알고, 카페인 든 음료 마시면 카페인 든 음료 마시는 줄 알아야 됩니다!!!

술 먹지 않으려고, 고기먹지 않으려고, 카페인 든 음료마시지 않으려고 애쓸 필요는 없습니다.

애쓰면 애쓸수록 욕심과 화가 늘어나 삶의 새로운 괴로움의 원인이 될 뿐이지요.

단지 그렇게 알아지는 경험상태면 저절로 술이나 고기나 카페인 든 음료로부터 자유로워지고, 그렇게 자유로워지면 굳이 끊지 않더라도 그들로 인한 해로움 또는 괴로움은 없게 될 것입니다!!!

이해 못할 답이네요. 먹는다는 것 다 알고 먹지 않나요?

'술 먹는 줄 안다'라는 말은, 술이 몸속으로 들어가면 무슨 냄새가 나는지 무슨 느낌이 드는지 말투의 변화가 있는지 같은 말이 반복되고 있는지 행동의 변화가 있는지 등등이 알아지는 경험상태를 말합니다.

'고기 먹는 줄 안다'나 '카페인 든 음료 마시는 줄 안다'도 마찬가지 경험 상태를 말합니다.

정말로 누구나 그렇게 알고 먹습니까?

13.

공동선이나 긍정, 희망 이런 것들을 추구하는 것은, 고에서 벗어나기 위한 것도 아니고, 본성이 선이나 사랑에 가깝기 때문도 아니고, 관념에 의한 일종의 욕심입니다.

그래서 공동선이나 긍정, 희망 이런 것들을 추구하는 것은, 추구함이 이루어지는 것 같으면 더욱 추구하게 되고 남들도 동참하도록 권유하게 되고, 추구함이 이루어지지 않으면 실망하게 되고 동참하지 않는 남들을 탓하게 되어, 결국 자신도 불편하고 남들도 불편하게 됩니다!!!

그러면 어째서 많은 성인들이나 스님들은 선을 이야기하고 공덕을 쌓아야 한다고 이야기하는 것인가요? 하나의 방편인가요?
그리고 어려운 사람들이나 위기에 처한 사람들을 보면 본능적으로 도와주고 싶은 마음이 생기는 건 왜일까요?

부처님 같은 성인들의 "선"은 착함이나 훌륭함이 아니고 욕심과 화가 없음을 말함이고, 그 "공덕"은 욕심의 충족이 아니고 욕심으로부터 자유를 말함입니다.

그 "본능적으로 도와주고 싶은 마음"은 선업이나 공덕을 쌓고자 함(착하고자 함이나 훌륭하고자 함)이 아니고, 깨어있음에서 우러나는 자비심입니다!!!

깨달음과 자유에 이르는 유일한 길 깨어있음 - 문답편

14.

'내 집'이라는 관념에 얽매임이 있으니, '피해'라는 생각과 '불편'하다는 생각이 작용하게 되지요.

'나'나 '집'이라는 것은 실재가 아닌 관념이라는 것을 분명히 안다면, '피해'나 '불편'이라는 착각도 단지 이런 저런 느낌일 뿐임을 분명히 안다면, 애초에 아무 문제가 없는 일일 뿐이었을 것입니다!!!

깨어있음이란 '그냥 알고 있는' 상태로는 부족하고 '(내가 하는) 분별도 없는' 상태이지요.

'불편'이니 하는 것들은 느껴지지 않게 되는데, 아마 '내 집' 또는 '내 피해 또는 불편'이라는 분별이 있어서, 온전한 깨어있음 상태가 아니어서 그러할 것입니다.

'비나 눈'만에 깨어있음으론 부족하고 '피해라는 생각과 불편한 느낌'에도 깨어있음이면 문득 온전한 자유로움을 느끼게 될 것입니다!!!

걱정하지 마십시오.

깨어있음은 아무런 대처도 없는 것이 아닙니다.

온전한 깨어있음이면 '비와 눈'에 적절한 대처라는 지혜가 우러나게 될 것입니다.

온전치 못한 깨어있음에서 작용하는 대처는 그러한 불편이 느껴지게 됩니다.

그러니 '어떻게 대처'할까에 관심을 두지 마시고, '깨어있음이 온전한지'
의 점검이 필요합니다.

그러면 됩니다!!!

15.

부처님이 가출하시기 전에 깨달으셨더라면 가출을 하지 않으셨을 겁니다.

깨달음은 가출(출가) 여부와 상관없으니까요.

그렇다고 가족을 위해 헌신하셨을 거라는 의미는 아닙니다.

사람은 누구나 자기 인연으로 살아질 뿐입니다.

누가 누굴 위한다는 것은 생각일 뿐입니다.

누가 누굴 위해 살 수가 없는 것이 자연의 이치입니다.

그래서 부처님도 한 사람도 구제한 바가 없다고 말씀하신 것입니다.

오직 자신의 삶을 살 뿐입니다.

단지 서로 처해진 조건이나 상황이 될 뿐입니다.

조건은 단지 조건일 뿐이지 다른 사람(가족 포함)의 삶의 내용을 결정하지 못합니다.

가출하고 하지 못하는 것은 가족 때문이 아니라 자신의 업(원인) 때문입니다.

가족도 가장이 있고 없음과 상관없이 자신의 업에 따라 삶이 결정되는 것입니다.

그러니 가족이라도 서로를 의무 또는 권리라는 이름의 생각으로 얽어매지 말고, 모두들 단지 깨어있음으로 자신의 처해진 일에 충실하기만 하면, 누구나 스스로 행복한 삶이 됩니다!!!

16.

궁금'함'은 궁금이라는 생각을 '내가 한 내 생각'이라고 착각하고 있는 경험상태입니다.

착각 속에서는 모든 것이 불분명하고 모순투성이입니다.

착각이 또 착각을 낳고, 끝없이 착각 속에서 헤매게 됩니다.

궁금'함'에서는 (우보거사의)어떠한 말도 도움이 되지 않고 결국 더욱 궁금'함'을 더할 뿐입니다.

지금 님에게 필요한 것은 (우보거사)〈대답〉이 아니라 궁금'함'에 〈깨어 있음〉입니다.

이러한 궁금'함'은 (우보거사)〈대답〉으로가 아닌, 오직 〈깨어있음〉으로 만 해결됩니다.

위와 같은 궁금'함'에 대한 (우보거사)대답(말)은 이미 〈그냥그대로 행복하기〉 카페에 수없이 말해져 있습니다.

그럼에도 왜 대답이 대답으로서 효과가 없을까요?

(우보거사)말이 (우보거사)말로 들리는 그대로가 아니라 님의 생각으 로 듣기 때문입니다!!!

님은 해탈이 무엇인지를 〈경험〉할 수 있는 때가 되었습니다.

〈해탈이라는 말로 표현되는 경험〉을 알 수 있는 때가 되었습니다.

궁금함의 간절함이 바로 그 증거입니다.

지금 바로 〈깨어있음〉이 되십시오.

그러면 문득 분명해질 것입니다.

〈해탈이라 표현되는 경험〉을 알면 해탈에 대한 궁금함도 스스로 해결

됩니다!!!

17.

실제의 시간은 '지금 여기'밖에 없습니다.

1분 전도 이미 지나간 시간으로, 돌이킬 수도 없고 실제로 살 수도 없는, 생각 속에만 존재하는 시간이고,

1분 후도 아직 오지 않은 시간으로, 미리 갈 수도 없고 실제로 살 수도 없는, 생각 속에만 존재하는 시간입니다.

실제로 살 수 있는 시간에 충실하십시오.

실제로 살 수 없는 시간에 연연하거나 미련을 가지거나 걱정하지 마세요.

실제하지 않는 생각 속의 시간에 신경 쓰는 것은 시간낭비고 헛수고입니다.

그래서 그러함을 어리석음이라 말합니다!!!

과거치유나 미래 불안 없이 편안함은 오직 '지금 여기' 실제하는 시간에 충실함으로서만 가능합니다.

행복은 '지금 여기' 실제하는 시간에서만 경험할 수 있습니다.

실제하지 않은 과거나 미래에 대한 생각 속에는 행복은 없고 후회나 자책, 불안이나 걱정만 있습니다.

물론 상상이라는 생각이 달콤할 수도 있습니다만 그것은 꿈처럼 공허할 뿐입니다.

생각내용은 과거 경험으로 조건화된 경험내용으로 지금 여기의 실제

경험이 아닙니다.

그러니 생각내용대로라는 착각이 있으면 지금 여기의 삶이 아닙니다.

그러니 생각내용대로라는 착각 없는 '지금 여기'의 실제 삶에 충실함이면 되고, 그러면 편하고 충만한 기쁨을 경험하게 됩니다.

그러면 됩니다.

그러한 '지금 여기'의 편안과 충만을 만끽하십시오!!!

18.

"서로 존중해야 된다"는 것은 맞다고 착각된 생각(관념)이지요.

그래서 사람마다 '존중'의 의미, 정도, 방법이 다르지요.

다른 사람들에 대한 화나 싫음은 그러한 생각의 차이로 일어나지요.

다른 사람의 말이나 행동 자체로 일어나는 것이 아니라, 다른 사람의 말이나 행동이 내 존중에 대한 관념에 맞지 않다는 생각 때문에 일어나지요.

그러니 화나 싫음은 다른 사람의 말이나 행동을 조건으로 일어나긴 하지만, 다른 사람의 말이나 행동이 내 화나 싫음의 원인은 아닙니다.

조건은 조건일 뿐이지 결코 원인은 아닙니다.

그러한 이치를 안다면 다른 사람을 탓하거나 원망하지 못할 거고, 다른 사람이 이래야 된다 저래야 된다고 할 수 없을 거고, 다른 사람을 이렇게 대해야지 저렇게 대해야지 할 필요가 없게 되는 것입니다.

다른 사람의 말과 행동도, 거기에 대한 내 화나 싫음도 모두 자연의 연기작용들의 현상입니다.

즉, 자연현상들입니다.

그러니 그러한 자연현상을 어떻게 하려고 하지 마시고, 그냥 경험되는 그대로의 깨어있음이면 됩니다.

그러면 아무 문제도 아니게 되고, 저절로 대처하는 행동이 우러나게 되고, 그냥 그대로 편한 삶이 될 겁니다!!!

깨달음과 자유에 이르는 유일한 길 깨어있음 - 문답편

19.

그러한 화는 아내 탓도 자녀 탓도 아닙니다.

더구나 신호등 탓도 다른 사람 탓도 일 탓도 아닙니다.

그러한 일로 화내지 않는 사람들도 있습니다.

아내, 자녀, 신호등, 다른 사람, 일 탓이라면, 그러한 상황에 직면한 모든 사람들이 다 화를 내야 하는데, 똑같은 그런 상황에 직면해도 화내지 않는 사람들도 있으니, 아내, 자녀, 신호등, 다른 사람, 일 탓이라고 할 수 없습니다.

그렇다면 왜 화가 일어날까요?

바로 자신의 생각이 맞다는 착각 때문에 화가 일어납니다!!!

아내는 집안을 항상 깨끗하게 하는 게 당연하다는 생각이나, 학생인 자녀는 항상 공부에 충실하여 좋은 성적을 받아야 된다는 생각이나…

그러한 생각이 맞다는 착각에 빠지면 그렇지 못한 상황에 직면하게 되면 화가 나게 됩니다.

생각은 상황마다 사람마다 다릅니다.

그래서 똑같은 상황이라도 똑같이 화내지는 않습니다.

즉, 화는 그러한 착각된 생각 때문에 일어나지 아내나 자녀나 신호등이나 일 때문에 일어난 것이 아닙니다.

그러니 애꿎은 아내나 자녀나 신호등이나 일을 탓하지 마십시오!!!

그렇다면 화는 누구 탓입니까?

아내나 자녀나 신호등이나 일 탓이 아니라면 님 자신 탓입니까?

화는 착각된 생각 때문이라고 위에서 말씀드렸지요.

생각은 님의 생각입니까?

화를 일으킨 생각이 님의 생각이라면 님의 탓이라고 해야겠지요.

그러한 생각은 님이 '한' 생각입니까?

만약 님이 한 생각이라면 앞으로 그런 생각을 하지 않으면 화가 나지 않을 것입니다.

그러면 화로부터 벗어날 수 있습니다.

그러나 님이 아무리 그런 생각을 하지 않으려 해도 되지 않을 것입니다.

왜냐하면 생각은 님이 하는 것이 아니기 때문입니다.

생각을 님이 하는 것이라면 님이 하지 않을 수도 있어야 합니다.

그러나 아무리 생각을 하지 않으려 해도 틀림없이 생각은 일어날 것입니다.

그러니 생각은 님이 하는 것이 아닙니다.

그러니 화를 일으킨 생각을 님이 한 것이 아니니 화는 님 탓도 아닙니다!!!

화도 마찬가지 이치입니다!!!

님이 화를 냅니까?

님이 화를 낸다면 님은 화를 내지 않을 수도 있습니다.

화를 내고 안내고가 님에게 달렸다면 앞으로 화를 내지 않으면 됩니다.

그러나 아무리 화를 내지 않으려 해도 자신도 모르게 자꾸 불쑥불쑥 화

깨달음과 자유에 이르는 유일한 길 깨어있음 - 문답편

가 나지요?

화가 좋아서 화를 내고 싶어서 화를 내는 사람은 없을 것입니다.

화를 안내고 싶어도 지 멋대로 그냥 일어날 뿐이지요.

그렇지 않습니까?

그래서 화는 님이 내는 것이 아닙니다.

그러니 화는 님 탓이 아닙니다!!!

그렇다고 화는 남이나 남의 말이나 행동 탓도 아닙니다.

그냥 비가 오듯, 바람이 불듯, 태풍이 일어나듯 그렇게 상황이 되면 저절로 일어날 뿐입니다.

비나 바람이나 태풍이나 화가 일어나는 이치는 똑같습니다.

비나 바람이나 태풍이 오면 님은 어떻게 합니까?

화를 냅니까?

비 온다고 화내고 바람 분다고 화내고 태풍 온다고 화를 낸다면 얼마나 어리석은 일입니까?

자연현상을 어떻게 하라고요?

화 또한 그런 자연현상과 똑같은데 화가 일어나면 어떡해야 하겠습니까?

비 오거나 바람 불거나 태풍 올 때와 똑같이 하시면 됩니다!!!

님은 비 오면 어떻게 합니까?

비를 못 오게 합니까?

비 온다고 화내며 아무 일도 안합니까?

괴로움이라는 착각

자연현상인 비와 관련하여 누구를 탓하며 화를 내겠습니까?

화내지 않고 비를 피할 수 있으면 피하면 되고, 피할 수 없으면 그냥 맞으면 되고, 처한 일 있으면 그냥 일 하면 되지요.

화도 마찬가지입니다.

님이 내고 싶지도 않고 내려고 하지 않아도 지 멋대로 나는 화는, 님이 낸 화가 아니기 때문에 님이 어떻게 할 수 있는 것이 아닙니다.

어떻게 할 수 없는 화를 님이 어떻게 하려 하니 힘들고 오히려 더 화날 수밖에요.

화는 비나 바람이나 태풍과 같은 자연현상입니다.

그러한 자연현상을 님이 냈다고 착각하고, 님 화라고 착각하고, 님이 벗어나려 억지를 부리니 삶이 피곤하고 괴롭게 되는 것입니다.

비 오면 하듯이 그렇게 화나면 화나는 대로, 화내지 않고 화를 피할 수 있으면 피하면 되고, 피할 수 없으면 화의 상황에 있으면 되고, 그래도 처해진 일이 있으면 그냥 일을 하면 됩니다.

님 화라고 착각하시지 말고 비와 같은 자연현상으로 바르게 이해하시면서…

그렇습니다.

화가 나 있다는 것을 아는 것만으로 부족합니다.

화가 님이 낸 화가 아니고, 그래서 님의 화가 아니라 자연현상임을 이해하는 것이 필요합니다.

그리고 화가 나 있는 것을 아는 것도 님이 '알려고 하는 앎'이 아니라 '알

깨달음과 자유에 이르는 유일한 길 깨어있음 - 문답편

려함이 없이 그냥 알아지는 앎'이어야 합니다.

그렇게 자연현상인 화가 그냥 알아지는 그대로의 경험상태를 깨어있음이라 합니다.

그러한 깨어있음을 통하여 님의 삶은 화가 있든 없든 화로부터 자유롭고 편안한 삶이 될 것입니다.

실제로 깨어있음의 경험상태가 되어 보시면 그러함을 직접 경험하고 확인하실 수 있을 것입니다!!!

20

두서없이 질문하셨다니 역시 두서없이 답변하겠습니다.

이런 문제는 어떠한 사람(부처님이나 예수님 등등)의 말로도 해결될 수 없습니다.

삶의 경험을 통하여 스스로 분명해져야 해결됩니다!!!

말씀으로 보아 스스로 분명할 수 있는 충분한 경험이 되었습니다.

즉, 이제 해결될 때가 되었다는 것입니다.

스스로 분명하게 될 몇 가지 조건만 충족되면 반드시 스스로 분명하게 될 겁니다.

그래서 스스로 분명하게 되는 데 도움될 수 있는 몇 말씀만 드리도록 하겠습니다.

그래도 미심쩍음이 있으면 계속 질문하시거나 찾아오시기 바랍니다.

그리고 이 질문을 지우지 말기를 부탁드립니다.

이 질의응답이 많은 다른 사람들에게 도움이 될 수도 있을 것이기 때문입니다.

인연되어 감사합니다!!!

삶의 목적은 자신에게 또는 누군가에게 또는 세상에 무엇인가 의미 있는 존재가 되는 데 있지 않습니다.

삶의 목적은 자신을 또는 누군가를 또는 세상을 위하여 무엇인가 가치 있는 일을 해야 하는 데 있지 않습니다.

삶의 목적은 바로 삶에서 경험되는 괴로움으로부터 벗어나, 자유롭고 당당하고 떳떳하고 활력 넘치는 삶이 되는 데 있습니다.

그런데 삶의 목적을 잘못 알아 "무엇인가 의미 있는 존재가 되려하거나 무엇인가 가치 있는 일을 하려 하기" 때문에, 즉 삶의 목적에 대한 무지로 삶이 힘들고 괴롭게 되는 것입니다.

그런 무지가 없으면 삶은 바로 자유롭고 당당하고 떳떳하고 활력 넘치는 삶으로 경험되게 됩니다!!!

자유롭고 당당하고 떳떳하고 활력 넘치는 삶이 되는 데는 또 무엇인가를 할 필요가 없습니다.

단지 삶의 목적에 대한 무지만 없으면 바로 그렇게 됩니다.

지금과 다른 자신이 되어야 되는 것도 아니고, 지금과 다른 처지가 되어야 되는 것도 아니고, 지금과 다른 어떤 일을 해야 하는 것도 아니고, 지금에 없는 다른 무엇(돈이나 집이나 번듯한 직장이나 애인이나… 등등)이 새로 생겨야 되는 것도 아닙니다.

단지 무지만 없으면, 지금 이 순간 그냥 경험되는 그대로면 바로 그런 삶이 됩니다.

스스로 분명하지 않는 생각과 생각의 느낌을 사실이고 실제라고 착각함 없는 경험상태를 이름하여 깨어있음이라 합니다.

단지 깨어있음이면 바로 자유롭고 당당하고 떳떳하고 활력 넘치는 삶이 되게 됩니다!!!

그런데 삶의 목적이 "무엇인가 의미 있는 존재가 되려하거나 무엇인가 가치 있는 일을 하려 하기"에 있다고 착각하여

누군가에게 의미 있는 남자나 자식이나 부모나 동료나 사람이 되려 하면 할수록, 누군가 또는 세상에 가치 있는 사회봉사, 자식의 도리, 국민의 의무, 자선사업 등의 일을 하려 하면 할수록, 일시적으론 행복이나 즐거움이나 자랑스러움으로 경험될 수도 있으나, 또 그러한 경험이 여름날 꿀물처럼 끝없는 갈증을 유발하여, 결국 삶은 점점 더 피곤하고 좌절되고 불만족 되고 불안하고 남이나 세상의 눈에 신경 쓰이고 괴롭게 되어 갑니다.

그러한 '함'이 바로 끝없는 괴로움에 이르게 하는 삶의 원인이 되고 또 괴로움을 경험하게 만듭니다!!!

그 '함'이 선업, 좋은 일, 자선, 봉사, 보시, 공덕, 등등의 좋은 함이든 악업, 자살, 범죄, 등등의 안 좋은 함이든…

그러한 (내가 하는)'함'이 있는 한은 때때로 꿀물 같은 달콤함을 경험한다 하더라도 결국은 괴로움에 봉착하게 되고, 끝없는 삶의 굴레(윤회)에서 벗어날 수 없습니다.

그러한 괴로움의 경험은 죽음으로도 끝나지 않습니다.

그래서 자살 등의 죽음도 해결책이 아닙니다!!!

장애, 가난, 부유, 질병, 전쟁, 불평등, 굶주림, 강간, 성범죄, 시기, 질투, 열등감, 우월감, 자살, 살인, 범죄, 행복, 기쁨, 등등 도저히 이해할 수

없는 복잡다단한 삶의 모습들은, 삶이 괴로움으로 치달아가거나 괴로움이 해소되는 자연현상들입니다.

마치 태풍, 바람, 눈보라, 비, 산사태, 홍수, 지진, 햇볕, 옹달샘물… 등등이 자연의 불안정함이 악화되거나 불안정함이 해소되는 자연현상이 듯이…

나도 너도 사람들도 인간세계도 동물세계나 식물세계나 무생물세계나, 작용의 이치로 볼 때 조금도 다를 바 없는 자연현상입니다!!!

왜 자연입니까?

태풍을 예로 들면, 태풍은 부처님이 일어나게 하거나 없어지게 하는 것도 아니고, 하느님이 일어나게 하거나 없어지게 하는 것도 아니고, 태풍이라는 존재가 있어 태풍의 의지로 일어나거나 없어지는 것도 아니고, 기후상황이 어떤 사정으로 불안정하게 되면 그 불안정함이 해소되는 작용이 일어나는데, 그러한 작용의 현상을 이름하여 태풍이라 하는 것입니다.

즉, 어떠한 존재의 개입도 없이 '스스로(자自) 그러하기(연然)'에, 태풍을 자연(自然)이라 하는 것입니다!!!

바람, 눈보라, 비, 산사태, 홍수, 지진, 햇볕, 옹달샘물, 등등도 태풍과 같이 그러하고, 장애, 가난, 부유, 질병, 전쟁, 불평등, 굶주림, 강간, 성범죄, 시기, 질투, 열등감, 우월감, 자살, 살인, 범죄, 행복, 기쁨, 등등도 태풍과 같이 그러합니다!!!

왜 그러합니까?

아무도 장애가 되고자 하지 않아도 그렇게 되었고, 아무도 가난하고자 하지 않아도 그렇게 되었고, 아무도 열등감을 느끼려 하지 않아도 그렇게 되었고, 아무도 범죄자가 되고 싶지 않아도 그렇게 될 수도 있습니다.

내가 의도해서 그렇게 된다고 할지 모르지만, 세상에 범죄자가 되고 싶어서 범죄자가 되는 사람은 없습니다.

그래서 사람도 사람의 행위도 삶의 갖가지 모습도 자연(현상)입니다!!!

태풍처럼 모든 자연현상은 새로 생기거나 악화되는 것처럼 보여도, 그러한 현상은 스스로 해소되는 과정이고 결국은 완전히 해소되게 됩니다.

그러함이 자연의 이치입니다.

그러한 자연현상은 자책할 일도 아니고, 남이나 세상을 탓할 일도 아니고, 걱정하거나 두려워할 일도 아닙니다.

태풍이 불면 영원히 부는 것도 아니고 반드시 소멸하게 되어 있으며, 걱정, 불안, 등등의 생각이 일어나도 영원히 있는 것도 아니고 반드시 사라지게 되어 있습니다.

모든 자연현상은 예외 없이 그러합니다.

그러니 걱정하지 마십시오!!!

그러니 두려워하지 마십시오!!!

그런데 태풍처럼 삶의 괴로움은 왜 스스로 사라지지 않습니까?

그 이유는 태풍처럼 자연의 이치에 온전히 맡겨두지 못하고, 삶의 괴로

깨달음과 자유에 이르는 유일한 길 깨어있음 - 문답편

움이라는 현상들을 자연현상이 아닌 나의 괴로움이라고 착각하고, 나의 괴로움을 내가 해결하려 하는 어리석은 행위를 하기 때문입니다.

종교의 믿음이나 단전호흡이나 3000배 절수행이나 기타 어떠한 이름의 수행이라도 '내가 하는 함'이 있으면 그 '함'으로 인하여 결국은 괴로움이 경험되게 됩니다.

물론 착각이 있으면 결국 괴로움이 경험되게 되는 것도 자연의 이치입니다.

자연이 '자연의 이치대로 되도록 어떠한 개입(어리석은 행위)도 하지 않음'을 이름하여 수행이라 하고, 그러한 수행상태를 이름하여 깨어있음이라 합니다.

그러한 깨어있음 상태에서는 괴로움이 경험되지 않게 됩니다!!!

그렇다면 깨어있음의 삶은 어떠할까요?

마찬가지로 태풍을 예로 들어 봅시다.

태풍이 오면, 태풍이 왜 오는지 하필이면 왜 지금 여기에 오는지 탓하지 않고 화내지 않습니다.

그런다고 괴롭게만 될 뿐이지 상황이 달라지지 않음을 알기 때문이지요.

태풍을 안 오게 하려고 빨리 지나가게 하려고 또는 없애려고 하지 않습니다.

그렇게 하려고 해도 되지 않는 자연현상임을 알기 때문이지요.

또한 태풍이 일부러 나를 괴롭히려고 일어나는 것도 아님을 알기 때문이지요.

그러니 화내거나 원망하지 않고 피할 수 있으면 그냥 피하면 되고, 피할 수 없으면 그냥 맞으면 되고… 그러한 중에도 지금 처해진 일이 있으면 그냥 하면 되지요.

밥 때가 되면 그냥 밥 먹고 똥 쌀 때가 되면 그냥 똥 싸듯이…

지금 여기의 상황이나 처지를 다른 어떤 상황이나 처지로 억지로 바꾸려 하지도 않고, 지금 여기의 상황이나 처지에 억지로 맞추려 하지도 않고, 지금 여기의 상황이나 처지를 억지로 바꾸지 않으려 하지도 않고, 지금 여기의 상황이나 처지에 억지로 맞추지 않으려 하지도 않고, 처해지는 상황이나 처지대로, 우러나는 의도대로, 되는 상황이나 처지대로 경험되는 그대로이면 됩니다!!!

몸이 아프면 아픔을 자연현상으로 단지 화내거나 우울할 필요 없이 경험되는 그대로이면 되고, 병원 가는 것이 좋겠다는 마음이 우러나면 그냥 병원 가면 되고, 병원 안 가도 되겠다는 마음이 우러나면 그냥 병원 안 가면 되고, 또 다른 방법(운동, 식이요법… 등등)이 떠오르면 그냥 해보면 되고…

그렇게 살아도 살아지느냐고요?

그렇게 살아도 먹고 살 수 있느냐고요?

그렇게 사는 삶이 행복하냐고요?

이렇게 살아야 한다 저렇게 살아야 한다, 이런 삶이어야 한다 저런 삶이어야 한다는 관념(견해)에 얽매이지 않고, 무엇인가 의미 있는 존재가 되려하거나 가치 있는 일을 하려 하지 않고, 처해지는 대로, 우러나는 대로, 되는 대로의 삶이기만 하면, 처해지는 대로, 우러나는 대로, 되는 대로 단지 경험되는 그대로의 삶이기만 하면, 곳곳에 일거리가 있고, 곳곳에 먹을거리가 있으며, 곳곳이 살 곳이며, 무엇인가 의미 있는 존재가 되려하거나 가치 있는 일을 하려 할 때 결코 느껴보지 못했던, 뿌듯함 당당함 떳떳함 충만함 자유로움 평온함… 등등 부처님이 말씀하신 진정한 즐거움(행복)이 경험되게 됩니다!!!

믿을 수 없다고요?
석가모니 부처님을 보십시오.
석가모니 부처님은 왕자자리(권력과 명예)도 왕궁의 재산도 아름다운 부인과 여자들도 버렸지요.
권력과 명예, 재산 또는 여자에 행복이 있다면 부처님이 그런 것들을 버렸을까요?
부처님이 바보고 천치고 또라이인가요?
그런 것들에 진정한 행복이 없다는 것을 아셨기에 그런 것으로부터 떠나셨고, 바로 깨어있음으로 삶의 괴로움으로부터 온전히 자유롭게 되셔서 진정한 행복을 찾으셨지요.
석가모니 부처님을 신뢰하실 수 있다면 일단 깨어있음으로 살아 보세요.
그러면 스스로 분명하게 될 겁니다!!!

괴로움이라는 착각

깨어있음은 무엇이며 어떻게 되어 지는지, 깨어있음의 삶이란 무엇이며 어떻게 살아지는지, 삶의 목적은 무엇이며 어떻게 달성되는지, 삶의 진정한 행복은 무엇이며 어떻게 경험되는지 등등은, [그냥그대로 행복하기] 카페에 수없이 올려져 있으니 조급해 마시고 차근차근 보시기 바랍니다.

인간의 삶을 포함한 모든 자연현상은 결국은 자연의 이치대로, 괴로움의 경험을 거쳐 스스로 해소되게 되어 있으니, 걱정 마시고 두려워 마시고…!!!

깨달음과 자유에 이르는 유일한 길 깨어있음 - 문답편

21.

우울함에 빠져도 상관없습니다.

우울함에 안 빠지면 좋지만 빠져도 상관없습니다.

비가 오면 비를 안 맞으면 좋겠지만 맞아도 상관없는 것과 같은 이치입니다.

비를 내가 오게 한 것이 아니듯 우울함도 내가 오게 한 것이 아니고, 비가 올 만큼 오면 그치듯 우울함도 일어날 만큼 일어나면 그치게 됩니다.

이 세상에 한번 일어나면 없어지지 않는 현상은 없습니다.

그러니 우울함에 자꾸 빠져도 상관없으니 개의치 마십시오.

우산이 없어 비를 자꾸 맞아도 상관없듯이…

우울함을 바라보라 또는 알아차려라라고 말씀드리지 않습니다.

비가 오면 비를 바라봐야만 하는 것이 아니듯 비가 알아지면 알아지는 대로면 되고, 비가 알아지지 않고 그냥 비에 흠뻑 젖어도 상관없듯이…

우울함을 바라보려 하지 말고 바라보이면 바라보이는 그대로면 되고, 그냥 우울함에 빠지면 우울함에 흠뻑 젖어도 좋습니다.

다만, 우울함이 비와 똑같은 자연현상일 뿐임을 이해만 하시면 됩니다.

우울함이 왜 비와 같은 자연현상인지는 이미 충분히 설명드렸고, 실제 경험을 되새겨 보면 어렵지 않게 이해가 될 것입니다!!!

우울함이 알아지는 경험도 있다고 말씀하셨지요?

우울함으로부터 자유로울 때도 있다고 하셨지요?

한번 두 번 그런 경험을 통하여 점점 더 그냥 알아지는 경험이 늘어가고, 한 번 두 번 그런 경험을 통하여 점점 더 자유로움의 경험이 늘어가게 됩니다.

한 술 밥에 배부르지 않듯이 그렇게 자유롭게 되는 것입니다.

다만, 우울함을 곱씹지도, 우울함의 원인을 찾지도, 과거의 어떤 원인때문이라고 단정하지도 마십시오.

비를 맞는다고 비 맞음을 곱씹지 않고 비가 왜 자꾸 오는지 그 원인을 찾지 않듯이…

우울함을 곱씹고 그 원인을 나름 단정함이 바로 새로운 우울함의 원인이 됩니다!!!

비가 오면 어떻게 살아야 하는지 별로 어렵지 않지요?

우울함도 비와 같이 나와 상관없이 일어나지요?

비가 아무리 안 오면 좋겠다고 해도 올 때가 되면 오듯이, 우울함도 아무리 안 일어나면 좋겠다고 해도 일어날 때가 되면 일어납니다.

그런 우울함을 '내' 우울함이라고 착각하지 마시고, 비라는 자연현상이 있을 때 살아가시듯 그냥 그렇게 우울함이 있을 때도 사시면 됩니다.

또 한번 그렇게 살아 보시고, 그래도 안되면 또 질문하십시오!!!

될 때까지… 반드시 되니까… 그러함이 자연의 이치니까…

걱정하지 마십시오!!!

두려워하지 마십시오!!!

ㅠ_ㅠ… 넹 아직 죽기엔 억울하니… 거사님 믿고 가보렵니다.

우울감의 원인을 찾으려고 짐작하려고도 하지 말라고 하셨는데, 제가 잠재의식의 트라우마에서 자유로워지지 못해서 도대체 내 잠재의식이 무엇인가 잠재속의 상처가 무엇인가 깨어있을 때는 몰라서, 요즘 잠을 자고 꿈을 꾸면 가끔 그 꿈을 아침에 일어나서 기록해보고. 그 꿈속에서의 마음상태를 떠올려서 그때의 두려움 슬픔의 상태를 치료하려면 그 때의 상태로 가서 그걸 극복해야 하는 건가 생각을 하는데요…
제 마음속의 상처 중 하나가, 유학생활의 실패에 대한 자신감 상실이라는 짐작을 하고 있어서 다시 유학을 가서 부딪쳐야 하나. 부딪쳐서 그 때 아 힘들다 못하겠다 하고 포기했던 걸 이겨 내야지 이 트라우마에서 자유로워질 수 있는 건가라는 생각, 짐작을 하고 있는데요.
정확하게 어떻게 해야 할지 고민이 됩니다.
그리고 정말 좋아하던 이성에게 거절당했던 상처가, 마음속에 남아서 그런지, 항상 이성에 대한 집착이 남아 있는 거 같은데, 그래서 이성에게 다가가는 게 두렵고 말거는 것도 두렵고 하는데, 이걸 극복하려면 또 어떻게 해야 하나 고민됩니다.

'내'가 원인을 찾는다면 결국 생각으로 단정하는 것입니다.
생각으로 단정하는 것은 보고 들은 내용들의 짜깁기일 뿐입니다.

보고 들은 내용은 사실인지 아닌지 분명하지 않습니다.

대개는 착각 또는 오해일 가능성이 높습니다.

그래서 의문이 있으면 그 의문을 그냥 알고 있으면 답은 스스로 분명해집니다.

의문이 있으면 질문하라 하는 말은, 차라리 질문할지언정 답을 생각으로 찾지 말고 단정하지 말라는 말입니다.

질문을 통하여 답을 들을지언정 또 그 답변을 맹목적으로 믿지도 안 믿지도 말고, 그 또한 단지 보이고 들리는 경험이면 됩니다.

'내'가 곱씹지 말고, 곱씹음이 일어나면 비오는 것과 같이 그냥 그렇게 단지 알뿐이면 됩니다.

그렇게 되어가다 보면 저절로 해결되고 정리되고 편안해지고, 그냥 그대로 보이고 들리고 알아지는 깨어있음의 삶이 되게 됩니다!!!

우울감의 원인은 그렇게 단순한 것이 아닙니다.

태풍이 일어나는 데 한두 가지 요소로 일어나는 것이 아니듯…

원인을 규명하여 해결하려 할수록 오히려 더 복잡해지고 힘들어집니다.

예를 들면 유학생활의 실패나 이성에 대한 거절 경험에 따른 두려움이나 불안 또한 그 이전의 또 다른 경험들이 원인일 수도 있습니다.

원인을 찾으려 하면 끝없는 원인-조건-결과의 사슬에서 헤매게 되고, 결국 알 수 없다는 좌절로 귀착됩니다.

어떤 현상의 원인이 중요한 것이 아니라 그러한 현상의 생멸의 이치(연기법칙)가 중요한 것입니다.

깨달음과 자유에 이르는 유일한 길 깨어있음 - 문답편

연기의 이치를 이해하게 되면 사람을 포함한 우주만물만상이 이해되게 됩니다.

우울감은 원인을 찾아 해결하려는 노력으로 해결되는 것이 아니라, 우울감을 자연현상으로 이해하고 깨어있음으로 해결됩니다.

우울감은 우울감이 없어짐으로 해결되는 것이 아니라, 우울감이 해결되어야 될 문제가 아니라는 이해를 통하여 해결됩니다.

우울감 등 트라우마가 '내' 문제가 아니라 자연현상일 뿐임을 이해하면, 그러한 트라우마는 해결해야 할 문제가 아니라 함께 살아갈 환경일 뿐이게 되지요.

그렇게 해결되는 것입니다!!!

말과 생각으로 끝없는 혼란의 늪에서 헤맬 것이 아니라, 시간되는 대로 명상마을로 오시든 하여 직접 대화와 깨어있음의 체험을 통하여, 해결의 실마리를 찾도록 하시지요!!!

22.

꿈(희망, 목표)은 있어도 상관없습니다!!!

다만 꿈은 꿈일 뿐이지 꿈대로 되는 것도 아니고, 꿈대로 되지 않는다고 죽는 것도 아닙니다.

꿈은 생각일 뿐입니다!!!

생각을 내가 하는 것도 아니고 내가 못 일어나게 할 수 있는 것도 아니듯, 꿈도 내가 가질 수 있는 것도 안 가지려 할 수 있는 것도 아닙니다.

그러니 꿈이 생기면 생기는 그대로, 꿈이 없으면 없는 그대로면 됩니다!!!

생각해 보십시오.

지금까지 살아오면서 수없는 꿈이 생기고 바뀌었지요?

꿈은 그런 것입니다.

아마 틀림없이 앞으로도 생기고 또 바뀔 것입니다.

그러니 꿈은 그런 것이구나 하고 이해하시고 꿈을 꼭 이루어야 한다고 억지를 부리지만 마십시오.

언제 또 꿈이 바뀔지도 모르는데, 바뀔 때마다 꿈에 얽매여 꿈 때문에 힘드셔야 되겠습니까?

꿈은 꿈일 뿐입니다!!!

꿈이 있든지 없든지, 있으면 있는 대로 없으면 없는 대로, 단지 지금 이 순간 처해진 일에 충실하십시오!!!

꿈이 있든 없든 밥 먹을 때가 되면 밥 먹고 똥 쌀 때가 되면 똥 싸듯이…
그냥 그러면 됩니다.
그러면 진짜 삶의 맛이 어떠한지 스스로 알게 됩니다.
꿈없는 삶이니 얼마나 허망하고 무의미할까 생각드실지 모릅니다.
그렇지 않습니다.
꿈은 없어도 지금 이 순간 처해진 일에 충실한 삶이 진정한 행복이라는
삶입니다.
경험해 보시면 압니다!!!

23.

"판단금지"라는 우보거사의 말이 무슨 말이냐고요?

제가 어릴 적에 쓸데없는 자만심이 강해서, 보이고 들리고 느껴지고 알아지는 모든 것(현상, 사건, 사람, 상황… 등등)들에, 나름의 판단이 강해서 스스로 낭패한 적이 많았습니다.
그런데 그 당시 어떤 책에선지 '수행이란 판단하지 않고 있는 그대로 봄(앎)'이라는 내용을 봤던 것 같습니다.
그래서 나름 수행한답시고 또는 섣부른 판단으로 낭패를 당하지 않으려고 그랬었습니다.
그렇다고 근본적으로 해결될 리가 없다는 것을 나중에야 알게 되었지만, 최소한 섣부른 판단을 오래 고집하지 않게는 된 것 같았습니다.
판단이란 정신작용으로서 '내가 어떻게 할 수 있는 것이 아니라는 사실'을 그때는 몰랐지요.
이제는 판단이 일어나면 판단 또한 자연현상으로서 그냥 판단일 뿐이고, '내가 하는 판단 또는 내 판단'이라고 착각하지 않고, 또 그 판단이 맞다고 고집하지 않고, 그냥 알아지는 그대로 깨어있음일 뿐이지요!!!
그러면 판단에 자유롭게 되지요!!!

그러함을 "판단금지"라고 할 수 있겠지요!!!

24.

질문이 많아서 창피하시다고요?

의문으로 인한 질문은 많을수록 좋습니다!!!

질문이 많다는 것은 의문이 많다는 증거이지요.

의문이 바로 자연의 이치(법, 진리)를 알게 하는 관건(조건)입니다.

질문은 의문을 해결하고자 하는 간절함의 현상입니다.

질문과 대답이라는 대화에서 의문이 풀릴 수 있는 실마리가 자각될 수 있습니다.

그러니 질문은 많을수록 좋습니다.

그리고 질문을 통하여 도반들에게 법보시하게 되는 것입니다.

의문은 있으나 용기가 없어 질문하지 못하는 도반들에게도 해결의 실마리로 작용될 수도 있으니까요.

그래서 질문은 많을수록 좋습니다.

다만, 삶의 경험에서 우러나온 질문이어야 그렇습니다.

책에서 본 것이나 어디서 들은 내용에 대한 것이라면 "생각놀음"에 불과한 것으로, 삶에 별로 도움이 되지 않습니다!!!

질문이 많다는 것은 삶에 관심이 많다는 증거고, 깨달음이 일어날 수 있는 가능성이 높다는 증거고, 그러니 질문이 많다는 것은 창피한 일일 수 없습니다!!!

그래서 우보거사는 질문 많은 도반을 좋아합니다!!!

25.

일이든 공부든 '(내가) 하려' 하니 힘들고 괴롭습니다.

일을 하려 하지 마시고, 일이 되어짐을 느껴 보세요.

느껴 보시라고 말합니다만 실제로는 그냥 느껴지게 됩니다.

딴 생각이 알아지면서도 일이 되어짐이 알아질 겁니다.

그러니 일을 하려 하는 것이 아니라 되어짐이 그냥 알아지는 그대로입니다.

일을 '하려 하지 않고 느껴지는 그대로이면' 일은 지겹지도 힘들지도 괴롭지도 않습니다.

매일 똑같은 일이 반복되어도 그렇습니다!!!

5분마다 일어나는 일에 대한 생각이 '(내가) 하는 생각'이라고 생각하니 한숨 나고 답답합니다.

일하기 싫다는 마음을 '내 마음'이라고 착각하니 월요병과 스트레스가 됩니다.

그러한 생각이나 마음을 일어나지 않게 하려고 해보세요.

그래도 그런 생각이나 마음이 일어날 겁니다.

그렇게 하지 않으려 해도 일어나는 그 생각과 마음은 '내가 일으킨 내 생각과 마음'이 아닙니다.

'내가 일으킨 내 생각과 마음'은 내가 안 일으키려고 하면 안 일으킬 수 있어야 내 생각이고 내 마음입니다.

내가 안 일으키려고 해도 뜻대로 되지 않는 것은 내 생각이나 내 마음이 아닙니다.

내 생각이나 내 마음이 아닌 '생각이나 마음'에 왜 신경 쓰세요?

그래서 불편하고 힘들고 괴롭게 되는 것입니다!!!

'내 생각이나 내 마음이 아닌 〈생각이나 마음〉'에 신경 쓰지 마시고, 스쳐 지나는 바람의 경험처럼 이면 됩니다.

'내가 일으키지 않은 비나 태풍'이 신경 쓰이지 않고 그냥 경험되는 그대로이듯이…

그러면 답답하지도 괴롭지도 스트레스 받지도 않을 것입니다.

그러한 생각이나 마음이 끊임없이 일어나도 마찬가지입니다!!!

26.

문득 일어난 의문을 풀려고 하면 의문의 악순환에 빠지게 됩니다!!!
의문이 일어나면 풀려고 하는 것이 아니라, 의문의 일어남이 그냥 알아
지는 그대로, 즉 깨어있음이면 문득 스스로 분명하게 되어, 그러한 의
문은 저절로 해결됩니다!!!

27.

사람간의 관계가 왜 불편하겠습니까?

상대방과 상대방의 반응을 매 순간 판단평가하고 있으며, 자신 또한 매 순간 스스로 판단평가하고 있기 때문입니다.

또한 상대방의 반응을 알아차려 적절히 대응하려 하기 때문입니다.

그러한 판단평가 함과 알아차리려 함으로 인한 긴장(스트레스)이 더해 지니 더욱 불편해지는 것입니다!!!

그렇다면 사람간의 관계는 어떠해야 하겠습니까?

상대방이나 나 자신에 대한 판단평가라는 생각이 없어야 되는 것이 아닙니다.

판단평가라는 생각은 어떤 조건에서 저절로 일어나는 자연현상일 뿐으로, '내 판단평가'라는 착각이 없어야 합니다.

또 '그 판단이라는 생각'은 사람마다 다를 수 있다는 이해가 있어야 합니다.

그리고 알아차리려는 함이 없이 그냥 알아지는 그대로 깨어있음이어야 합니다.

그러면 상대방의 반응이나 자신의 판단평가에 상관없이 불편하지 않게 됩니다.

그러면 상대방이나 자신에게 어떻게 행동해야 할지 생각할 필요가 없습니다.

그러면 만나게 되면 자연스럽게 만나고, 만나지지 않아도 자연스러운 삶일 뿐이게 됩니다.

모든 삶이 또한 그와 같은 이치로 살아집니다!!!!!

28.

님에게 경쟁사회나 이기심으로 가득 찬 현장 사람들은 자연환경과 같습니다.

자연환경은 바꾸거나 화낼 대상이 아니라 단지 경험되는 삶의 현장일 뿐입니다.

자연환경이 마음에 들지 않는다고 없애거나 바꿀 수 없는, 그냥 경험되는 그대로일 수밖에 없는 상황일 뿐입니다!!!

자연환경이나 상황은 처해진 환경일 뿐이지 환경 때문에 화나고 스트레스 받는 것이 아닙니다.

화나 스트레스는 해소되지 않은 님의 화의 경험이 원인이며, 그러한 환경을 조건으로 해소되기 위하여 드러난 것입니다.

그러니 현장 사람들에 화내지 마시고 자연환경으로 받아들여 깨어있음으로 대처하시면 새로운 화나 스트레스 받지 않으실 것입니다.

화나 스트레스 받지 않고 깨어있음이면 스스로 지혜가 작동하여 현명하게 대처되게 될 것입니다.

자연환경(예를 들면 비오는 경우)에 어떻게 대처할지가 자연스럽게 우러나듯이 그렇게 대처될 것입니다!!!

29.

몇 달 전부터 저를 완전히 무너지게 만들고 있는 건 바로 망상, 피해망상입니다.

누가 나를 누명을 씌워 감옥에 보낸다는 생각, 고소를 한다는 생각, 거짓 소문을 내서 망신을 주고 회사에서까지 잘리게 한다는 생각, 어떤 사람이 나를 속이고, 이용하고, 갖고 놀고 나중에 필요 없으면 버린다는 생각. 뒤에서 사람들이 나에 대해서 얘기하고 비웃고 있다는 생각…

실제로 일어난 일입니까?

실제로 일어나지도 않았고, 실제로 일어날지 일어나지 않을지도 모르는, 실제로 일어나도 어떻게 될지 모르는, 실제가 아닌 생각일 뿐이잖아요?

실제의 삶을 살지 않고 온통 실제라고 착각된 생각 속에서, 실제와 그러한 생각을 혼동하면서 사는 당연한 귀결입니다.

꿈속에서 꿈속의 일을 괴로워하는 것과 조금도 다르지 않습니다.

실제의 삶을 사는, 지금 여기의 일을 깨어있음으로 하는 사람들에게는 전혀 문제가 되지도 않고 경험도 되지 않는 착각 경험일 뿐입니다!!!

정말 누가 들으면 미쳤다고 하겠지만, 그 생각들이 떠오르면 너무나 현실적이어서 두려움에 떨거나 분노에 떨거나 합니다.

실제라고 착각된 생각 속이나 꿈속에 빠져서 실제와 혼동되면 누구나 그렇게 됩니다!!!

아무리 그러함이 실감나도 실제가 아닌 생각일 뿐임이 분명하잖아요?

깨달음과 자유에 이르는 유일한 길 깨어있음 - 문답편

30.

거사님의 법문을 듣고 있을 때는 그나마 괜찮은데, 누구하고 얘기를 할 때나, 한순간 멍하게 있다가 단 몇 분만이라도 그 생각들에 빠지면 온 몸이 피곤해질 정도로 에너지 소모도 크고, 정신적으로도 큰 공황상태 에 빠집니다.

꿈속에서 괴로움에서 벗어나려 해보신 경험이 있을 겁니다.

꿈속이지만 너무나 두렵고 힘들지요.

그때의 꿈은 실제라고 착각된 경험상태이지요.

실제라고 착각된 생각 속도 그러한 꿈속과 똑같습니다.

그러한 생각 속에 사는 것은 꿈속에 사는 것과 조금도 다르지 않습니다.

꿈속에서 아무리 두려움과 괴로움에서 벗어나려 노력해도 잘되지 않 지만, 꿈에서 깨어나면 꿈속의 두려움과 괴로움이 착각이었을 뿐임이 알아지고, 그냥 그대로 아무 문제가 아니듯, 그렇게 실제라고 착각된 생각 속에서 아무리 발버둥쳐도 점점 우울, 두려움, 불안, 괴로움, 피해 망상 등의 수렁 속으로 더 빠져들 뿐이지만, 그러한 생각에서 깨어나면 바로 아무 문제도 없게 됩니다.

그러한 생각으로 하는 수행 또한 오히려 더 괴로워지는 원인이 될 뿐입 니다.

오로지 그러한 착각이 없는 '바른 깨어있음의 경험상태'만이 착각된 생각에서 깨어나, 실제와 허깨비 같은 착각된 생각이 혼동되지 않고, 그냥 그대로의 실제 삶의 맛이 경험될 수 있도록 합니다!!!

31.

거사님! 정말 이 모든 게 저(?)하고는 상관이 없나요?

상관없다는 말은 지금 여기의 실제 경험사실이 아니라는 말입니다!!!
그래도 실감이 나지 않으면 이제 묻지만 마시고, 깨어있음의 삶을 한번 실제로 살아 보세요.
우보거사한테 물어보지 않아도 스스로 알게 될 겁니다!!!

정신병자같이 온갖 피해망상에 시달리는 이 모습도, 가족도 친구도 꿈도 희망도 취미도 하고 싶은 것도 없고 그렇다고 죽으려는 생각도 이제는 없어서, 특별히 무엇인가를 하고 싶다고 우러나는 마음이 없어서, 하루 종일 무엇을 해야 하는지 머뭇머뭇거리며 시간을 보내는 이 모습도, 대인기피증 때문에 사람을 보면 어색해하고 눈도 제대로 못 쳐다보고 긴장이 되서 미칠 것 같은 이 모습도…
누구누구로서 인생을 살아가고 있다는 생각도 다 착각인가요?
그 인생에서 어떠한 일을 당하건 어떠한 모습으로 어떻게 살아가던 그냥 알아지는 경험만으로 충분한가요?
지금까지 느껴본 적이 없는 이 무서운 두려움과 공허함 또한 그냥 알아지는 경험만으로 충분한가요?
정말 그냥 오로지 알아지는 경험만으로도 충분한가요?

그것뿐인가요?

그렇습니다!!!

그것뿐이고 충분합니다.

피해망상이니 꿈이니 희망이니 할 일이니 대인기피증이니 두려움이니 공허함이니 등등은 모두 생각내용대로라는 착각현상이지, 지금 여기의 실제 경험사실이 아니니, 그러함이 알아져도 생각일 뿐이지, 실제로 그렇다고 착각함 없이, 그냥 알아지는 경험 그대로인 깨어있음이면, 그냥 그대로 아무 문제없고 평온과 자유가 경험될 수 있습니다!!!

다만 님의 생각으로 단정한 깨어있음(수행)이 아닌 '바른 깨어있음'에 대한 관심을 가지고 끊임없이 '바른 깨어있음의 점검'만 있으면 됩니다. 그리고 '바른 깨어있음은, 깨어있음을 위한 깨어있음이 아니라 지금 여기 이 순간의 일에 깨어있음으로 충실함'이라는 사실도 잊지 마십시오!!!

32.

'우러남'과 '충동'의 경계에서 헤매고 있습니다.

때로는 우러남으로 하는 말과 행동으로, 때로는 충동으로 하는 말과 행동으로…이것은 우러남이었다, 저것은 충동이었다는 판단함 없이…판단함이 일어나면 그저 그것이 알아지는 그대로…

그렇습니다!!!

그러시면 됩니다.

우러남이든 충동이든…그 말과 행동의 결과가 '나'에게 손해/이익을 준다는 그 착각이 더 괴롭게 하고 있습니다.

손해는 무엇이며, 이익은 또 무엇입니까?

손해/이익이라는 것은 분별(생각대로라는 착각)일 뿐이지요.

욕심이나 화가 일어나는 것이 손해요, 욕심이나 화가 일어나지 않는 것이 이익입니다.

욕심이나 화는 분별에 얽매었을 때 일어나며, 깨어있음에서는 일어나지 않습니다.

그러니 깨어있음이면 착각도 없고 괴로움도 없습니다!!!

생각은 내가 하는 것이 아니라는 것은 어느 정도 이해가 되는데. '생각의 내용'이 나와 상관이 없다는 것은 참 받아들이기 힘듭니다.
'생각의 내용'… 그것이 '저라고 알고 있는 전부'인데…도대체 어떤 '나'를 말하는 겁니까?

이제 막 태어났을 때의 몸과 마음(생각)과 10살 때의 몸과 마음(생각)과 20살 때의 몸과 마음(생각)과… 지금의 몸과 마음(생각)이 같습니까?

단 한순간도 고정되어 있지 않고 계속 변하고 있는 몸과 마음에서 무엇이 '나'입니까?

지금까지의 경험으로 변하지 않는 진리라고 확신할 수 있는 '생각'이 있습니까?

찰나찰나 변하는 생각 중 도대체 어떤 '생각'이 '나'입니까?

'생각의 내용'의 일정 부분을 '어떻게' 생각하고 '어떻게' 이해해서 편해지는 건 될 것 같으나 이제 그런 쳇바퀴 도는 것은 더 저를 괴롭게 하는 것 같습니다.

'생각의 내용'을 '어떻게' 생각하고 '어떻게' 이해하는 것이 아니라, '생각의 내용'은 수시로 변하고 확신할 수 없는 것이며 저절로 일어나고 사라지는, 바람이나 비와 같은, 자연(自然)현상이니 신경 쓸 필요가 없는 것입니다!!!

그런 쳇바퀴를 도는 것이 아니라, 그냥 알아지면 알아지는 대로, 알아지지 않으면 알아지지 않은 대로, 깨어있음이면 됩니다.

지금까지 주위들은 온갖 그럴 듯한 말들로 복잡하게 말해봤자 결국 저는 '제'가 상처받는 게, 버림받는 게, 손해 보고 피해 보는 게 무서울 뿐입니다.
그래서 그 '생각의 내용'의 노예로 살고 있습니다.

그러니 지금까지 주위들은 온갖 그럴듯한 말들로 분별함으로써 스스로 복잡해하지 마시고, 그냥 알아지면 알아지는 그대로의 깨어있음이면 상처받거나 버림받거나 손해 보거나 피해 보는 그러한 무서움은 경험되지 않게 됩니다!!!

불교 공부하기 전으로 돌아간 느낌입니다.
여전히 전 괴롭고, 길을 잃은 아이처럼 어디를 가야 할지 해야 할지 모를 뿐입니다.

무엇인가를 해야 할 필요가 없습니다.
그냥 보이거나 들리거나 느껴지거나 알아지는 경험 그대로면 됩니다!!!
그냥 그러함을 깨어있음(수행)이라 이름할 뿐입니다.

제가 이렇게 주저리주저리 쓴 게 우러남일까요 충동일까요 그저 될 대로 된 것일까요…

우러남이든 충동이든 그러한 분별 '함'으로 인하여 괴로움이 경험되는 자연이치의 현상입니다.

우러남이든 충동이든 그러한 분별 '함이 없는' 깨어있음이면 괴로움이 경험되지 않는 삶이 될 것입니다!!!

33.

사람(나와 남)이 무엇인지 사랑이 무엇인지를 바르게 이해하는 것이 필요합니다.

그러한 이해가 있다면, 일부러 인간관계의 폭을 넓히려 하지 않아도 인간관계의 폭이 넓게 되며, 일부러 경계심을 갖지 않으려 않아도 경계심 없게 되며, 그냥그대로 사랑이 작용하는 님이 되실 것입니다!!!

현재의 님이 변하실 필요 없이 바른 이해와 깨어있음만 있으면 그냥그대로 그러합니다.

그러니 걱정하지 마십시오!!!

그리고 자녀들에 대하여도 걱정하실 필요 없습니다.

자녀들 또한 자신들의 인연의 경험을 통하여 스스로 자유롭게 되어갈 테니 말입니다.

자녀들에 대한 최선의 인연이 되고 싶으시다면, 우선 님이 바른 이해와 깨어있음으로 편안하고 자유로운 삶이 되십시오.

님이 자녀들을 편안하고 자유롭게 만들 수 있는 것이 아니라, 님의 편안하고 자유로운 삶이 보이고 들리고 느껴지고 알아지는 인연으로, 자녀들 스스로 자유롭게 되어갑니다.

그러니 먼저 님부터 편안하고 자유로운 삶이 되시면 됩니다!!!
어떻게 편안하고 자유로운 삶이 되는지는 [그냥그대로 행복하기] 카페
의 법문과 법담을 참고하세요!!!

깨달음과 자유에 이르는 유일한 길 깨어있음 - 문답편

34.

쾌락에의 빠짐과 쾌락에의 깨어있음을 이해할 수 있나요?

쾌락에의 빠짐은 괴로움의 원인이 되고, 쾌락에의 깨어있음은 해소와 통찰의 원인이 됩니다!!!

섹스에서의 쾌락은 그저 매 순간 느껴지는 그 느낌일 뿐인데 어떤 것은 빠짐이고 어떤 것은 깨어있음이라고 달리 말할 수 있나요?

깨어있음이라는 경험을 통하여 스스로 확인이 되게 됩니다.

그래야 그 둘의 차이가 분명해집니다.

생각으로 구분 또는 이해하려 해서는 결코 알 수 없습니다!!!

기본적으로 성적충동은 감각적 욕망이라 이름하는 것으로 그 자체가 해소작용이지 반드시 섹스를 해야 해소되는 것이 아닙니다.

섹스는 성적충동과 다른 자연현상입니다.

성적충동이 경험될 때 '내 성적충동'으로 착각함이 없이 단지 자연현상으로 경험(깨어있음)될 뿐이면 섹스까지 이르지 않아도 그냥 소멸 또는 해소되게 됩니다!!!

성적충동이 일어나서 "내 성적충동"이라고 오해가 되는 상황이 일어나

더라도 그 충동으로 인한 성행위에 아무런 관념없이 일어나면 일어나는 대로 안 일어나면 안 일어나는 대로 어떻게 하려고 함이 또는 안 하려고 함이 없다면 그저 섹스에서 자유로울 수 있는 것일까요?

그런지 그렇지 않은지는 역시 깨어있음으로 스스로 확인될 수 있습니다!!!

35.

수행자를 포함하여 사람들은 누구나 행복을 추구합니다!!!

수행자 아닌 사람들은 감각적 욕망의 충족인 행복을 추구합니다.

그러한 행복추구는 절망과 좌절과 불감증으로 귀결되어 결국 괴롭다는 상태에 이르게 됩니다.

수행자는 감각적 욕망의 추구가 아닌 감각적 욕망으로부터의 자유의 행복을 추구합니다.

그러한 행복추구는 삶의 자유와 평온과 행복감으로 귀결됩니다!!!

삶의 모습의 차이, 즉 빈부격차 등 부귀공명의 차이는 봄 날씨와 여름 날씨와 가을 날씨와 겨울 날씨의 차이와 같은 자연현상의 차이일 뿐입니다.

그러한 자연현상은 조절할 수도 없고 조절할 필요도 없습니다.

항상 봄 날씨(모두가 부귀공명을 가지는 상태)와 같은 자연현상만 있으면 좋겠다는 생각은 생각일 뿐으로 그렇게 될 수 없는 것을 바라거나 상상하는 것으로 무의미한 생각놀음일 뿐이지요.

또 그렇다고 모두가 자유와 평온과 행복하게 되지도 않기 때문에 그럴 필요도 없는 거지요.

부귀공명이 있으면 항상 행복하다면 부귀공명을 추구해야겠지만, 부귀공명이 있어도 행복하지 못한 사람도 있고, 부귀공명이 없어도 행복한 사람이 있으니 부귀공명은 행복의 요건이 아닌 거지요.

그러나 부귀공명과 관계없이 깨어있음의 삶이면 항상 행복할 수 있으니, 깨어있음이 행복의 요건이지요.

그래서 부처님은 부귀공명을 버리고 깨어있음을 추구하신 것입니다!!!

그래도 동일한 삶이라도 이왕이면 물질적으로 잘 살고 의미 있는 좋은 일들을 많이 하면서 사는 삶이 더 낫지 않을까요?

사람들의 삶이란 이런저런 날씨와 같은 자연현상이고, 그러한 자연현상은 선택할 수 있는 것이 아니라 처해지는 것이고(적도근처에 태어나거나 대한민국에 태어나거나… 와 같은), 그리고 자연현상은 상황과 환경에 따라 변화무쌍하기에 조절할 수 없는 것이라서 날씨가 항상 좋으면 좋겠다는 생각은 실제로 그렇게 될 수 없는 것을 바라는 무의미하고 어리석은 생각놀음일 뿐이지요.

그런 생각놀음은 사람이라는 존재가 실재라고 잘못 이해함에 의한 것으로, 사람이라는 것이 날씨와 같은 자연현상일 뿐임을 깨닫지 못하면 벗어날 수 없고, 그러한 생각놀음에서 벗어나지 못하면 괴로움의 삶이 되게 됩니다.

그래서 위와 같은 말은 모두 사람(나라는 존재 포함)이 무엇인지, 삶이 무엇인지, 세상이 무엇인지, 그 실상을 몰라서 나오게 된 말로써 무의미하고 어리석은 생각놀음일 뿐입니다!!!

36.

5년 전에는 그렇지 않다가 5년 전부터 그렇게 되었듯이, 또 언젠가는 그렇지 않게 될 수도 있습니다.

이 세상에서 바뀌지 않는 것은 없습니다!!!

당연 술 먹는 습관도 바뀔 수 있습니다.

그리고 매일 소주2병 마시는 것은 아무 문제도 아닙니다.

술 먹는 '나'가 없으니 술 먹는다는 행위 또한 자연현상일 뿐입니다.

자연현상은 자연현상일 뿐, 좋고 나쁨이 없습니다.

그러니 일부러 술을 끊으려고 할 필요가 없습니다.

그런데 술을 끊어야 된다고 잘못 생각하니 괴롭게 되는 것입니다.

비나 바람과 같은 자연현상을 끊어야 되니 안되니 하는 게 말이나 됩니까?

술 먹는 행위도 비나 바람과 같은 자연현상일 뿐입니다.

비나 바람 때문에 괴롭지 않듯이 술 먹음 때문에 괴로운 게 아닙니다.

술(먹음)에 대한 잘못된 이해 때문에 괴롭습니다.

술이라는 것도 커피나 쥬스와 같은 마실 수 있는 무엇일 뿐입니다.

커피나 쥬스도 지나치게 마시면 부작용이 있듯이 술도 그러할 뿐입니다.

밥도 마찬가집니다!!!

문제는 어디에 있습니까?

'나'라는 게 없는 줄 알면서 삶을 '나'가 어떻게 하려 하는 데 있습니다.

삶이란 자연현상의 흐름입니다.

삶이란 자연현상은 바뀌야 하는 것이 아니라, 처해진 삶이라는 자연현상으로부터 자유스럽게 돼야 되는 것일 뿐입니다.

삶이라는 자연현상으로부터 자유스러울 때 진정한 행복을 경험하게 됩니다.

술 먹을 때 경험되는 감각적 욕구의 충족 같은 그런 사이비 행복 말고요.

그런 행복감은 마약할 때의 행복감 같은 사이비 행복으로서 결국 파멸로 끝나게 됩니다!!!

진정한 행복은 술을 끊어야 경험하게 되는 것이 아니라 매일 소주2병을 마셔도 경험될 수 있습니다.

진정한 행복은 술을 끊느냐 못 끊느냐에 달려 있는 것이 아니라, 술 먹음에 대한 깨어있음이라는 경험상태이냐 아니냐에 달려 있습니다.

그러니 술을 끊으려 하지 마시고, 술이 몸속으로 들어가면 무슨 냄새가 나는지, 무슨 느낌이 느껴지는지, 말이나 행동이 어떻게 변하는지, 등등을 알아차려 보십시오.

실제로는 알아차리려 하지 않아도 저절로 알아지게 될 겁니다.

그냥 그렇게 알아지는 그대로이면 되지, 어떻게 바꾸거나 조절하려 할 필요는 없습니다.

그러한 경험상태를 깨어있음이라 이름하는데, 그러면 술은 먹는 양이 줄어들든가 안 먹게 되든가 저절로 조절되어 불편이나 괴로움이 없게 될 겁니다!!!

잘 안되시면 어떻게 잘 안되는지 될 때까지 이렇게 질문하시든지, 시간이 되시면 집중수행(깨어있음) 프로그램에 참가하시어 그러한 경험상태가 어떻게 되어지는지도 배우고, 그런 경험상태를 직접 체험도 해보시면 도움이 될 겁니다!!!

술에 대한 바른 이해와 깨어있음으로 술로 인한 괴로움이 없어질 될 때까지…!!!

37.

먼저 "강박사고"라는 증후에 대한 바른 이해가 중요합니다.

강박사고라는 증후는 병이 아니라 어떤 몸과 마음의 현상들에 대한 이름일 뿐입니다.

사람마다 서로 내용은 달라도 반복적 또는 지속적으로 떠오르는 현상들이 있게 마련입니다.

그러한 현상을 이치를 모르는 사람들은 병이라 하여 신경 쓰고, 이치를 아는 사람들은 그냥 자연현상일 뿐으로 무심(초연)합니다.

미얀마 등 일부 동남아 국가들은 일 년의 반은 매일 비가 오고, 사우디아라비아 등 중동국가들에는 일 년에 거의 비가 오지 않고, 한국에는 가끔 비가 오듯 서로 다른 기후현상일 뿐이지 어떤 나라 기후는 정상이고 다른 나라의 기후는 비정상이 아니듯 말입니다!!!

'알아차림(깨어있음)'에 대해서도 마찬가지입니다.

님은 알아차리려고 해야 알아집니까?

알아차리려고 하지 않으면 알아지지 않습니까?

그렇지 않지요?

알아차리려고 하지 않아도 알아지지요!!!

그래서 알아차림이라는 말은 알아차리려고 하는 것이 아니라 그냥 알

깨달음과 자유에 이르는 유일한 길 깨어있음 - 문답편

아지는 경험(앎)에 대한 이름일 뿐입니다.

그래서 지속적으로 알아차린다느니 어떤 특정한 현상이 일어날 때만 알아차린다느니 하는 그러한 알아차림은 잘못된 이해 또는 견해입니다!!!

'알아차림(깨어있음) 수행'이란 그냥 알아지는 현상(님의 경우 강박사고를 포함하여 어떤 현상이든)을 강박사고라는 병으로 규정/단정치 않고 이러저러한 자연현상의 하나일 뿐으로 무심(초연)한 경험상태를 말합니다.

"강박사고라는 병으로 규정/단정치 않고 이러저러한 자연현상의 하나일 뿐으로 무심한 경험상태"는 사람마다 서로 내용은 달라도 반복적 또는 지속적으로 떠오르는 현상들이 있게 마련이고, 그러한 현상을 이치를 모르는 사람들은 병이라 하여 신경 쓰고, 이치를 아는 사람들은 그냥 자연현상일 뿐임이 이해되기 때문에 그렇게 되게 됩니다.

그러한 경험상태가 "알아차림 수행"입니다!!!

유일한 길이라는
깨어있음

1.

나도 모르게 자동적, 습관적으로 이름 붙여지는 것들에 대해서는 어찌 해야 할까요?
그것에 대해서도 그저 깨어있으면 자동적으로 이름이 떨어져 나가게 되는 것인지요?

"나도 모르게 자동적, 습관적으로 이름 붙여짐"은 나의 행위도 아니고, 이름붙임도 아니고, 그래서 습관적도 아니고, 그저 저절로 일어난 생각일 뿐입니다!!!
그러한 생각을 "나도 모르게 자동적, 습관적으로 이름 붙여지는 것들" 이라는 착각으로 그러한 생각이 문제시됐을 뿐입니다!!!
그러한 착각이 없어 그러한 생각이 그냥 경험되는 그대로인 깨어있음 이면, 그러한 생각 그대로 문제도 아니며, 이름이 자동적으로 떨어져 나가는 것이 아니라, 자동적 습관적 이름 붙임이 없어집니다!!!

2.

태어난 그때 즐거움, 괴로움, 고통, 기쁨 등 감정과 지금 감정이 같은가?
초등학생 때 감정과 지금 감정이 같은가?
10년 전 감정과 지금 감정이 같은가?
1년 전 감정과 지금 감정이 같은가?

10년 전, 20년 전 그때 감정이 지금 감정과 같다고 말하긴 그렇지만 그때 알아차렸던 나의 느낌 기억과 지금 알아차리는 나의 느낌은 다르지 않은 '나'라는 느낌입니다.

그렇습니다.
다르지 않은 것은 '나'라는 관념입니다.
그러나 '나'라는 관념의 경험 실제는 조건생멸이고 찰나생멸인 연기작용들로서, 단 한순간도 확정되지도 특정되지도 않습니다.
그러니 '나'라는 관념은 관념(실재라고 착각된 생각)이지 사실도 아니고 실제도 아닙니다!!!

앎이라는 것도 절대적인 변함없는 '나'라는 존재가 없다면 안다는 그 앎의 근거는 말씀하신 '나'라는 관념에 그 뿌리를 두고 있으며, 그렇다면 궁극적인 앎 자체도 '착각'일 수밖에 없지 않나요?

'나'라는 관념이 끼이지 않은 상태(온전한 깨어있음)에서 알아지는 분명한 앎은 착각이 아닙니다.

그것은 머리로 이해할 수 있는 것이 아니라 실감(實感)의 경험으로 분명해집니다!!!

내가 느끼는 실감과 옆 사람이 느끼는 실감은 다른 것 같은데 그렇다면 실감도 주관적인 것인가요?

각자 다른 실감은 실감이 아니라 각자의 생각이 사실 또는 실재라는 착각의 느낌입니다.

깨어있음의 실감은 각자의 생각이 사실 또는 실재라는 착각 없는, 그래서 그러한 생각에 무주인 경험의 실제 느낌(실감)으로서 서로 다르지 않습니다!!!

'깨어있음의 실감'이 다르지 않다면 그것은 전체로서 개체성이 끼이지 않은 바다 같은 동일성을 말하는 것인가요?

'깨어있음의 실감'에서, 깨어있음은 조건생멸이고 찰나생멸인 경험상태이며, 그래서 경험의 실제 느낌(실감) 또한 조건생멸이고 찰나생멸일 수밖에 없어, 전체니 개체니 분별될 수 없으며, 그래서 바다 같은 동일성이라고 규정될 수 없습니다!!!

역대 조사와 선사의 주인공자리인 참나도 관념이고 착각이라 하십니다.
마치 반야심경을 듣는 사리자 같은 느낌입니다.
역대 조사와 선사도 '통찰'의 길로 사리자와 같이 '공'의 단계로 넘어가
야 한다고 하시는 것 같습니다.

주인공이니 참나니 공이니 하는 말(관념)이 아닌, 그러한 말이 가리키
는 경험 실제를 알아라 하는 겁니다!!!

3.

도대체 우리는 어떻게 부처가 될 수 있다는 것일까요?

근기가 탁월한 수행자들이 부처가 되려는 원을 세우고, 겨울에 뜨거운 땀이 솟구치도록 만드는 열기로, 여름에 뜨거운 태양마저 얼려버릴 냉기로, 부처가 되려고 참선으로 용맹 정진합니다.

너무나 아름답고 장엄한 광경이지요.

그런데 마조의 스승 남악은 이런 노력 자체를 철저하게 부정하고 있습니다.

벽돌을 갈아서 거울이 될 수 있다면 참선해서 부처가 될 수도 있겠다는 조롱과 함께 말입니다.

벽돌을 아무리 정성스레 치열하게 다듬는다고 해도 거울이 될 수는 없는 법입니다.

그렇다면 참선으로 부처가 될 수 없다면, 우리는 어떻게 해야 삶의 당당한 주인공, 혹은 활발발한 마음을 가진 주체가 될 수 있을까요?

마조를 상징하는 명제, "평상심시도(平常心是道)"라는 구절은 평상시의 마음이 바로 부처가 되는 길이라는 의미입니다.

바로 이것입니다.

교종이 자랑하는 불경에 대한 지적인 이해도 아니고, 그렇다고 선종 전

깨달음과 자유에 이르는 유일한 길 깨어있음 - 문답편

통에서 강조하는 참선도 부처가 될 수 있는 길이 아니라는 겁니다.

다시 말해 그저 평상시의 마음만 유지할 수만 있다면, 바로 그 순간 누구나 부처가 될 수 있다는 것이지요.

불립문자(不立文字)를 통해 부처가 될 수 있는 길을 민중에게도 열어놓았던 것처럼, 선종은 마조를 통해 몇 명 근기가 탁월한 스님들의 치열한 참선으로 축소되었던 부처가 되는 길을 진짜로 모든 사람들에게 활짝 열어젖힌 것입니다.

이제 부처는 선방(禪房)에서 탄생하는 것이 아닙니다.

오히려 일상생활 도처에서, 예를 들어 6조 혜능이 몸소 보여주었던 것처럼 물을 긷고 땔나무를 나르는 운수반시(運水搬柴)의 과정에서, 우리는 부처가 될 수 있다는 겁니다.

사실 평상(平常)이란 말은 '일상생활'이라고 번역하기에는 너무나 무겁고 중요한 단어입니다.

'평'이라는 글자는 저울이 균형을 잡고 있는 순간, 혹은 물의 표면이 동요되지 않고 잔잔한 순간을 묘사하는 개념입니다. 그러니까 '평'이라는 글자는 흔들리는 저울이나 요동치는 물과는 대조적인 마음 상태를 가리킵니다.

누구나 일희일비하는 분주한 일상생활에서 이런 고요하고 안정적인 마음 상태를 작으나마 갖게 될 겁니다.

그러니까 누구든지 어느 한 순간에는 부처(싯다르타)와 같은 마음을 갖게 된다고 할 수 있습니다.

문제는 이런 마음 상태가 지속적이지 않다는 데 있습니다.

이것이 바로 평범한 우리들과 깨달음에 이른 부처들 사이의 차이입니다.

'평상'이란 단어의 두 번째 글자 '상(常)'이 우리의 눈에 강하게 들어오는 것도 이런 이유에서인지도 모릅니다.

'상'은 '항상(恒常)'이란 말이나 아니면 '상례(常例)'라는 말에서처럼 '지속'을 의미하는 말이니까요.

물을 긷고 땔나무를 나를 때도, 제자들에게 몽둥이질을 할 때도, 최고 권력자를 만날 때도, 어느 경우나 '평'의 마음이 지속될 때 마침내 우리는 부처가 되는 것입니다.

그러니까 "평상시의 마음이 부처가 되는 길"이라고 마조가 말했을 때, 진정으로 공부해야 할 곳은 바로 '상'이라는 한 글자에 있었던 것이라고 할 수 있지 않을까요?

'평'이라는 글자는 흔들리는 저울이나 요동치는 물과는 대조적인 "동요 없이 고요한 마음 상태"를 의미하고,

'상'은 '항상(恒常)'이란 말이나 아니면 '상례(常例)'라는 말에서처럼 '지속'을 의미하여,

물을 긷고 땔나무를 나를 때도, 제자들에게 몽둥이질을 할 때도, 최고 권력자를 만날 때도 어느 경우나 '평'의 마음이 '지속'될 때 마침내 우리는 부처가 되는 것이라면,

그래서 "평상시의 마음이 부처가 되는 길 [평상심시도(平常心是道)]라

깨달음과 자유에 이르는 유일한 길 깨어있음 - 문답편

는, 마조스님의 말씀이 진정으로 공부해야 할 곳은 바로 '상'이라는 한 글자에 있었던 것('평'의 마음상태를 '상'의 지속 상태로 하는 것)이라면, 아이고, 너무 어렵군요!!!

"평상심"이라고 해서 너무너무 쉬운 거라고 생각했는데, 어떠한 상황에서도 "평상'의 마음상태"를 유지하는 것이라면 너무 어렵지 않나요? 이거야말로 벽돌을 갈아 거울을 만드는 꼴이군요!!!

그렇지 않습니다!!!
마조스님의 "평상의 마음상태"는 말 그대로 동요가 있든 말든 회의와 의심이 있든 말든 욕심과 화가 있든 말든 그냥 그 상태 그대로의 평상의 마음을 말씀하시는 것입니다.
그러니 마조스님의 말씀의 핵심은 "상"에 있지 않습니다.
그냥 아무것도 할 필요가 없는, 말 그대로의 평상의 상태를 말씀하시는 것입니다.
그러한 평상의 마음상태가 부처의 상태입니다.
그러니 너무너무 쉽지요!!!

그냥 아무 것도 안 하는 상태, 그냥 죽은 것처럼 무사(無事)한 상태, 그냥 있는 그대로의 상태, 그냥 일어나고 사라지는 그대로의 상태, 어떤 의도적인 조작이 없는 상태…
그 상태가 바로 평상의 상태입니다.

그 상태가 어떠하든 그냥 보이거나 들리거나 느껴지거나 알아지는 그
대로인 경험상태입니다.
그러한 경험상태를 이름하여 '깨어있음'의 상태라고 합니다!!!
그래서 "평상심시도(平常心是道)"는 깨어있음입니다!!!

그러니 단지 깨어 있으십시오.
그냥 깨어있음이 되세요.
그냥 깨어있음일 뿐입니다!!!

4.

거사님께서는 고막의 경험이 경험이지, 해석의 경험은 실제경험도 아니고 경험사실도 아니니, 고막경험과 내용경험을 분리하라 하시는데, 이게 실제로 인식체계에서 분리가 되는 것일까요?

어찌하여 분리가 된다고 하더라도(내용이 지금 고막의 경험 이전에 이미 우리가 가지고 있던 기억이었음을 알게 되면 분리될 수 있음) 결국에는 고막경험이 무슨 의미인지 알기 위해서는 내용경험을 연결해야 하지 않을까요?

우리는 실제로 고막의 경험으로 살아가는 것이 아니라 내용의 경험으로 살아갑니다.

'나쁜 놈'이 소리로만 들리면 화는 나지 않겠지만 '밥 먹어'가 소리로만 들린다면 굶게 되지 않을까요?

괴로움의 문제를 해결하려고 우리 인식체계를 부정한다면 또 다른 문제가 발생할 것입니다.

요즘 살펴본 착시의 문제나 규정/단정/평가의 문제, 대상의 문제들은 인식체계가 부정됨으로서 발생하는 일들로 보입니다.

우리가 기억하고 해석하는 일은 부작용도 있겠지만 꼭 필요해서 그럴 것 같은데요.

괴로움은 '나쁜 놈'이 '나쁜 놈'으로 안 들려서가 아니라 '나쁜 놈'으로 들리더라도(인식체계, 사고체계 부정 없음) 내면에서 반응하는 조건이

해결됨으로서도 해결될 수 있는 문제가 아닐까 생각해 봅니다.

님은 "거사님께서는 고막의 경험이 경험이지, 해석의 경험은 실제경험도 아니고 경험사실도 아니니, 고막경험과 내용경험을 분리하라 하시는데, 이게 실제로 인식체계에서 분리가 되는 것일까요?"라 하는데,
우보거사는 "고막경험과 내용경험을 분리"하라 하는 게 아니고 [원래 분리된 것이니 연결된 거라고 착각하지 말라]는 것입니다!!!

님은 "고막경험이 무슨 의미인지 알기 위해서는 내용경험을 연결해야 하지 않을까요?"라는데,
우보거사는 [해석은 지금의 고막경험이 아닌 그 이전의 경험에 의하여 조건화된 것이므로 연결하면 지금의 고막경험의 이해가 아니라 착각이 된다]는 것입니다!!!

님은 "우리는 실제로 고막의 경험으로 살아가는 것이 아니라 내용의 경험으로 살아갑니다."라는데,
우보거사는 [내용의 경험으로 살아가니 무지상태가 되고 괴로움이 경험되며, 내용경험이 아닌 고막(들림)의 경험으로 살아지면 무지가 없는 대자유의 삶이 된다]는 겁니다!!!

님은 "'나쁜 놈'이 소리로만 들리면 화는 나지 않겠지만 '밥 먹어'가 소리로만 들린다면 굶게 되지 않을까?"라는데,

우보거사는 ['나쁜 놈'이 소리로만 들리거나 '밥 먹어'가 소리로만 들리는 그런 일이 일어난다고 말한 적이 없으며, 소리의 들림과 함께 또는 하나로 '나쁜 놈 또는 밥 먹어'라는 내용도 들리는 듯하지만 하나의 경험 즉 하나로 들리는 게 아니라, 소리는 들리지만 내용은 들리는 게 아니라 생각으로 알아지는 다른 경험이니, 하나의 경험으로 처음부터 연결된 것으로 (해석으로 규정/단정되어 일어나는 거라고) 착각하지 말라고 하는 것이며,

그렇기 때문에 님의 걱정 같은 '그래서 밥을 굶게 되는' 그런 일은 일어나지 않는다라는 것입니다!!!

님은 "괴로움의 문제를 해결하려고 우리 인식체계를 부정한다면 또 다른 문제가 발생할 것입니다."라는데,

우보거사는 [인식체계를 부정하는 게 아니라 님 같은 인식체계 이해는 바른 게 아닌 잘못된 이해로서 괴로움이라는 부작용이 있으니, 바른 인식체계를 알려드려 괴로움이라는 부작용 없는 삶이 되라고 말하는 것입니다!!!

나머지 님의 말씀들은 이러한 잘못된 이해의 연장선상에 있는 것들이니 굳이 일일이 말씀드리지 않아도 될 듯합니다!!!

결론적으로 〈우보거사의 법담내용은 "들림과 내용이 분리된 경험이 수행이고 들림과 내용이 연결되지 않으면 괴로움은 없다"라는 말씀〉이라

는 님의 이해는 우보거사의 법담을 제대로 이해하지 못한 오해일 뿐으로, 오해가 또 오해를 낳는 악순환의 늪에 빠져 있는 것 같아 안타까움이 느껴질 뿐입니다!!!

'나쁜 놈'은 소리와 생각이 연결되지 않아 괴롭지 않게 되고, '밥 먹어'는 소리와 생각이 연결되어 굶지 않게 되고 하는 것은 왜 그럴까요?
'나쁜 놈'의 생각은 사실이 아니고, '밥 먹어'의 생각은 사실이라서 그럴까요?

"'나쁜 놈'은 소리와 생각이 연결되지 않아 괴롭지 않게 되고, '밥 먹어'는 소리와 생각이 연결되어 굶지 않게 되고 하는 것"은 사실이 아닙니다.
님에게는 대부분의 수행을 모르는 소위 중생들과 같이, 위 두 가지 경우 모두 소리와 생각이 연결되어 있다는 착각상태입니다.
즉, '나쁜 놈'의 생각도 사실이 아니고 '밥 먹어'의 생각도 사실이 아닌 관념입니다.
님은 님에게만 그런 현상을 모든 사람들에게도 그럴 거라는 착각에 빠져 있습니다.
어떤 사람은 '밥 먹어'라는 소리내용에도 굶게 되고 화가 날 수도 있습니다.
또 어떤 사람에게는 '나쁜 놈'이라는 소리내용에도 화가 나지 않을 수도 있습니다.
그러한 차이는 지금 이전의 경험이 달라서 다르게 조건화된 결과의 차이일 뿐입니다!!!

'나쁜 놈'이나 '밥 먹어'나 소리로만 들릴 때 까지는 괴로움을 줄지 배부름을 줄지 아직 알지 못하고, 괴로움을 줄지 배부름을 줄지 알았다면 이미 괴롭고 배부르고 하는 생각경험으로 해석이 이루어진 후인데, 어떻게 그때부터 다시 연결하거나 분리하여 밥 먹거나 괴롭지 않거나 할 수가 있는 것인지요?
어디서부터 인식체계 이해가 잘못된 것일까요?

"'나쁜 놈'이나 '밥 먹어'나 소리로만 들릴 때 까지"는 사실을 모르는 무지의 말로서 누구나 예외 없이 모두, 심지어 님까지도 언제나 소리로만 들리지 소리내용으로 들리지 않습니다!!!
여기서부터 님의 인식체계의 이해가 잘못됐습니다.
"'나쁜 놈'이나 '밥 먹어'"는 〈들리는 소리가 아니라 알아지는 생각〉입니다.
똑같은 소리가 들려도 한글을 모르는 외국인들에게는 님이 생각하는 "'나쁜 놈'이나 '밥 먹어'"로 알아지지 않습니다.
"'나쁜 놈'이나 '밥 먹어'"는 소리 자체가 아니라 지금 이전의 경험에 의하여 조건화된 생각이며, 소리와 소리내용(생각)은 하나의 경험이 아니라 다른 경험인데 너무 빨리 일어나 하나의 경험이라고 착각된 상태라는 걸 님이 모름으로써 일어나는 무지의 말들입니다.
그리고 소리와 소리내용을 "연결하거나 분리하"는 게 아니라 [원래 분리된 것이니 연결된 거라고 착각하지 말라는 말]이라고 이미 설명드렸는데, 여전히 님 자신의 관념에 빠져있으니 똑같은 무지의 말이 계속 나오는군요!!!

제 경험으로는 보임과 내용이 다 연결되어도 내용에 대한 바른 이해가 일어남(조건들이 사라지거나 잠잠해짐)으로써 괴로움으로부터 많이 자유로워졌거든요.

그런 것 같아도 그렇지 않습니다!!!
언젠가 만나게 될 대상(조건)에 따라 지금 자유롭다는 상태경험이 다시 괴로움의 조건이 되어 그만큼, 아니 그 이상으로 괴롭게 될 겁니다.
저주가 아니라 이치가 그렇다는 겁니다.
결코 이치(진리, 사실)를 모르는 무지상태의 자유는 진정한 자유가 아니라 괴로움의 원인이 될 뿐입니다.
중생들이 행복하다는 경험은 모두가 괴로움의 원인이 될 뿐입니다.
그래서 부처님은 그러한 행복(편안, 자유)을 진정한 행복이라 하지 않으셨고, 예수님도 진리가 자유롭게 할 것이다라고했지요!!!

거사님께서는 왜 보임과 내용이 연결되면 도(깨어있음)가 아니라고 하실 만큼 보임과 내용의 연결을 부정하는 것일까요?

"보임과 내용이 연결되면"이 아니라 연결된다고 착각되면 이고, "보임과 내용의 연결을 부정"하는 게 아니라 원래 연결되어 경험되는 게 아니라고 하는 것입니다.

왜냐고요? 바로 그러한 착각(잘못된 이해)이 괴로움의 원인이기 때문이지요!!!

수행을 하는 동안 일시적으로 그렇게 분리되어 경험할 수는 있다고 보지만 삶 전반으로 확대하여 일반화 시키는 것은 무리가 아닐까요?

님은 우보거사의 말을 전혀 듣지 않고 자신의 생각 속에 빠져 생각이라는 색안경을 끼고 세상을 보며 살아가시는군요.
우보거사가 언제 '분리'라는 게 [분리된 것처럼 인식됨]이라고 했습니까?
'우보거사가 '분리'라고 하는 말은 [원래 연결된 하나의 경험이 아니라 분리된 다른 경험인데, 그 두 경험이 너무 빨리 일어나 하나의 경험으로 연결된 것처럼 인식되어도 분리된 다른 경험이니, 님처럼 하나의 경험으로 연결된 거라고 착각하지 말라]는 말이라고 이미 말씀드렸으니, 위 우보거사의 답변을 다시 확인해 보세요!!!

요점은 도의 상태와 일반의 상태에서 인식이 다를 수 있는가이고, 제가 이해가 가지 않는 부분입니다.
일상의 삶에서 거사님께는 보임과 내용이 분리되어 경험되는지 연결되어 경험되는지 궁금합니다?

사람이라는 현상(실체가 아니라는 표현)의 인식상태는 부처나 예수나 우보거사나 님이나 다른 모든 사람들도 예외 없이 모두 같습니다.

부처나 예수나 우보거사나 님이나 다른 모든 사람들도 예외 없이 [원래 연결된 하나의 경험이 아니라 분리된 다른 경험인데, 그 두 경험이 너무 빨리 일어나 하나의 경험으로 연결된 것처럼 인식되는 것 같지만, 그러한 경험이 분리된 다른 경험임을 깨달아 님이나 중생들처럼 하나의 경험으로 연결된 거라고 착각하지 않는 사람들과 님이나 중생들처럼 연결된 게 사실이라고 착각하는 무지의 사람들이 있을 뿐입니다!!!

길고 상세한 답변에 감사드립니다.
거사님의 영상을 들을 때면 저만 그랬던 것인지는 모르겠지만 늘 도인들은 우리와 세상을 다르게 경험하나 하는 의문이 생겼었습니다.
도인들께서도 둘로 경험하느냐 하나로 경험하느냐의 차이는 있겠지만 중생들과 같이 인식을 하신다고 하니 이제 의문이 풀렸습니다.
그리고 조건들이 사라지거나 잠잠해짐으로서 괴로움으로부터 많이 자유로워진 것은 저에게는 사실입니다.
조건을 다시 만나면 괴로워진다는 말씀은 꼭 맞는 말씀은 아닌데, 조건에는 외부적인 것도 있지만 내부적인 것도 있어서 내부조건이 해결되면, 외부조건을 만나도 괴로움은 일어나지 않게 됩니다.
삼라만상이 조건 따라 일어났다 조건 따라 사라진다고 하잖아요?
[분리된 것처럼]은 거사님께서 그러셨다는 것이 아니라 제가 그랬다는 것이니 오해 않으셔도 되겠습니다.
상세한 답변 다시 한 번 감사드립니다. ()

님에게 질문 하나 드립니다.

님은 내부조건과 외부조건이 다르다고 하시는 거 같은데 그 둘은 어떤 것들이며 어떻게 다른가요?

그리고 내부조건에 대한 이해가 있으면 괴로움으로부터 자유로워진다고 하셨는데, 그것에 대한 이해라면 어떠한 이해를 말씀하시는 건가요?

그리고 그 이해는 어떻게 일어나는 것인지요?

외부조건은 외부에서 오감을 통하여 들어오는 자극을 말합니다.

나쁜 놈 소리, 괴롭힘, 보고 싶지 않은 얼굴 등…내부조건은 외부조건에 반응하는 내면의 조건으로서 모두 머릿속에 있습니다.

기억, 생각, 감정(기쁨, 슬픔, 분노, 두려움, 우울, 근심…), 욕구, 느낌, 의도, 동기, 의지, 노력, 집착, 비교, 분석, 규정, 판단, 관념, 합리, 비난, 회피, 억압, 저항, 주체(我) 등… 입니다.

외부 조건은 자신이 어떻게 해볼 수 없는 것들입니다. 다 피할 수도 없고요.

그나마 내부조건은 자신이 어떻게 해볼 가능성이 있는 것들이지요. 그것들에 대한 이해를 통해서요.

이해는 그것에 대해 아는 것이고 알려면 경험해야 하고 경험은 관찰을 통해서 이루어질 수 있습니다.

관찰은 아무 조건 없이 그것들과 만나고 부딪치면서부터 시작되고요.

제가 사라지는 조건과 잠잠해지는 조건을 말씀드린 적이 있는데 내면의 조건 중 과거의 좋고 나쁜 감정기억과 주체(我)는 사라질 수 있는 조건으로 보이고, 나머지 조건들은 생존에 필요해서 그런가 싶기는 합니다만 사라지지는 않고 잠잠해지는 조건으로 보입니다.

이 내부 조건들에 대한 이해가 깊어질수록, 괴로움에서 그저 불편함으로, 불편함에서 결국 불편함마저 희미해지는 상태로 변해가는 것 같습니다.

님과의 대화는 아무 소용이 없군요!!!
대화의 처음부터 말하던 내외부조건이란 관념이 그동안의 대화에도 불구하고 조금도 변화가 없군요.

님이 말하는 외부조건이란 '나쁜 놈', '괴롭힘', '보고 싶지 않은 얼굴'이란 외부에서 들어오는 게 아니라 님이 말하는 내부조건(과 같은 거) 아닌가요!!!
지금까지 대화의 핵심이 그 문제 아니었던가요?

님이 말하는 외부조건은 어떻게 할 수 없는 것이어서 피할 수밖에 없다고요?
내부조건과 다를 바 없이 이치(사실, 진리)를 깨달으면 애초부터 문제가 아니었다는 게 자명하다고 지금까지 대화한 게 아니었나요?

님의 "내면의 조건 중 과거의 좋고 나쁜 감정기억과 주체(我)는 사라질 수 있는 조건으로 보이고, 나머지 조건들은 생존에 필요해서 그런가 싶기는 합니다만 사라지지는 않고 잠잠해지는 조건으로 보입니다."는 또 왠 뚱딴지 같은 말입니까?

지금까지 대화의 핵심이 님이 말하는 외부조건이든 내부조건이든 모두 지금의 경험 이전의 잘못 이해된 경험에 의하여 조건화된, 사실이 아닌 생각(착각, 무지)일 뿐으로, 그 생각으로 지금의 경험이 생각대로라고 규정/단정할 수 없다는 거 아니었나요?

결국 님은 이 카페에 온 이유는 자신의 관념으로 관념놀음하려는 것이지 진리(사실)규명에는 관심이 없었던 거군요!!!

님은 "거사님도 두 현상이 확연히 다른 경험임을 아는 상태에서 생각경험으로 일상의 삶을 살아감"이라고 규정/단정하는데, 우보거사가 언제 생각의 경험으로 살아간다고 했습니까?

우보거사는 [살아가는] 게 아니라 [살아지는] 대로로서, [살아가는 함이나 노력]이 아니라 [살아지는 경험] 그대로 일 뿐입니다.

더더구나 [생각경험으로 살아가는 게 아니라 생각으로부터 자유로운 삶]일 뿐입니다.

여전히 님은, 일부 사실에 대한 이해가 있었다는 것도 결국 자각이 아니라, 자신의 관념틀 속의 하나의 생각경험일 뿐이었음으로, 이 카페에 처음 왔을 때와 조금도 다름이 없는 관념의 인생관과 수행관을 주장하고 있네요!!!

결국 님과의 대화는 님의 관념으로부터의 자유가 되게 하는 자각으로
기능되기보다 관념의 틀을 더욱 정교하게 다듬는 일일 뿐이라는 사실
이 드러났군요.
처음부터 님은 진리(사실)규명에는 관심이 없고 자신의 관념틀을 과시
하고 확인하고 더 정교하게 다듬는 데 관심이 있었을 뿐이라는 생각이
드네요!!!
그러니 님과의 대화는 더 이상 무의미하겠네요!!!

5.

거사님 여쭐 게 있습니다.

느낌에서 느낌이, 몸에서 몸이… 즉 관념이 아닌 실상이 알아진다고 하셨는데…

얼마 전 법문에는 알아차림은 내용에 매이지 않는다고 하셨지요?

느낌이 느낌으로 알아지든 느낌이라는 관념으로 알아지든, 몸이 팔이라는 관념으로 알아지든 뜨거움이라는 사대의 화로 알아지든, 알아차림(깨어있음, 중도…)은 내용과 무관하지 않는지요?

또 몸의 팔은 관념이지만 뜨거움이라는 화(지수화풍)는 실상이라고 하셨는데 이게 어떻게 해서 실상이라고 하시는지요?

느끼는 상황에 따라 똑같은 뜨거움이 아니라 더 뜨거움 덜 뜨거움 어떤 경우엔 차가움으로 인식될 수도 있지요.

뜨거움은 인식작용이고 인식은 기억에 기반한 것이라 실상이라 할 수 없지 않는지요?

한 가지 더, 행위를 실상이라 할 수 있는 건가요?

느껴지는 그대로, 행위하는 그대로, 관념(생각)이 개입되지 않음이라 표현한다면 무리가 없겠으나, 행위를 실상이라 하는 것은 무리가 있지

않은지요?

1. 깨어있음이 온전치 못한 경우에는 관념으로 알아지고, 깨어있음이 문득 온전해진 경우에는 실상으로 알아지게 됩니다.

그러함을 통하여 깨어있음이 온전해지고 실상이 자명해지는 것입니다.

그러나 실상으로만 알려하면 바로 깨어있음이 아니게 되지요.

그 점을 말하는 것입니다!!!

2. 인식이라고 그냥 관념이 아닙니다.

인식작용 자체는 실상이고 인식 내용은 관념입니다.

그래서 인식내용에 신경 쓰지 말라고 하는 것입니다!!!

3. 행위 또한 행위작용은 실상이고 행위현상은 관념(이미지, 상)입니다.

그냥 알아지는 깨어있음(중도)인 경우에는 작용의 느낌으로 알아지고, 깨어있지 못한 경우에는 현상인 관념으로 알아지지요.

더 정확히 표현하자면, 깨어있음이라 이름하는 그런 경험상태에서는 작용의 느낌이니 현상의 관념이니 하는 분별이 없습니다.

즉, 아는 '내'가 없이 그냥 알아질 뿐입니다!!!

깨어있음이라 이름할 수 없는 경험상태에서는 현상의 관념만 알아집니다.

이 경우는 작용의 느낌이니 현상인 관념이니 하는 분별이 있습니다.

즉, 아는 '내'가 아는 상태입니다!!!

관념으로 분별하고 있음이 느껴듯이 알아지는 순간 '깨어있음'이지 않나요?

일상에서 수도 없이 이런 경험들이 반복되는 것 같습니다만. 이에 대하여 다시 판단, 규정 '함'이 없이 그냥 알 뿐으로. 이것이 '명상으로 사는 삶'이라고 할 수 있을까요?

바로 그렇습니다!!!

다만 그럴 때는 이미 관념으로 분별하고 있음이 아니게 됩니다!!!

우리가 지지배배 소리를 들을 땐 그냥 무엇인가가 인식이 된 것이죠.

무엇인가 작용한 이때는 실상이라면 곧 생각이 올라오지요.

새소리라느니. 새가 운다느니. 새가 노래한다는 이때는 이미 관념화된 것이죠.

이렇듯이 몸의 팔이라고 하는 것이나, 뜨거움이 올라오니 사대의 화라고 하는 것이나, 관념이 아니냐 하는 것입니다.

새소리가 들린다나 새가 운다 또는 새가 노래한다는 생각이 든다는 인식만으로 바로 관념화되었다고 할 수는 없습니다.

새소리나 운다 또는 노래한다는 인식내용에 초점이 없는 들린다나 생각이 든다는 경험이 분명한 상태이면 실상의 경험상태이며,

새소리나 운다 또는 노래한다는 인식내용이 분명하고 들린다나 생각이 든다는 경험에 초점이 없는 경험상태는 관념화된 경험상태라 할 수

있습니다.

그런 말(표현)이 아닌 그렇게 표현되는 경험 자체를 가리키는 것이며, 그 경험을 그냥 경험으로 사는 삶이냐 아니냐의 문제에 대한 대화입니다!!!

제가 말씀 드린 것은 작용의 느낌이니 현상의 느낌이니 하는 분별이 없는 그냥 알아짐을 말씀드린 것입니다.
즉 현상이든 느낌이든 분별이든 일어나서는 안되는 것이 아니라 그 순간 그것에 깨어 있으면 이미 중도의 상태라고 할 만하지요.
그런데 거사님 법담에는 상이니 느낌이니 실상인 분별이 있기에 여쭤 본 것입니다.

현상이니 느낌이니 실상이니 하는 말(표현)을 쓰지 않고 어떻게 대화할 수 있겠습니까?
그러니 대화의 말에 구애되지 마시고 그 말이 가리키는 무엇(실상)에 바로 관심을 두십시오.
관심을 둔다는 것 또한 그냥 들리는 그대로란 의미입니다!!!

6.

거사님께서 잡수시는 음식이 無花果입니까? 아니면 無花입니까?

무화과와 무화가 다릅니까?
무화과와 무화는 다르기도 하고 다르지 않기도 합니다.
무엇이 다르고, 무엇이 다르지 않습니까?

같기도 하고 다르기도 하지요…
같은 색.꽃 이면서 열매인 척 하지요… ㅎㅎㅎ

무화과 경험은 거사님께서 하시고
저는 침 삼키는 경험만 했습니다… ㅋ

보이는 경험과 맛이 느껴지는 경험은 무엇이 다르고 무엇이 다르지 않
습니까?

보이는 경험은 생각 경험이요, 맛이 느껴지는 경험은 실제 경험입니다.^^
생각경험 과 실제경험 모두 지금 이순간에 일어나지만 생각경험은 생
각의 내용일 뿐이고 실제 경험은 실제가 경험되는 도의 경험입니다.

유일한 길이라는 깨어있음   137

다르지 않은 것은요?

다르지 않은 것이라…?
생각 경험은 착각. 실제 먹고 있는 것은 현재 이 순간에 일어나고 있는
실제 경험 그 자체입니다.^^

보이는 경험 또한 지금 이 순간의 실제 경험 아닌가요?

보이는 경험도 이 순간이 맞습니다… ㅎ

그렇다면 보이는 경험에서 실제는 무엇이며, 실제 아님은 무엇입니까?

눈으로 보이는 것은 실제이며 실제가 아닌 것은 맛… 기억속에 저장되
어 작년에 먹었던 무화과의 맛이 침을 고이게 하네요… ㅎ

그렇다면 맛이 느껴지는 경험에서 실제는 무엇이며 실제 아님은 무엇
입니까?

혀에 닿는 것은 실제요… 맛은 기억되어 있던 맛과 함께 평가 되는 것
같습니다.
아니 맛도 실제인 것 같습니다.
지금 바나나를 먹어보니 맛 역시 지금 실제 맛입니다.

깨달음과 자유에 이르는 유일한 길 깨어있음 - 문답편

실제 아님은 찾아보기 어려운데요.

다시 점검해 보세요.

그 부분이 이해되면, 보이는 경험과 맛이 느껴지는 경험에서 무엇이 다르고 무엇이 다르지 않는지가 확연하게 될 겁니다.

점검은 깨어있음 점검이라는 것은 아시겠지요!!!

7.

"확인(조사, 점검)〈함〉은 도(깨어있음)가 아니다"라고 제목까지 붙이면서 관념 또는 생각의 내용에 함몰됨을 경계하시는 뜻은 충분히 공감하겠으나,

1) 항상 도(깨어있음)의 점검을 강조하시는데, '어떠한 불편이나 들뜸에는 반드시 어떠한 견해(사견)가 있었더라' 하고 생각이 일어남도 관념인가요?

2) 깨어있음의 상태에서 그러한 생각이 알아짐은 관념인가요? 아니면 이해가 일어남인가요?

3) 저는 솔직히 아직도 '모든 불편함에는 사견이 원인이 되어져 작용하고 있더라'라고 자각됩니다. 관념입니까?

4) 거사님께서는 이러 저러한 것 필요 없이 바로 도의 점검이면 된다고 하시며, 화살을 비유해 주셨는데 괴로움(1차 화살)이 경험되면 바로 도의 점검(2차 화살을 안 맞음)이면 된다는 뜻으로 이해됩니다.
물론 맞는 말씀이지만, 저의 이해로서는 모든 1차 화살(괴로움)은 있는 그대로 보면 실제로 화살이 아니고 화살이라는 잘못된 견해이므로 2차

화살이라는 것은 없으니, 1차 화살을 화살로 잘못 알아서 2차 화살(괴로움)을 맞는 일이 없도록 하라는 뜻으로 이해됩니다.
저는 경험적 이해로 말씀드리는 것이니 경전과는 다를 수 있다고 생각됩니다. 잘못된 이해인지요?

우선 제목의 "확인(조사, 점검)〈함〉"에서 〈함〉에 중점이 있습니다!!!
확인(조사, 점검)이 있더라도 〈함〉이 아니라 그렇게 표현될 수 있는 작용이 있음이 단지 알아졌다면 '도'라고 이름할 수 있습니다.
그러한 이해를 바탕으로 질문에 답변합니다.

1) 단지 생각의 일어남의 표현인지 "조사〈함〉"의 표현인지 스스로 점검해 보세요!!!

2) 그러한 생각을 맞다고 붙잡았으면 관념이요, 붙잡지 않고 단지 알아졌을 뿐이면 이해(관념이 아님)이지요.
그 또한 스스로 점검해 보세요!!!

3) 2)와 같은 문젭니다!!!

4) 역시 "도의 점검"과 "도의 점검함"의 차이에 대한 이해가 기본적으로 필요합니다.
그리고 "괴로움(1차 화살)이 경험되면 바로 도의 점검(2차 화살을 안 맞음)이면 된다"라는 표현에서 괴로움은 1차 화살이 아니라 2차 화살입니다.

또한 "1차 화살을 화살로 잘못 알아서 2차 화살(괴로움)을 맞는 일이 없도록 하라"에서 1차 화살을 화살로 잘못 알아서가 아니라 1차 화살을 내 문제 또는 괴로움이라 잘못 알아서 괴로움(2차 화살)이 경험되게 되지요!!!

따라서 님이 1차 화살과 2차 화살에 대한 비유를 오해하신 문제인 것 같습니다.

아무리 옳은 정견이나, 혹은 부처님 말씀이라도 그렇다고(맞다고) 한 생각 일으키는 순간 도에서 어긋나는 것이라 이해하겠습니다.
그러함도 단지 이 순간 일어난 한 생각일 뿐이라고 알아질 수 있도록 하겠습니다.
도가도 비상도. _()_

"도에서 어긋나는 것"이나 "한 생각일 뿐"이라는 말(글)은 또 규정함(관념)이 아닙니까?

그리고 "도에서 어긋나는 것이라 이해하"고, "한 생각일 뿐이라고 알아질 수 있도록 하"는 〈그 놈〉은 무엇입니까?

〈그 놈〉은 실제입니까 관념입니까?

연기적으로 일어나는 식작용이라 하겠습니다.

"연기적으로 일어나는 식작용"이라 규정하시면, '개념'으로도 틀리고 '도'라 이름할 수도 없습니다!!!
또 뭐라 한마디 하시겠습니까?

망상이군요.

또 어긋났습니다!!!
왜 그렇게 말씀드리는지 아시겠습니까?

모릅니다.

모르면 어떻게 해야 합니까?

모르는 걸 알면 됩니다.

모르는데 모르는 걸 어떻게 알 수 있습니까?

어떻게 알 수는 없고 다만 알아질 뿐입니다.

그렇습니다!!!
단지 그냥 알아지는 그대로!!!
단지 모를 뿐!!!

오직 깨어있음(의 점검) 뿐!!!

유혐간택 단막증애!!!

무위자연!!!

그러함에 대한 표현들이고, 그렇게 스스로 분명해질 겁니다!!!

감사드립니다. _()_

감사받을 우보거사도 없고 감사하는 님도 없고, 단지 작용의 연기만 있었을 뿐입니다!!!!!

8.

걱정하지 마세요!!!

누구나 지금 이 순간밖에는 깨어있을 수 없습니다.

잊고 있는 동안에 대해 신경 쓰지 마세요.

이미 지나간 시간이잖아요.

나중에 대해서도 신경 쓰지 마세요.

아직 오지 않은 시간이잖아요.

어차피 잊고 있는 동안에는 깨어있을 수 없잖아요.

실제하는 시간은 지금 이 순간뿐이잖아요.

지금 이 순간의 깨어있음으로 충분합니다!!!

지금 이 순간의 깨어있음이,

깨어있음을 잊지 않게 하는 원인이 되고,

깨어있음을 돌아오게 하는 원인이 됩니다.

마음 편하게 지금 여기서만 그냥 알아지는 그대로 깨어있음이면 됩니다!!!

유일한 길이라는 깨어있음

9.

꿈밖의 깨어있음으로부터 비롯된 꿈속의 깨어있음을 통해 꿈속에서 "아! 꿈을 꾸고 있구나!!!" 하고 그 곳에 원하는 허공 꽃을 그릴 수 있다는 것인가요?

깨어있음에는 유위란 없습니다.
꿈밖의 깨어있음에서도 허공 꽃을 그리지 않는데 하물며 꿈속에서 그러하겠습니까?
깨어있음에서 모든 행위는 저절(연기)로 이루어지니 허공 꽃에 불과한 '내'가 무엇을 하겠다는 생각은 버리십시오!!!

보살도도 또 하나의 원이고 욕망이라면, 다하지 못한 중생구제가 꿈속에서도 펼쳐지지 않을까요?

꿈속에서 펼쳐진 중생구제(보살도)가 무슨 효과가 있습니까?
그렇게 생각을 굴리지 마시고, 그러한 생각에 깨어 있으십시오.
그러면 생각의 굴레(허상)에서 벗어나 법(자연의 이치, 실상)을 깨닫게 될 것입니다!!!

꿈 밖에서의 불공(보살도)이 다하지 못해 꿈속에서도 불공을 하는 꿈을

꾼다면, 그 인연인 꿈 밖에서의 불공이 그만큼 크다는 증거 아닌가요? 그러면 꿈속에서 행하는 불공이 삶에서 행하는 큰 불공의 거울이 아닌 가 생각됩니다.

그렇다하더라도 그런 일은 그렇게 됨에 맡기고, 단지 그러함에 깨어 있으십시오.
그러한 깨어있음이 불공 중의 불공이요 공덕 중의 공덕이니, 조그마한 불공이나 공덕에 연연해 마시고, 최고의 불공이요 공덕인 깨어있음에만 관심을 두십시오!!!

10.

생각으로 다 아는 상태를 거쳐서, 그냥 아는 상태로 발전할 수는 없나요?
아니면 처음부터 그냥 아는 상태가 되는 것이 바람직한가요?

생각으로 아는 것을 지식이라 이름하는 것입니다.
그러한 지식은 통찰의 장애가 되기 쉽습니다.
그러니 처음부터 그냥 아는 상태가 되는 것이 바람직합니다!!!

저도 깨어있다고 믿고 느끼는 것이, 생각으로 다 알아차리고 깨어있다
고 하고 있는 것이라 느껴져서 드린 질문이었습니다.
수행과정에 어쩔 수 없이 거쳐가야 하는 것은 아닌가 해서요…

"생각으로 다 알아차리고 깨어있다고 하고 있는 것이라 느껴"진다고
하셨는데, 그러한 〈느껴짐이라는 경험상태가 바로 깨어있음〉이고, 그
러한 경험을 통하여 생각으로의 알아차림으로부터 벗어나 바른 깨어
있음이 되게 됩니다!!!

11.

'나'를 딱 놓아버리지 못하는 미련이나, 하루라도 빨리 놓아버리고 훨훨 날아오르고 싶은 마음도, 모두 생각내용대로 실제로 경험되고 있다는 착각 마음상태입니다.

그러한 착각 마음상태를 실제라고 착각해서 야기되는 혼란입니다.

그러한 마음을 가진 '나'는 원래 있는 것이 아닙니다.

'나'를 딱 놓아버리지 못하는 미련도, 빨리 놓아버리고 훨훨 날아오르고 싶은 욕심도 모두 '나'의 미련이나 '나'의 욕심이 아니라 착각된 생각(관념)입니다!!!

생각은 생각일 뿐입니다!!!

그러한 생각들은 인연으로 작용하는 자연현상일 뿐입니다.

'나'를 놓으려고도 하지 말고, 빨리 놓아버리고 훨훨 날아오르려고도 하지 말고, 그러한 생각들을 '나'가 아닌 자연현상으로 단지 알아지는 그대로(깨어있음)이면, 저절로 그러한 생각들로부터 자유롭게 될 겁니다!!!

그러한 생각들로부터 자유로우면 그러한 생각을 하는 '나'는 더 이상 문제되지 않습니다!!!

그러한 생각을 하는 나'는 없고 나'라는 생각만 있을 뿐인 것입니다!!!

'나'라는 생각은 실제 '나'가 아니라 단지 생각일 뿐이니 있어도 그만 없어도 그만입니다.

그러한 상태가 바로 깨어있음이라 이름하는 상태입니다.

깨어있음이라는 경험상태를 송장상태나 무위자연의 상태로 비유합
니다!!!

깨달음과 자유에 이르는 유일한 길 깨어있음 - 문답편

12.

공안(화두)에 무슨 정답이 있겠습니까?

끊임없이 의심에 의심을 더하다 생각할 기력, 의지가 고갈되어 포기했을 때 생각을 쉬어봄으로써 비로소 생각이 얼마나 허망하고 착각했는지를 경험함으로써, 깨어있음이 "고"를 벗어나는 유일한 방법임을 아는 수행방법으로 압니다.

"영구 없다"라는 공안을 예로들어 관념으로 풀어보겠습니다.

부처님 당시 해공제일 수보리가 있었다면 이후 해공제이 영구가 있다고 봅니다.

이름의 "영"자는 숫자 0을, "구"자는 한자 空을 담았다고 봅니다.

그래서 존재의 실상을 꿰뚫어 봤던 거지요,

영구는 존재의 현상이요, 없다는 존재의 실상인 작용(공)을 "영구 없다"로 "무아" "무상"을 줄곧 외쳐대고 알아라 알아라 해도 못 알아들으니 답답함 마음에 엄지와 검지를 둥글게 원을 만들어 뒤집어 눈에 대고 정말 자세히 봐라 하면서 방편을 썼다고 보여집니다.

영구는 색이요 없다는 공이요, 반야심경의 색즉시공을 영구 없다로 학당 도반들에게 외쳐도 생각 속에 빠져 지들이 잘난 줄 아는 도반들은 영구를 바보 취급했던 거지요.

영구도 없고. 너도 없고. 나도 없습니다…

진정 영구는 깨어있음이 되어있었을까요?

아님 진짜 바보일까요?

공안(화두)에는 분명한 답(낙처)이 있습니다!!!

그냥 말장난이 아닙니다.

물론 그 답은 말과 글로 한정되지는 않습니다.

그러나 공안의 낙처는 분명합니다!!!

영구 앞에 인식되는 다른 사람들이 없다면 "영구"라는 이름과 "영구" 자신이 "사람(존재)"이라는 의식이 있을까요?

영구 자신의 눈을 감으면 영구 앞의 사람들이 없어질까요?

그 경우 느껴지는 (자신의)작용의 느낌(존재감)까지도 없어질까요?

그렇다면 영구는 "없다"로 영구는 도인일까요?

그래도 영구는 "있다"로 영구는 바보일까요?

아니면 "있다"도 "없다"도 틀려서 영구를 포함하여 모두 바보일까요?

아니면 "있다"도 "없다"도 모두 맞아서 영구를 포함하여 모두 도인일까요?

이 공안의 낙처는 어디일까요?

13.

이제 그 상상(추론, 사유)을 멈추십시오!!!
그러한 사유로 이치가 분명해지는 것이 아닙니다.
무지의 자각, 즉 의문의 인식과 깨어있음으로 스스로 분명(깨달음)해
지게 됩니다!!!

만약 끊임없이 추론(상상)이 일어난다면, 그러한 추론이 그냥 알아지
는 그대로(깨어있음)이면 됩니다!!!
추론은 내가 하는 것이 아니라 연기작용으로 일어나는 자연현상입니다.
그러니 추론을 내가 한다고 착각하지 마시고, 그때 깨어있음의 점검으
로 그러한 추론이 그냥 알아지는 그대로일 뿐인 깨어있음이 되면, 추론
이라는 이름할 수 있는 생각이 경험되는 그대로 이해(깨달음)가 일어
나게 됩니다.

그렇게 스스로 분명해지게 되는 것입니다!!!

14.

거사님의 "경험되는 그대로, 있는 그대로의 경험"이라는 가르침을 개똥이나 소똥이의 경험 그대로가 존중돼야 된다는 말씀으로 오인하시는 분이 있으신데 그런 경험은 있는 그대로의 경험이 아니지요?

개똥이나 소똥이의 경험은 생각이나 해석으로 규정된 관념화된 경험이라고 할 수 있지요.

말이나 생각이 관념이라서 거사님의 말씀도 관념이 아닌가 라는 것은 말이 알아지고 생각이 알아지면 관념이 관념화된 게 아니지요.

단지 말과 생각과 경험에 매이는 것을 경계함이었지요?

그렇습니다!!!

우보거사가 드리는 모든 말씀은 "단지 말과 생각과 경험에 매이는 것을 경계함"입니다.

"개똥이나 소똥이의 경험은 관념화된 경험"이니 경험되는 그대로 라고 할 수 없고, 따라서 관념화되지 않는 상태로 경험하라고 한다면, 제가 드린 말씀을 오해하시는 겁니다.

물론 개똥이나 소똥이의 경험이 존중돼야 되는 것도 아닙니다.

그렇다고 개똥이나 소똥이의 경험이 무시돼야 되는 것도 아니라는 것입니다.

즉, "관념화된 경험은 관념화된 경험"으로 "관념화되지 않은 경험은 관념화되지 않은 경험"으로 〈경험되는 그대로〉, 그 경험이 존중 가치가 있니 없니 하는 분별함과 이렇게 경험되도록 하려 함이나 저렇게 경험되도록 하려 함이 없이, 그 또한 〈그냥 그대로〉의 경험이면 된다는 말입니다!!!

일어난 모든 작용들에 규정을 하게 되어 착각이 일어난다는 뜻으로 이해됩니다.
순환논리에 빠지는 기분입니다만, 그렇다면 왜 규정이라는 작용이 일어날까요?
그 규정도 그냥 일어나는 것이지 내가 규정하는 게 아니면 착각이 아니라는 건가요?

그렇습니다!!!
내가 규정하는 게 아니면, 규정이 아니라 생각이라 이름하는 자연현상일 뿐이지요!!!
그래서 "관념화된 경험은 관념화된 경험"으로 〈경험되는 그대로〉이면, 〈관념화된 경험이란 관념화되지 않은 경험과 다르지 않음〉이지요!!!

15

알려고 하지 않는다면, 수행하는 상태와 수행하지 않는 상태의 차이점이 어떤 건지요?

죄송합니다 못 알아 듣고 계속 되물어서요… 생각에 빠지는 순간을 알아차리려고 하지 않으면 어떻게 알아지는 걸까요?

끊임없이 알려고 하는 상태가 수행하지 않는 상태고, 알려고 함 없이 알아지는 그대로의 경험상태를 수행하는 상태라고 합니다.

생각에 빠지는 순간은 알아차리려는 함이 아예 일어나지 않든 알아차리려 해도 알아차려지지 않게 되거나 그냥 알아지거나 중의 하나이게 됩니다.

그러니 그냥 알아지면 다행이고 알아지지 않으면 할 수 없고, 알아지지 않다는 자각이 들면 바로 그러함이 그냥 알아지는 경험상태이기에 또한 좋은 일입니다.

어느 경우든 문제 될 것은 없으니 걱정할 것도 없지요!!!

수행이 되어짐이란 그러함입니다!!!

16.

착각이 있어야 깨달음이 있을 수 있다 하셨는데 착각이 있으려면 생각이 있어야 하는 것 아닌가요?
생각이 없는 상태에서는 깨달음도 일어날 수 없는 것 아닌가 하는 생각이 듭니다.

생각이 있어야 된다는 말은 있을 수 없습니다!!!
왜냐하면 생각이 없는 경험은 없으니까요.
모든 앎의 내용은 생각이되, 그 내용(생각)은 앎의 사실이라고 할 수는 없고, 그래서 생각(의 내용)으로 앎을 규정할 수 없다는 말이지, 생각이 없어야 된다는 말이 아닙니다!!!

(중)도라는 경험상태는 '이러함이 도라는 상태'라는 생각으로 도라는 상태가 되는 것이 아니라, 도라는 상태라는 생각이 없어도 생각과 앎이 연결되지 않는, 앎은 앎으로 생각은 생각으로 알아지는 그대로의 경험상태에 대한 이름입니다.
도라는 상태는 생각으로 인식되는 상태가 아니라, 도라고 인식되지 않아도, 도라 이름할 수 있는 경험상태를 말합니다.
다만 그러한 상태의 경험이 있으니 이러함을 도라 하는구나 라는 생각, 이때는 생각이라 하지 않고 통상 자각(지혜)이라 이름하는 정신작용이

일어날 수는 있지만,

그러한 지혜라는 경험상태는 지혜는 관념(상)이 아니기에 도라 이름하는 경험상태입니다!!!

생각이 있어야 착각이 되고 그래야 깨달음도 있을 수 있는 것 아니냐는 말씀은 맞기도 하고 틀리기도 합니다.

생각으로 앎을 규정함으로써 착각이 되고, 그러한 착각이 있으니 자각(깨달음)이 일어나게 되나, 생각으로 앎을 규정하는 상태(착각)에서는 결코 자각(깨달음)이 일어날 수 없으니, 반드시 생각이 깨달음에 이르게 하는 필수 요소라고 할 수도 없다는 말입니다!!!

편하고 안 편한 '나'가 있느냐 없느냐입니다.

'나'가 편하다는 것은 진정한 편함이 아니고 편함이라는 생각(견해)입니다.

'나'가 없는 그냥 편함이 진정한 편함입니다!!!

그러면 선과 악도 관념일 뿐인가요? 벗어나야 할…

선이 유익이니 옳음이니 하는 의미로 이해함은 관념이요,

선이라 불리는 마음상태나 그 마음상태의 드러남인 말이나 행위 그대로가 실상이지요. 악이라는 것도 마찬가지고요.

관념으로부터는 얽매이지 말고 자유로워져야 하지만 실상은 벗어날 수도 없지만 벗어날 필요도 없지요.

그냥 그대로 깨어있음일 뿐이고 편함일 뿐이지요!!!

'한 걸음 나아가면 도를 잃고, 한 걸음 물러서면 물건을 잃는다'는 이 꼼짝 못하는 상황에서 '한 걸음 나아가는 동시에 한 걸음 물러서면 되느니라'라는 선문답이 있는데,

'한 걸음 나아가는 동시에 한 걸음 물러선다'는 말은 무엇인가요?

유일한 길이라는 깨어있음

선문답은 상황과 맥락이 중요합니다.

그러한 선문답이 있게 된 상황과 맥락을 설명해 주시지요. 그래야 무슨 말인지 알 수 있을 것 같습니다!!!

제가 본 자료에는 그냥 어느 날로 시작되네요.

하지만, 뱀이 개구리를 삼키는 상황과 비슷한 상황으로 보여 법문을 구했습니다.

잃을 도도 잃을 물건도 없으며, 그렇다고 찾을 도도 찾을 물건도 없습니다.

도니 물건이니 하는 것들은 모두 관념일 뿐입니다.

그러니 한걸음 나아가니 한걸음 물러서니, 한걸음 나아가고 한걸음 물러서니 하는 것들은 모두 관념에 얽매여 우왕좌왕 우물쭈물하는 잘못되고 헛된 수고로움일 뿐이지요.

한걸음 나아가든, 한걸음 물러서든, 한걸음 나아가고 한걸음 물러서든, 한걸음 물러서고 한걸음 나아가든, 움직이지 않든…

어떤 상황이든 그냥 그대로의 경험상태가 인연에 따른 연기적 실상인 도라 이름하는 경험상태일 뿐입니다!!!

그러니 온통 관념에 놀아나지 말고 지금 여기 그냥 그대로 단지 깨어있음이면 됩니다.

그러면 문득 도가 스스로 분명해집니다!!!

"한 걸음 나아가면 천지가 가라앉고 한 걸음 물러서면 허공이 무너지며, 나아가지도 않고 물러서지도 않으면 숨기운은 있으나 죽은 사람이 될 것이다"는 이것도 같은 맥락인가요? '숨기운은 있으나 죽은 사람'이라는데요?

한걸음 나아가야 하나 한걸음 물러서야 하나 나아가지도 않고 물러서지도 않아야 하나 갈피를 못 잡고 안절부절 못하는 꼴이, 관념에 얽매여 살아도 사는 것이 아닌, 살아 있으나(숨기운이 있으나) 죽은 것과 같은 상태를 말합니다!!!

'나'라는 관념이 죽고, '내가 한다'는 관념이 죽고, 도에 대한 관념이 죽어야, 그러한 관념조차 인연 따라 작용하는 자연현상일 뿐임이 분명해져서, 지금 여기 그냥 그대로 실제 경험 경험의 삶이야말로 진정 실감나는 살아 있음입니다!!!

18.

선업 중 최고의 선업은 '업이 되지 않는 업'인 수행입니다!!!

수행을 한다고 하지만 처음부터 올바른 수행을 하기가 쉽지 않습니다. 올바른 수행은 유위수행('나'라는 관념에 기반한 수행)이 아닌 무위수 행이지만, 대부분의 수행자들은 '나'라는 관념에 습관적으로 얽매이기 때문에, 무위수행을 한다고 착각하지만 유위수행을 하게 됩니다!!!

그러한 과정을 거쳐 문득 무위수행에 대한 감이 잡히게 되고, 비로소 무위수행이 되게 되어 통찰(깨달음)이 일어나게 됩니다. 그러한 수행 과정에서 불가피하게 거치는 유위수행이 '업이 되는 선업' 이고, 무위수행은 올바른 수행으로서 "업이 되지 않는 선업"입니다!!!

"지금 여기에서 느낌을 놓치지 않고 더 오래 유지하고 더 크게 하려는 욕심"을 버리라는 것이 아니라, 그렇게 욕심이 작용됨이 그냥 알아지는 그대로라는 경험상태가 착각 없는 경험이라는 것입니다!!!

그러함이 바로 올바른 수행이고, 최고의 선업입니다!!!

19.

깨어있음(수행)이란 "저항함이 없음"입니다!!!

왜냐하면 어떤 감정이나 느낌이든 내 감정이나 느낌이 아니라 자연작용의 현상인데, 자연의 이치대로 일어나고 사라지는 자연작용(감정이나 느낌)에 저항함은, 무지에서 비롯된 화로서 삶에서 느껴지는 괴로움이 됩니다.

그러나 "또렷이 바라보고 집중"하거나 "완전히 들어가 집중"하는 것은 아닙니다.

그러함은 자연의 이치대로 작용하는 자연현상(감정이나 느낌)을 마음에 드는 어떤 상태로 만들려는 욕심입니다.

욕심 또한 화처럼 삶에서 느껴지는 괴로움의 원인이 됩니다.

삶에서 느껴지는 감정이나 느낌도 바람이나 비나 태풍과 같은 자연작용 현상인 바, '나'가 일으키지도 않은, '나'가 조절할 수도 없는 자연작용 현상은 자연의 이치대로 되어질 뿐이므로, 관여하지도 신경 쓰지도 저항하지도 않는 상태, 즉 무심하고 초연한 경험상태가 바로 깨어있음입니다!!!

아! 그렇군요. 고맙습니다.^^

그런데 거사님^^ 이러한 이치를 알면 알수록 무언가 의욕을 가지고 일을 벌이려던 계획들을 취소하거나, 하고 싶지 않아지는데 이건 왜일

까요?

그로 인한 불이익(?)도 생기는 듯해요.

사실 삶의 행복은 어떤 일을 벌이거나 벌이지 않는 데 있지 않습니다.
어떤 일을 벌이고 벌이지 않는 것은 그 사람의 지금까지의 삶의 경험에
따른 인연으로 그렇게 될 뿐입니다.
이러한 이치를 안다는 것도 삶의 경험이지요.
그 삶의 경험으로 일을 벌이는 것이 삶을 불편하게 할 것이라는 생각
또는 지혜로 일을 벌이려던 계획을 취소하거나 하고 싶지 않게 된 것입
니다.
그러나 이치를 안다는 것이 단지 생각이었거나, 의식적으로 일을 벌이
지 않으려거나 벌이려는 함이 있다면 언젠가는 불편(불이익)을 느끼게
되고, 깨어있음을 통한 통찰지혜이거나 인연 따라 되는 대로 일이 벌어
졌거나 벌어지지 않았다면 그러한 불편은 없을 것입니다.
결국 중요한 것은 일을 벌이거나 벌이지 않는 것이 아니라, 일이 벌어
지든 벌어지지 않든 그러함에 깨어있음입니다!!!

깨달음과 자유에 이르는 유일한 길 깨어있음 - 문답편

20.

좋고 싫음이 일어나는 것은 자연작용(연기)이지 내가 일으킨 것이 아닙니다!!!

자연작용을 일어나게 한다 일어나지 않게 한다는 것은 무지로 인한 어리석음입니다.

그러함을 아는 것이 지혜입니다.

그러한 지혜는 삶의 경험을 통하여 누구나 알 수 있습니다!!!

알아차림만으론 충분하지 않고 그러한 지혜에 의한 평정이라는 경험상태이어야 합니다!!!

알아차림과 평정이 함께하는 상태가 중도(깨어있음)입니다!!!

깨어있음이 온전하면 좋고 싫음이라는 생각에 휩쓸리지 않고, 욕심과 화에 빠지지 않게 됩니다!!!

수행(중도, 깨어있음, 8정도, 선)은 '내가 하는 어떤 행위'가 아닙니다!!!

'내가 함이 없는 상태에서 그냥 알아지는 경험'을 수행이라 이름하는 것입니다.

'내가 한다는 착각'만 없으면 그냥 되어지는 경험상태입니다.

그러한 수행을 통하여 좋음과 싫음, 욕심과 화로부터 자유로워지는 것입니다.

좋음과 싫음, 욕심과 화를 안 일어나게 하는 행위나, 좋음과 싫음, 욕심과 화를 없애려는 행위는 수행이 아닙니다.

좋음과 싫음, 욕심과 화는 자연의 이치(연기작용)으로 일어나고 일어나지 않을 뿐입니다!!!

21.

"생각 이전의 앎"이라는 것이 어떤 특별한 무엇이 아닙니다!!!

그냥 일상 다반사로 일어나는 보임 들림 느껴짐… 알아짐 그대로입니다.

생각은 그러한 앎에 대한 해설 규정 판단 평가 추정 짐작 정리… 등의 현상을 가리키는 이름입니다.

생각은 보임 들림 느껴짐… 알아짐 등 앎과 함께 동시에 작용되고 경험됩니다.

그래서 생각 없는 경험은 있을 수 없습니다.

그래서 "생각 이전의 앎"은 생각 없음도 아니고 생각이 끊어진 자리도 아니고, 생각이 일어나기 이전도 아니고,

생각대로라는 착각 없음이고, 생각으로 규정함 없음이고, 실제 경험상태에 대한 표현입니다!!!

그래서 "생각 이전의 앎"이라는 경험상태가 바로 깨어있음이고 도라 이름하는 수행입니다!!!

생각이라는 이름으로 가리키는 현상들, 기억 해설 규정 판단 평가 추정 짐작 정리… 등의 이름에서 알 수 있듯이, 생각은 '나의 함 또는 행위' 같은 어감(당연히 그러한 듯함)이 느껴집니다.

통찰(깨달음) 또한 생각과 똑같은 이치로 일어나는 마음현상입니다.

다만 통찰은 '나의 함 또는 행위' 같지 않고 '문득(예상치 않게) 떠오르

는 직감' 같은 실제 경험사실이나 해결책이나 답이나 이해입니다.

그러한 실제 경험사실이나 해결책이나 답이나 이해는 규정될 수 없는 내용입니다.

생각과 통찰을 구별하는 자체가 또 생각이기 때문에 부질없고 불필요하고 오히려 통찰에 장애가 되지만, 군이 표현해 보자면 "나의 함 또는 행위" 같게 느껴짐과 '문득 떠오르는 직감'같게 느껴짐의 차이랄까???!!!

느껴짐의 차이이기 때문에 스스로 분명하게 됩니다.

구분하려 하면 분명하지 않게 되며, 구분함이 없으면, 즉 "생각 이전의 앎"이면, 즉 깨어있음이면 스스로 분명하게 됩니다!!!

22.

전5식이니 6식이니… 이런 앎이니 저런 앎이니 하는 이름이나 개념들에 얽매이지 마세요!!!

그러한 이름이나 개념들은 경험을 설명하기 위한 말이나 글일 뿐입니다.

말이나 글은 그 자체의 의미가 중요하지 않고, 그 말이나 글로써 가리키는 경험이 중요합니다.

실제 경험상태인 깨어있음에서는 전5식도 없고 6식도 없고, 어떠한 이름도 개념도 없습니다.

그냥 알아짐이라는 실제 경험(깨어있음)만 있습니다!!!

분별하려 〈함〉이 없으면 그냥 깨어있음이라 이름하는 상태가 되고, 그러면 전5식이니 6식이니 하는 분별 없음이 스스로 분명해집니다.

알려하면 모르게 되고, 알려하지 않으면 스스로 알아집니다!!!

그러니 말이나 글들은 그냥 들리는 경험 그대로이면 됩니다.

또한 말이나 글들에 대한 분별하려 〈함〉이 있으면, 그러함이 그냥 알아지는 경험 그대로이기만 하면 됩니다.

단지 깨어있음이면 됩니다!!!

더 이상은 불필요합니다.

더 이상은 무지에 의한 어리석음이고 착각이고 평지풍파입니다!!!

23.

좌선은 반드시 필요한 것이 아닙니다.

수행은 앉음이나 누움이나 걸음 등 자세나 방법에 좌지우지되지 않습니다.

수행은 호흡이나 화두나 느낌이나 마음 등 대상이나 방법에도 좌지우지되지 않습니다.

어떤 자세 또는 대상 또는 방법이든 '깨어있음이라는 경험상태'냐 아니냐에 달려 있습니다!!!

그래서 예로부터 '행주좌와 어묵동정, 즉 일상 삶(생활)'이 그대로 수행이라 한 것입니다!!!

형편과 상황에 따른 자세나 대상 또는 방법으로 '깨어있음'이 되면 됩니다.

일상 생활이 '깨어있음의 삶'이면 일상 생활이 바로 수행이 되지요.

그러면 따로 수행한다고 티 낼 필요가 없겠지요!!!

24.

님의 관련 지식(12연기와 집중··· 등등)으로 해석하고 추측하면서 읽고 들으시니, 바르게 이해되지 않고 혼란이 생기는 것입니다.

위빠사나는 어렵지 않습니다!!!

비나 눈이 오면 보려고 하지 않아도 보임이 그냥 알아지지요.

바람소리나 차소리가 있으면 들으려 하지 않아도 들림이 그냥 알아지지요.

위빠사나는 바로 그렇게 '그냥 알아지는 그대로의 경험상태'입니다!!!

그냥 알아지는 내용은 내가 일으킨 것들도 아니고, 내가 알려고 한 것들도 아니니 모두 자연현상일 뿐입니다.

생각도 느낌도 감정도 마찬가지로 자연현상일 뿐입니다.

그러니 생각이나 느낌이나 감정도 비나 눈처럼 '그냥 알아지는 그대로의 경험상태'이면 됩니다.

카페의 글이나 동영상을 관련지식으로 이해하려 하지 마시고, 보이면 보이는 그대로, 들리면 들리는 그대로 이면 됩니다.

그러함이 바로 위빠사나고, 일상사가 그러면 됩니다!!!

'집중'의 문제가 아니라 '그냥 알아지는 그대로'의 경험의 문제입니다.

걸으면 걷고 있음이 '그냥 알아지는 그대로'이면 됩니다.

발걸음에 집중할 필요가 없습니다.

습관적으로 발걸음에 집중이 된다면, 발걸음에 집중됨이 '그냥 알아지는 그대로'이면 됩니다.

그냥 그러면 되지, 사마타인지 위빠사나인지 생각할 필요가 없습니다.

그렇게 "생각함"이 바로 위빠사나의 장애가 됩니다.

'생각함'이 있으면 '걷고 있음이나 생각이 나고 있음이 그냥 알아지는 그대로'로 되어지지 않습니다.

그러면 위빠사나 수행이 될 수가 없지요!!!

수행은 '생각으로 하는 것'이 아닙니다.

수행은 '그냥 알아지는 그대로의 경험'입니다.

그래서 '생각으로 해석하고 판단하여 어떻게 하려 하면' 안됩니다.

그러한 '함이 없으면 그냥 알아지는 그대로'가 됩니다.

그러한 경험상태가 바로 수행입니다!!!

그래도 잘 안되시면, 시간되는 대로 집중수행 프로그램에 참석하시어, 직접 경험해 보도록 하십시오!!!

'아는 것(지식)으로부터의 자유'가 기본입니다.

수행에 관한 지식이든 일반 학문 또는 일상사에 대한 지식이든 어떠한 지식이어도…

그래야 깨어있음이 제대로 됩니다.

깨어있음이 제대로 되면 통찰은 반드시 일어납니다.

그러함이 자연의 이치이니까요!!!

25.

수행이라는 경험상태는 멍하게 있는 상태(멍 때리는 상태)가 아닙니다!!!

우선 말이나 글로 가리켜지는 경험상태를 이해해야 합니다!!!

예를 들면, 송장상태는 말 그대로 죽은 상태인데 송장상태를 "유지하려 한다"면 이미 송장상태가 아니겠지요?

송장(주검)은 그냥 송장상태이지 어떻게 송장상태가 되려할 수 있겠습니까?

무심"하려 한다"면 무심"하려 하는 마음"이 있으니 이미 유심이지 무심이 될 수 없겠지요?

"마음이 비워진 상태"는 "마음이 없는 상태가 아니라 내가 하는 마음이 아닌 스스로 작용하는 마음 그대로의 상태"입니다.

사실 마음이라 이름하는 작용은 내가 일으킨 것도 아니고 내가 어떻게 조절할 수 있는 것도 아닙니다.

사실 마음이라는 것은 스스로 작용하는 자연작용(연기)입니다.

그러니 내가 일으키고 조절한다는 착각만 없으면 그냥 그대로가 마음이 비워진 상태(자연상태)입니다.

내가 마음을 비우려 함이 없는데 무심코 마음을 비우려 함이 일어남도 자연작용일 뿐이니, '내가 비우려 함'이 아니라면 이미 마음이 비워진 상태입니다.

깨달음과 자유에 이르는 유일한 길 깨어있음 - 문답편

"마음을 비우라"나 "무심하라"나 "송장상태가 되라"는 말이나 글은 그러한 이치와 그런 상태에 대한 말이나 글입니다!!!

바로 그러한 경험상태를 깨어있음(수행)이라 이름합니다!!!

그런 상태는 멍하지 않습니다.
오히려 "적적성성(마음상태는 동요 없이 고요하며, 육감은 생생히 활발히 감지되는 상태)"이라 표현될 수 있는 그런 경험상태입니다.
"생각이 있는데도 알아지지 않는 상태(멍한 상태)"가 아니라 '생각이 그냥 알아지는 그대로의 상태(송장상태)'입니다!!!

26.

글을 쓰거나 그림을 그릴 때의 수행이라는 경험상태는, 글을 쓰거나 그림을 그릴 때 쓰고 있는 글이나 그리고 있는 그림을 내 것이라고 생각하지 않는 것이 아니고, 글을 쓰거나 그림을 그릴 때 내가 글을 쓴다거나 내가 그림을 그린다는 느낌으로 쓰거나 그리는 것이 아니고,
글이나 그림이 쓰여지고 그려지는 손의 감각이나, 쓰여지고 그려진 글이나 그림의 보임이나, 쓰여지고 그려진 글에 대한 생각이, 그냥 알아지는 경험 그대로입니다!!!

글이나 그림을 쓰거나 그리는 주체인 '나'의 행위가 아니고, 쓰여지고 그려진 글이나 그림이 내 글도 내 그림도 아니라고 생각하는 주체인 '나'가 있는 것도 아닌, 글이 쓰여짐과 그림이 그려짐이 그냥 알아지는 경험상태 그대로일 뿐이라는 겁니다!!!

그러한 경험은 생각으로는, 생각하는 주체인 나가 있는 상태이기 때문에, 결코 알 수 없습니다.
그러나 생각이 아닌 체험으로는 간단히 경험될 수 있습니다.
소위 말하는 송장상태이면 그냥 그러함이 경험으로 확인됩니다!!!

깨달음과 자유에 이르는 유일한 길 깨어있음 - 문답편

27.

---

1. "지금 내게 뭐가 알아지고 있는가?"라고 물을 수 있는 때는 이미 무엇인가가 알아지고 있는 때입니다.

그러한 질문을 스스로에게 해야겠다는 생각이 나거나 들면 바로 그러한 생각이 든다는 사실이 알아지고 있는 거지요.

그렇다면 그러한 자문을 할 필요도 없이 이미 알아차림이나 깨어있음이지요.

그러니까 질문할 필요 없이 그냥 알아지는 상태이면 됩니다!!!

그럼에도 굳이 자신에게 자신이 그런 질문을 한다면 바로 그 순간 또 '나'라는 착각(무지)에 빠지게 될 뿐이지요!!!

2. 그때 묻는 '나'는 실재입니까? 아니면 그냥 드는 생각일 뿐입니까?

당연히 묻는 '나'가 실재라는 착각상태면 알아지는 경험상태도 '나'가 안다는 착각상태로서 깨어있음이라 할 수 없습니다!!!

감사합니다, 거사님!!!
2번째는 제가 질문을 잘못드렸네요.
사실 스스로에게 질문하지 않아도 '나'가 그냥 알아지는 때가 많습니다.
그런데 그게 '나'를 알아차리는 것인지 '나'를 생각하는 것인지 잘 모르겠습니다.

스스로에게 질문하지 않아도 '나'가 그냥 알아지는 상태라면 당연히 알아차림(깨어있음)입니다!!!

3. "지금 무엇이 알아지고 있는가? 라고 묻는 것"이 깨어있음에 대한 점검이 아닙니다!!!
"지금 무엇이든 알아진다는 사실이 그냥 알아지는 경험"을 깨어있음의 점검이라 이름합니다!!!
뭐가 다르냐고요?
하나는 '내가 묻는 함'이고, 다른 하나는 '내가 묻는 함이 없이 그냥 일어난 물음이 알아지는 경험'일 뿐임이 다릅니다!!!

4. "알아지는 상태를 자꾸 경험만 한다고 그 알아지는 것과의 자기 동일성이 없어지는 것은 아니다"는 의견은 잘못된 이해입니다.
그냥 알아지는 상태는 이미 자기 동일성이 없는 상태입니다.
그래서 알아지는 것과의 자기 동일시라는 나가 알아차린다는 착각이 없기 때문에 알아지는 것에 자유롭습니다.
만약에 그냥 알아지는 경험이 있는데도 자기 동일성이 경험된다면, '그냥 알아지는 상태(깨어있음)'인지 '알려고 하는 상태'인지 점검해 보십시오!!!
점검해 보란다고 또 점검하려 한다면 또 어긋남입니다!!!

28.

딴 생각을 '하고' 있는데, 생각이 일어난들 알아질 수 있겠습니까?

딴 생각을 '하고 있지 않다면' 일어나는 생각이 알아질 것입니다.

그러한 상태는 무언가 '딴 생각을 하고 있는 상태'입니다.

그래서 보임이나 들림은 있지만 그것에 대한 생각이 알아지지 않는 상태입니다.

만약 '딴 생각을 하고 있는 상태'가 아니라면 당연히 보임이나 들림에 대한 생각이 알아지게 될 것입니다.

즉, 보임이나 들림에 대한 생각이 알아질 조건이 갖춰졌지 않았기 때문에 알아지지 않는 것입니다.

딴 생각을 '하는' 상태가 아니면 바로 일어난 생각이 알아지게 될 것입니다!!!

29.

님의 말대로라면, 님은 경험되는 그대로가 아니라 경험을 규정하고 있군요!!!

"무엇을 질문하기 전에 항상 질문하려는 마음이 두렵다"고 규정하고, "답글을 읽고 이해한들 다시 궁금함이 생긴다"고 규정하고, 깨어있음을 "스마트폰으로 글을 쓰고 유튜브를 틀어서 영상을 보고 카카오톡으로 메시지를 보내는 이러한 것에 의식을 주는 것"으로 규정하는,
그러한 규정함이 없이 그러한 그대로의 경험상태이면, 그러한 규정에 대해서 '내'가 하는 규정이라고 또 규정함(착각)없이, 그 규정 또한 그냥 알아지는 경험 그대로이면,
"질문하려는 마음이 두렵다"는 실제 두려움이 아니라 그러한 생각이 알아지는 경험일 뿐이고, "다시 궁금함이 생긴다"는 지겨움 또는 불만족이 아니라 단지 그 순간의 궁금함이라는 생각이 알아지는 경험일 뿐이고, "수행은 의식을 주는 것"은 실제로 의식을 주려 함이 아니라 그러한 이해라는 생각이 알아지는 경험일 뿐입니다!!!

그렇게 규정함 없이 경험되는 그대로이면, 님에게 지금 경험된다는 그러한 주저함이나 반복됨이나 피곤함이나 지겨움이 경험되지 않게 될 것입니다!!!

깨달음과 자유에 이르는 유일한 길 깨어있음 - 문답편

지금 알아지는 경험상태가 어떠함이든, 그 어떠함이 다른 상태로 바뀌어야 되는 것도 아니고, 그 경험상태가 다른 상태로 경험돼야 되는 것도 아니고, 단지 그냥 어떠함이 알아지는 경험상태 그대로이면 됩니다!!! 그러함을 깨어있음(수행)이라 이름합니다!!!

30.

우러나는 대로의 행동이면 됩니다!!!

그런데 '우러나는 행동'이란 '내가 하는 행동'이 아닙니다.

그래서 보이는 모습 대로라고 규정/단정/판단/평가'함'이 없어야 되며,

그래서 어떤 결과를 만들려고 하는 '함'이 없어야 합니다.

그래야 '우러나는 행동'이 됩니다.

그러한 '우러나는 행동'은 자연현상으로서 그냥 알아지는 경험상태가 됩니다.

그러함이 '깨어있음의 행'입니다!!!

'우러나는 행동'이라고 다 옳고 맞다고 할 수 없습니다!!!

'우러나는 행동'도 지금 이 순간 이전의 경험에 기반합니다.

'우러나는 행동'은 단지 '내가 어떤 상황이라고 단정함과 어떤 결과를 만들려 함'이 없어서 상황에 따라 불편 없게 작용되어 가게 됩니다.

그래서 '우러나는 행동'은 새로운 불편이 야기되지도 않습니다!!!

그래서 우러나는 대로의 행동의 삶이면 괴로움 없는 삶입니다!!!

31.

어떤 통찰이 일어났다는 생각이 든다고 해서 꼭 그렇다고 단정하지 마세요!!!

그 통찰경험을 깨달음이라고 의미두지도 말고, 그 통찰내용을 지혜라고 붙잡지도 말고, 단지 그러함이 알아지는 하나의 경험일 뿐이면, 온전한 도(깨어있음)라는 경험상태가 되어집니다!!!

더 이상 어떠한 의심이나 의문이 들지 않음이 스스로 분명하고, 나라는 현상과 우주만물만상(세상)의 작용과 현상이 어떠함인지 스스로 분명할 때까지…!!!

32.

낮이든 밤이든 잠이 들어 버리면 이 모든 것이 사라집니다.

도를 안다고 하여도 알아지는 모든 것들이 잠이 들어 있는 동안에 모두 사라지는데, 이렇게 사라졌다 다시 생겨나는 알아짐이 도저히 도라고 이름할 수 없는 것 같습니다.

깨어 있을 때 알아진다고 여기는 모든 것들이 헛공부를 한 것 같습니다.

자나 깨나 알아짐이 늘 있는 것인가요?

생겨났다 사라지는 알아짐이 아닌, 생기지도 사라지지도 않는 알아짐이 무엇입니까?

잠이란 빛에 대한 어둠과 같습니다.

빛이 없음이 곧 어둠이 듯이 육감작용 특히 오감작용의 전부 또는 일부가 알아지지 않는 상태를 이름하여 잠이라 합니다.

꿈이란 생각작용과 같은 작용입니다.

잠이라는 상태에서의 생각작용을 꿈이라 하고, 잠이 아닌 상태에서의 꿈작용을 생각이라 합니다.

깨어있음(수행)이란 보임, 들림, 느껴짐, 냄새 맡아짐, 맛보임, 알아짐이라는 앎이 알아지는 경험상태를 이름하는 것입니다.

꿈속에 빠지면 꿈이 꾸이고 있다는 사실을 모르는 상태로서, 생각 속에 빠지면 생각이 작용하고 있다는 사실이 알아지지 않는 것과 같습니다.

깨달음과 자유에 이르는 유일한 길 깨어있음 - 문답편

이미 감이 잡히셨겠지만, 꿈속이나 생각 속에 빠지지 않으면 꿈이 꾸이고 있음이나 생각이 작용하고 있음이 알아지는 깨어있음이라 이름하는 상태가 됩니다.

그렇다면 어떻게 꿈이나 생각에 대한 깨어있음이 됩니까?

지금 이 순간마다 깨어있음 점검으로 그렇게 됩니다.

그래서 깨어있음 점검을 바른 노력이라 합니다!!!

깨어있음 점검으로 확인해 보세요!!!!!

꿈속이나 생각 속에 빠지지 않으면 꿈이 꾸이고 있음이나 생각이 작용하고 있음이 알아지는 깨어있음이라 이름하는 상태가 됩니다.

즉 깨어있음이란 꿈속이나 생각 속에 빠지지 않으면 저절로 작용하는 앎의 현상을 이름하는 것이니까,

앎이라는 작용은 알아지는 대상이 나타날 때 일어나고 사라질 때 사라지는 조건생멸(무아)이고 똑같은 내용이 두 번 다시 알아지지 않으니 찰라생멸(무상)이니,

생기지도 사라지지도 않는 것이라고 표현될 수는 없지만, 찰라생멸이어서 마치 생기지도 사라지지도 않는 항상 있는 것 같은 착각이 있을 수는 있습니다!!!

송구스런 말씀이지만 우보거사님께서는 당연히 꿈을 꾸실 때 꿈에 빠지지 않으시면서 깨어있으시다는 말씀인지요?

우보거사는 꿈에 빠짐인지 꿈에 깨어있음인지 분별이 없습니다!!!

깨어있음의 점검을 하기 위해서 바른 이해가 중요한 것 같습니다.
제 경험으로는 생각이 한 대 얻어맞은 것 같은 분명한 이해가 있어야
깨어있음이 점검 되는 것 같습니다.
그래서 거사님 답변을 읽고도 바른 이해가 되지 않아 좀 더 질문을 드
리고자 합니다.
이것저것 질문 드리기 위해 규정/단정/평가/판단하는 것을 양해해 주
시기 바랍니다.
제가 여기저기 읽어본 바로는, 꿈을 꿈인 줄 아는 것을 몽중일여라 부
른다고 보았습니다.
그럼 오매일여라는 것은 무엇입니까? 부처님께서도 오매일여가 진실
이라고 말씀하신 걸로 알고 있습니다.
이 오매일여란 무엇인지 거사님의 경험에서 설명 부탁드립니다.
어떻게 잠을 자는데도 훤히 깨어있을 수 있는 것인가요?
여기서 깨어있다는 말이 가리키는 것이 일어나 있을 때 무언가가 알아
지는 상태와 다른 것인지요?

부처님께서 오매일여라 말씀하셨는지 들어본 적이 없습니다.
우보거사는 그런 말들에 구애됨 없이, 오로지 지금 이 순간, 잠든 상태
든 잠들지 않은 상태든 꿈이든 생각이든 또 다른 어떠함이든, 알아지면
알아지는 그대로, 알아지지 않으면 당연히 알아지지 않는 그대로, 그냥

경험 그대로일 뿐입니다!!!

33.

'나는 깨어있음이 제대로인가?' 하는 의문이 들었습니다.

1. '분리감이 없다' 함은 또 '온통 하나'라는 것이 느껴져야 되는 건가요?

2. '아는 나도 없다' 함은 무아를 말씀하시는 것으로 이해되지만 '알아지는 대상도 없다' 함이 어떤 상태를 표현한 것인지요?

3. 깨어있음에서 분리감이 없는 상태가 경험 또는 느껴져야 하는 건가요?

4. 상기 질문을 다시 정리하면 '분리감이 없음'은 깨어있음에서 알아지는 건가요? 아님 이해가 일어나는 통찰인가요?

1. '분리감이 없다'라는 말은 '온통 하나'라는 말이 아니며, '분리감 없이 온통 하나'로 느껴져야 된다는 말도 아닙니다.
'분리감이 없다'라 함은 분리감이라는 분별이 없는 경험상태의 표현입니다!!!

2. '아는 나'가 없으면 '알아지는 대상'도 없습니다. '아는 나'와 '알아지는

대상'은 동시 발생하는 착각입니다.

그래서 '아는 나가 없다'는 경험상태와 '알아지는 대상이 없다'는 경험상태는 다르지 않습니다.

내가 안다는 착각(아상)도 없고 어떤 대상이 알아진다는 착각(법상)도 없는, 단지 그냥 알아짐일 뿐인 경험상태입니다!!!

3. 깨어있음은 분리감 없음이 경험되는 상태가 아니라 분리감이라는 분별이 없는 경험상태입니다!!!

4. '분리감이 없음'은 깨어있음이라는 경험상태에 대한 표현이고, '온통 하나'라는 것은 생각 내용대로라는 착각(관념)입니다!!!

34.

깨어있음이라는 경험과 관련하여 알아지는 것과 규정/평가/판단의 차이가 궁금합니다.

"사이비구나 하는 생각"이 여러 가지 일어나는 생각들 중 하나일 뿐으로, 무심코 스쳐지나가는 길옆의 풍경 중 하나와 같다면 자연현상일 뿐인 "알아지는 것"이고,
"사이비구나 하는 생각"이 분별기준이 되면 자연현상이 아니라 착각(무지)인 "규정/평가/판단"입니다!!!
규정/평가/판단이 "알아지는 것"일 뿐이면 깨어있음이라 할 수 있고, '내가 하는 것'이면 깨어있음이라 할 수 없습니다!!!

35.

1. 들숨과 날숨의 알아짐과 걸음의 알아짐은 동시에 알아지는 것처럼 알아질 수도 있지요.

그러나 중요한 것은 동시에 알아지느냐 그렇지 않느냐가 아니라 알아지는 내용에 대하여 동시에 알아지는지 그렇지 않는지 분별하지 않음입니다!!!

즉, 어떻게 알아지는지 알아지는 내용이 아니라 어떻게 알아지든 알아진다는 사실의 알아짐이 중요합니다!!!

2. "알아짐의 희석"현상은 어떤 알아짐에 집중하기(깨어있음에 대한 잘못된 이해) 때문으로, 집중받지 못한 다른 알아짐은 희미하게 알아지는 것과 같게 될 수 있는데 그런 경험상태의 표현입니다.

그런 현상을 그렇지 않은 현상으로 바꾸려는 함은 또 어긋남일 뿐이고, 단지 그러함이 알아지는 그대로이면 됩니다.

그러면 그런 현상은 없게 되어집니다!!!

3. 마치 여러 가지가 동시에 알아지는 것과 같은 현상은 당연합니다.

다만 그렇다고 "동시에 알아진다"고 규정(착각)하지는 마세요.

컴퓨터의 멀티태스킹 기능이 마치 동시에 작동되는 것 같아도 동시가 아닌 순차적으로 처리되는 것과 같을 수도 있으니까요.

도(깨어있음)란 어떻게 알아지는지 규정하면서 아는 것이 아니라, 어떻게 알아지든 알아진다는 사실이 그냥 알아지는 경험상태입니다!!!
그러니 일어난 생각내용대로라고 규정(착각)하지 말고 그냥 알아지는 그대로이면 됩니다!!!

4. "알아짐의 농도"란 생각의 내용대로라는 분별입니다.
예를 들면, 어둠속에서는 모든 것이 희미하게 보이지만 희미하게 보이는 사실의 알아짐은 희미하지 않습니다.
"어둠속에서는 모든 것이 희미하게 보임"은 알아짐의 농도라는 분별이고, "어둠속에서는 모든 것이 희미하게 보임"이라는 생각의 알아짐은 깨어있음입니다.
알아짐의 농도란 알아지는 실제가 아니라 생각일 뿐으로, 그러한 생각이 일어나면 내리는 비가 알아지듯 그렇게 알아지는 하나의 경험일 뿐이면 됩니다!!!

5. 평상시에 숨이 늘 알아지게 되기 위하여 별도의 시간을 내서 숨을 기억하려는 "하는 훈련"은 필요하지 않고, 숨이 알아질 때마다 숨이 "알아진다"는 확인경험을 통하여 저절로 그렇게 됩니다!!!

36.

자고 일어났을 때는 제가 깨어있지를 않습니다.

제가 원래 아침에 약해서 눈 뜨고도 비몽사몽하는 타입인데, 한 30분정 도 있다 보면 제대로 정신을 차리게 되고, "아 내가 지금 안 깨어 있었 구나" 하고 나서, 하루를 깨어있는 상태로 보내고 있습니다.

님은 '깨어있음'에 대한 잘못된 관념이 있는 것 같습니다.

"자고 일어났을 때 깨어있지 않다"라는 것이 잘못된 관념인데, "눈 뜨고 도 비몽사몽임을 아는" 바로 그 상태를 이름하여 깨어있음이라 하는데, 그 상태를 깨어있지 못하다고 잘못 규정하고 있고,

같은 맥락에서 "하루를 깨어있는 상태로 보낸다"는 그 상태도 깨어있 음에 대한 잘못된 관념에 의한 깨어있음이라는 규정(착각)일 가능성이 높은데,

깨어있음이라는 경험은 찰라생멸 경험이어서 "하루를 깨어있는 상태" 라는 경험은 있을 수 없기 때문입니다.

위와 같이 표현되는 경험상태는 그러한 잘못된 관념으로 인한 오해일 가능성이 높습니다!!!

37.

"그냥 알아지는 상태"란 말 그대로 그냥 알아지는 상태입니다.

생각으로 아는 것이 아니라, 알려함이 없이 그냥 알아지는 그대로인 경험상태입니다.

실제는 그렇게 알아지지 않는 사람은 없습니다.

문제는 알아지는 사실과 내용에 대해 어떠한 해설이나 규정 단정 평가 판단하지 않고 신경 쓰임 없이 흘러가는 그대로냐 하는 것입니다.

심지어 하지 않음에도 저절로 일어나는 해설 규정 단정 평가 판단까지도 그냥 알아지는 경험 그대로일 뿐인 상태입니다!!!

그런 경험상태는 생각으로 분명해질 수 없고 경험으로 스스로 분명해지게 됩니다.

혼자서 감이 잘 잡히지 않는다면 집중수행 프로그램에의 참여가 도움이 될 수도 있을 겁니다!!!

38.

"쉰다", "편안하게 놓아둔다", 또는 "그냥 본다"는 말들은 "무시하라"는 말이 아닙니다.

누누이 말씀드리는 '깨어있음이라는 경험상태'에 대한 표현의 말들입니다!!!!!

그렇다면 "무시하지마라"는 말과 "그냥 본다"는 말은 서로 배치되는 말이 아닐까요?

"신경써서 봐라"라는 뜻으로 받아들여지네요…

"무시하지 말라"는 말이나 "그냥 본다"는 말이나 또한 '깨어있음이라는 경험상태'에 대한 표현의 말들일 뿐입니다!!!!!

39.

몸과 마음이라 이름하는 모든 현상들은 일으키려고 함이 없어도 저절로 일어나고 사라지지요.

그래서 몸과 마음(통상 '나'라고 부름)도 자연(주체가 없이 스스로 작용하는 현상)이라고 하지요.

당연히 그러함이 알아짐도 알려고 함이 없어도 알아지니 또한 자연현상이지요!!!

그렇다면 불편한 마음[마음에 불편함이 일어나는 것이 아니라 불편함이라는 규정(착각)된 마음작용과 그 현상(느낌)] 또한 자연현상이지요. 그러한 '불편한 마음이라 불린 자연현상'을 '불편한 느낌이라 규정된 경험상태이면 깨어있지 못함'이고, '불편한 느낌이라 착각될 수 있는 자연현상을 그냥 느껴지는 그대로의 경험상태이면 깨어있음(수행)'입니다!!!

그러니 깨어있음은 '불편함이라 불리는 그 느낌이 일어나느냐 일어나지 않느냐의 문제'가 아니고, 이미 일어난 그 느낌을 '불편함이라 규정(착각)하느냐, 그냥 느껴지는 그대로일 뿐이냐의 문제'입니다!!!

깨달음과 자유에 이르는 유일한 길 깨어있음 - 문답편

40.

도의 삶에서 '어떻게 함'이라는 말은 있을 수 없습니다!!!

무엇이든 일어난 그대로일 뿐입니다.

말이 중요한 게 아니라, 말이란 어떤 경험사실을 가리킴이란 이해가 중요합니다.

그러한 바른 이해에 의하여 삶의 불편은 일어나지 않게 됩니다!!!

깨어있음을 의식하게 되면서 과일을 그냥 먹었는데 혀의 느낌으로 먹어야지 하고 혀의 감각에 신경 쓰고 먹고 있는데 전처럼 아무 생각 없이 먹고 맛있다 맛없다는 생각이 드는 것을 알아차리는 게 도의 상태인지, 혀의 맛으로 먹는 훈련을 해야 되는 건지, 훈련을 통해서 생각이 일어나지 않고 혀의 맛으로 음식을 섭취하는 게 맞는 건지요?

그리고 거사님은 음식을 드실 때 맛있다 맛없다는 생각이 전혀 안 드는지 궁금합니다?

혀의 맛으로 먹는 훈련이 도(깨어있음)가 아니라, 맛있다 맛없다는 생각이 들면 듦이 알아지는 경험상태를 도라 이름합니다!!!

당연히 우보거사도 맛있다 맛없다는 생각이 들 때가 있습니다.

그러나 맛있다 맛없다는 생각이 단지 생각이지 사실이 아님을 잘 알기 때문에 그러함에 놀아나지 않을 뿐입니다!!!

유일한 길이라는 깨어있음

아하… 그렇군요.

깨어있어야 한다는 생각에 잡혀 있었네요.

깨어있음을 의식하지 않고 생활하면서 생각이 일어나는 것만 알 수 있으면 도의 상태에 있다 할 수 있습니까?

그렇습니다!!!

어제 직장동료의 모친상이 있어서 장례식장에 조문을 가서 생긴 일입니다.

조문을 마치고 동료 상사들과 식사를 하고 저는 일이 있어서 같이 오신 동료들과 상사들께 인사를 드리고 주차장에 있는 차 앞까지 왔다가 상사들 중에 제가 불편하게 생각하는 상사께 인사를 안 하고 나온 게 불편한 생각으로 올라오더라고요.

그래서 고민하다가 불편을 해소하고 가야겠다는 마음을 먹고 다시 올라가서 인사를 드리고 장례식장을 나왔더니 마음의 불편함이 없더라고요.

질문은 만약 제가 그 상사께 인사를 안 드리고 와서 불편한 마음을 가진 채 나왔다면 도의 상태에선 어떤 마음관리를 해야 하는지 궁금합니다.

특별한 마음관리가 따로 필요한 게 아니라 불편함이 일어나면 일어남이 알아지는 그대로이면 됩니다!!!

무지든 무아든 깨어있음이든 착각이든 자각이든 모든 것이 자연의 이치의 드러남(현상)인데, 불편함을 느끼고 살든 못 느끼고 살든, 도라는 경험상태여야 될 이유가 있나요?

도(깨어있음)라는 경험상태면 불편함(괴로움)이 경험되지 않지만, 도(깨어있음)라고 할 수 없는 경험상태면 불편함(괴로움)이 경험되기 때문이지요!!!

41.

"자등명(自燈明) 법등명(法燈明)"에 대한 거사님의 뜻을 알고 싶어 질 문드립니다.

"등명"은 등불처럼 밝은 앎의 상태, 즉 '깨어있음(중도)'을 의미하며, "자"는 '스스로 경험되는 몸과 마음의 현상'을, "법"은 '스스로 경험되는 몸과 마음의 작용'을 의미합니다!!!

그래서 "자등명(自燈明) 법등명(法燈明)"은 '몸과 마음의 현상과 작용 에 깨어있음(중도)'을 의미합니다!!!

42.

감각 경험 자체와 해석을 구분하고 오직 감각 경험(느낌, 감)만을 경험하는 것이 중도라는 견해는 어떤 경전적 근거를 갖고 있나요?

감각경험 외에 해석이라는 생각내용이 실제로 경험될 수 있나요?

해석은 실제 경험에 대한 생각인가요? 아님 실제 경험인가요?

경전적 근거를 군이 들라면, 대념처경의 [몸에서 몸을, 느낌에서 느낌을, 마음에서 마음을, 법에서 법을 경험(앎)]과 금강경의 [무주 색성향미촉법]이라는 구절을 들 수 있겠네요!!!

우리의 경험에서 경험 자체와 해석적 경험은 정말로 우리가 경험적으로 구분할 수 있는 것일까요?

그럼 님은 구분 경험되지 않고 하나로 경험되나요?

인식적으로 구분되지는 않지만 실제로는 구분 경험되지 않을 수 있나요?

43.

도의 점검은 스스로의 점검이고, 도반 간에는 자신의 점검 경험의 나눔입니다!!!

물론 자신의 도의 점검경험의 나눔 표현은 남에 대한 규정처럼 보일 수도 있습니다.

그러나 대화의 전체 맥락으로 자신의 경험나눔인지 남에 대한 규정인지가 드러납니다.

이치에 대한 분명한 자각의 경험이 있는 사람에게는 그러함이 자명합니다.

스스로는 속을 지라도 그런 사람을 속일 수는 없습니다!!!

"말이 단지 말인 줄 알면 어느 말이나 나올 수 있고 말에서 자유로울 수 있는 것이다"라는 말은 맞는 말이기도 하고 틀린 말이기도 합니다.

'말이 단지 말인 줄 알면 어느 말이나 나올 수 없고 말에서 자유로울 수 있는 것이다'라고 우보거사는 말할 수도 있습니다.

진정 그 말이 맞는 말이 되려면 자신 스스로가 그 말대로여야 하는 것입니다.

자신은 다른 도반들에게 그러면 안된다 이래야 된다면서 다른 도반의 그런 말에는 거부감을 표출한다면 그런 말은 거짓말이지 않겠습니까?

깨달음과 자유에 이르는 유일한 길 깨어있음 - 문답편

또 수행점검에서 정중한 표현, 예의바른 표현이면 도라는 상태고 쌍말(?) 비슷하면 도의 상태가 아닙니까?

그 또한 '말이 단지 말인 줄 알면 어느 말이나 나올 수 있고 말에서 자유로울 수 있는 것이다'에 맞지 않는 관념상태 아니겠습니까?

수행점검의 현장에서는 살불살조라는 말도 있고, 저 유명한 임제 할, 덕산 방도 있습니다!!!!

["다들 점검을 하라고 하니 어떻게 해야 할지 모르겠네요"라는 바로 그러한 경험상태를 도라 이름]한다는 말은,

바로 그 모른다라는 자각상태가 바로 도라는 상태라는 말이고, 모르겠다는 자각이 있으니, 들리는 내용도 모르겠고 보이는 내용도 모르겠고… 알아지는 생각내용이나 의도내용도 모르겠고… 그러니 어떻게 해야 할지도 모를 뿐이겠지요!!!

진정 그러하다면 어떻게 하려함은 있을 수 없으니 단지 일어나 직면된 모든 경험 그대로일 수밖에 달리 없으니, 바로 그러한 경험상태를 도라 이름한다는 말입니다!!!

44.

거사님, 마음의 불만족이 느껴지거나 할 때엔, 우선 매 순간 평정심이 유지되고 있는지 체크해보게 됩니다.
이러함을 깨어있음의 점검이라 생각해도 될까요?

평정심이 유지되는가 체크가 아니라, 무슨 잘못된 이해나 어떤 규정이 있는지의 체크를 깨어있음 점검이라 이름합니다!!!

깨달음과 자유에 이르는 유일한 길 깨어있음 - 문답편

깨달음과 자유

1.

'나는 내가 누구인지 모른다. 하지만 나는 나다'라는 인식 수준하에 있습니다.

그야말로 모순(矛盾)인 상황에 처해 있습니다.

그리고 '자유의지'라는 것은 없다고 하는데 그것도 이해가 안 됩니다.

어떻든 '자유의지'를 완전히 부정해버리면 '숙명론'으로 가버린다고 보여지니까요.

올바른 가르침을 만나든 만나지 못하든, 만난다 하더라도 수행을 하든 하지 않든, 수행을 하더라도 괴로움에서 벗어나든 벗어나지 못하든,

이 복잡한 상황에서 일어나는 모든 일들이 '나'의 의지와는 전혀 상관없이 일어나고 사라지는, 쌓여진 조건과 주어지는 원인에 따라 일어나고 사라지는, 자연의 작용이며 현상일 뿐인, 그야말로 모든 것이 우연을 가장한 필연일 뿐인 것으로 되기 때문입니다.

그렇게 생각하면 허탈하고 허망합니다.

아무것도 하기 싫어집니다.

'될 대로 되라지'하는 무력감이 밀려옵니다.

근데 정말로 '될 대로 되라지'하고 완전히 포기하고 완전히 비운 상태를 유지할 수 있다면 자유의지고 뭐고 할 것도 없이 자동적으로 공부가 될 수도 있을 터인데, 그게 또 그렇지가 않습니다.

곧 탐욕과 성냄에 찌든 일상에 매몰되어 불만족과 괴로움에 몸부림치

깨달음과 자유에 이르는 유일한 길 깨어있음 - 문답편

면서 이리저리 치받고 헤매다가 탐욕, 성냄, 무지가 더 생생해지고 더 커지는 악순환으로 나아갑니다.

"나는 내가 누구인지 모른다"라고 생각하나, 이미 자신이 누군지 잘 알고 있습니다.

단지 지금까지 듣고 읽은 지식으로 생각(규정)하니 실제로 아는 것과 괴리가 있어서 스스로 아는 사실을 모른다고 스스로 부정하고 있는 꼴일 뿐입니다.

사람들은 낯선 사람을 만났을 때 서로 보고 있으면서 "당신은 누구냐?"고 묻습니다.

이름과 직장과 사는 곳과 부모형제와 학연 및 지연 등을 확인하고는 비로소 그 사람을 안다고 생각합니다.

그러한 정보가 그 사람입니까?

아니면 지금 보고 대화하고 있는 그 사람 자체가 그 사람입니까?

자신의 몸과 마음에서 무엇이 일어나고 사라지는지, 다른 사람 또는 사물과의 대면에서 어떻게 반응하는지, 기쁨과 괴로움은 어떻게 일어나고 사라지는지, 무슨 생각을 하고 무엇을 하려 하는지 등등 자기 자신에 대하여 너무나 잘 알고 있습니다.

자신은 스스로 알고 있는 그 이상도 그 이하도 아닌 '경험(보임, 들림, 맡아짐, 느껴짐, 알아짐)되는 그대로'입니다!!!

그래야 된다는 또는 그렇다는 기존의 지식의 개념 틀에 끼워 맞추려고,

지금의 자신을 부정하고 외면하고 더하고 바꾸려는 끊임없는 시도 때문에 지금과 같은 답답함과 불편함이 생기게 됩니다.

그러니 그러한 시도를 멈추고, 지금 그대로의 자신이 그냥 그대로 경험되면 됩니다.

그러면 지금과 같은 답답함도 불편함도 악순환도 경험되지 않을 것입니다!!!

"자유의지라는 것은 없다"는 말은,

'…결과/원인-조건-결과/원인-조건-결과/원인…'으로 여러 물질과 정신작용이 개별로 또 서로 간에 끊임없이 조건적으로 계속되는 연기 현상에서 벗어나서,

어떤 독립된 주체(존재)가 예외적으로 독립하여 어떤 현상 또는 작용을 일으키거나 바꾸는, 그러한 정신작용은 없다는 것입니다!!!

그러한 정신작용인 자유의지가 없다는 것이 "숙명론"은 아닙니다.

숙명론은 연기 작용에 대한 잘못된 이해에서 비롯된 것입니다!!!

'…결과/원인-조건-결과/원인-조건-결과/원인…'의 연기작용에서 '원인과 조건과 결과'가 확정되어 있는 것이 아닙니다.

연기 작용의 '원인(업)'은 과거의 특정한 행위(의도, 말, 행동)가 아니라, 그러한 행위들로 조건 지어진 성향(성품)이고,

'조건'은 보이고 들리고 맛보여지고 냄새 맡아지고 감촉되어지고 알아지는 현상이고,

'결과(과보)'는 지금 처해진 특정 상황(병, 사고, 가난, 부, 성공, 미모 등등)이 아니라, '성향'이 '조건' 따라 드러나는 욕심이나 화나 무지로 인한 괴로움입니다!!!

원인(업)이 어떠하든 지금 여기서 무엇이 보이고 들리고 맡아지고 감촉되고 알아지는가에 따라 드러나는 현상(결과)은 각양각색으로 유동적이고,
조건지어진 '성향(성품)'을 기존의 지식의 개념 틀로 규정하고 원하는 대로 바꾸려는 시도 유무에 따라 또는 그냥 경험되는 그대로(깨어있음)이냐 아니냐에 따라 괴로움이 경험되느냐 아니냐로 결정되니,
우리의 일상경험은 원인(업)에 의하여 이미 정해진 우연을 가장한 필연이 아니라, 처해지는 상황에 따라 어떻게 전개될지 모르는 스릴 넘치고 생생한 삶인 것입니다!!!

2.

제 의문의 요지는,

① 자세히 살펴보면 고정불변한 실체적 요소라고 할 수 있는 것이 전혀 없는, 이 몸과 마음을 왜 스스로 '나'라고 생각하는가 하는 것('나'라는 의식의 기원 또는 근원)과

② 자세히 살펴본 결과, 과학적 객관적인 시각으로 살펴보아도, 실제로 존재하는 실체라고 여겨질 수 없는 이 허망한 '나'가 또 그 '나'라는 생각에서 또 벗어나고자 애쓰는, 이러한 이율배반적이고 모순적인 상황이 어떻게 해서 초래되는가 하는 것입니다?

이런 문제를 말과 글로써 설명하고 또 말과 글로써 이해하려 하면 할수록 점점 더 혼란으로 빠지게 됩니다.

그러나 이런 문제의식을 잠시 내려놓고 일단 수행을 하다 보면 자연스럽게 더 이상 문제가 되지 않게 되지요.

그렇다고 당면한 문제의식을 무조건 내려놓고 수행만 하시라고 하는 것도 도움이 되지 않을 것 같아서, 해결에 이르게 하는 새로운 수행거리를 드린다는 의미로 몇 말씀드리겠습니다.

① '나'라는 관념이 어떻게 생기는가 하는 것과 '나'라는 존재의 기원(최초의 원인)이 무엇인가 하는 문제가 혼재하고 있군요!!!

'나'라는 관념은, 작용하고 있는 자연의 이치가 스스로 또는 서로간에 작용하는 과정에서 의식이라는 현상으로 드러나고, 그러한 의식 현상에 대한 착각(무지)으로 서로간의 분별이 생기고, '남 또는 너'와의 분별에서 '나'라는 관념이 생기고, '나, 나에 관한, 나에 속한' 등의 관념으로 점점 강화되고 당연시된 착각이고 무지입니다!!!

'나'(우주만물 포함)라는 존재의 기원 문제는, 조건화된 의식 현상에 대한 착각으로 생긴 '존재'와 '최초'라는 관념에 의한 관념(또 다른 착각)입니다.
자연(나를 포함한 우주만물)의 실제에는 존재도 없고, 존재가 없으니 최초도 없습니다.
따라서 이 문제는 존재의 기원을 관념적으로 탐구해서는 해결되지 않고 조건화된 의식 작용과 현상에 대한 이해가 해결의 열쇠입니다!!!

② 조건화된 의식 현상에 대한 착각으로 생긴 '나'라는 관념은, '나, 나에 관한, 나에 속한' 등으로 착각에 착각이 더해진 관념으로 되어지고,
그런 착각에 따른 욕심과 화로 괴로움이 경험되게 되어지고, 괴로움이 경험되면 괴로움에서 벗어나고자 하는 의도가 일어나,
질문과 같이 괴로움의 근본 원인인 '나'라는 관념에서 벗어나고자 하는,

모순적인 상황이 발생하게 되는 것입니다!!!

그렇다면 도대체 착각은 어떻게 생기는 겁니까?

어스름한 저녁 무렵의 산책길에서 새끼줄이 뱀으로 착각됨은 어떻게
생깁니까?
또 착각된 뱀을 다른 사람에게 이야기하는 과정에서 불확실한 뱀 형상
의 추측 또는 짐작이 점점 구체화되고 실재화되어 착각에 착각이 더해
진 꼴이 되어질 수 있는데, 그런 착각에 더해진 착각은 또 어떻게 생깁
니까?
그렇게 착각이 생기게 되고, 그래서 그런 착각을 평지풍파라고도 합니다!!!

깨달음과 자유에 이르는 유일한 길 깨어있음 - 문답편

3.

〈생각과 의도와 말과 행동은 자연의 이치대로 일어난다.

'나'가 생각하고 의도하고 말하고 행동한다는 것은 착각일 뿐이다.〉

그렇다면 착각하는 존재는 무엇일까요? 그게 바로 '나' 아닌가요?

착각하는 '나라는 존재'란 없습니다. 그저 '착각'이라는 현상만 있을 뿐입니다.

착각하는 나가 있다면 착각이라는 게 뭐가 좋다고 착각하겠습니까?

착각하는 나라는 게 없으니 착각이라는 게 있겠지요!!!

착각이라고 생각하거나 느끼는 주체가 없이 현상만이 있다고요?

형상을 가지고 있는 물질적 '나'라는 것이 없다는 점에는 저도 동의합니다만 형상이 없으며 감각되지 않는 내면적 '나'는 존재한다는 것이 제 생각입니다.

생각하고 느끼는 주체가 있다고요? 그것이 '나'라고요?

생각하려 하지 않아도 일어나는 생각을 '나'가 한다고요?

느끼려 하지 않아도 느껴지는 느낌을 '나'가 느낀다고요?

그래서 나라는 존재는 없고, 생각은 생각일 뿐이고 느낌은 느낌일 뿐입니다!!!

적어도 작용이 있거나, 작용하고 있다고 아는 존재마저 부정할 수는 없죠.

데카르트가 말한 명제마저도 부정하시는 겁니까?

적어도 우보거사님의 생각마저 부정할 수는 없지 않나요?

생각이 곧 존재입니다.

생각이라는 작용은 있지요. 생각이라는 작용을 '나'라고 생각하니 '나'는 생각일 뿐이지요.

그런데 생각작용은 계속 일어나고 사라지고 할 뿐, 단 한순간도 고정되어 있지 않은데 그러한 생각작용을 굳이 '나'라고 한다면, 그 '나' 또한 단 한순간도 고정되어 있지 않은데, 나라고 할 무슨 의미가 있을까요?

아는 존재는 없고 앎(작용)만 있고, 생각은 생각일 뿐이지요.

생각이 존재라는 것도 생각일 뿐입니다.

데카르트의 명제도 관념일 뿐입니다.

생각을 부정하는 것이 아니고, 생각을 생각으로 알 뿐입니다!!!

생각이 작용이라 해도 생각하는 작용은 존재하지 않나요?

'생각하는 작용' 그게 바로 '나'입니다.

지금 이렇게 트윗으로 대화하는 그 생각하는 작용, 그게 바로 저이고 거사님입니다.

생각도, '생각하는 작용'도 무상(無常)하지만 영원합니다.

그리고 '생각하는 작용'이라는 면에서는 저나 거사님이 같지만 생각은

깨달음과 자유에 이르는 유일한 길 깨어있음 - 문답편

저마다 다르므로 '나'다 '남'이다 하는 거지요.

이름을 뭐라 붙이든 생각하는 작용이 존재한다는 사실은 분명하지요.

"무상하지만 영원"하다니 무상이면 영원일 수 없고 영원이면 무상일 수 없으니 모순적인 말이고, "같지만 다르다"니 같으면 다를 수 없고 다르면 같을 수 없음이니 역시 모순적인 말이고, 무상인데 '존재'라면 그 존재 또한 무상일 텐데 무상한 것이 존재일 수 있나요?

그런 모순적이어서 있을 수 없는 말들을 희론(말놀음, 생각놀음)이라 이름하지요.

그러니 그런 관념(착각된 생각)에 얽매이지 마시고, 생각의 실제를 바로 아십시오!!!

그리고 고정되지 않는 건 존재하는 게 아니다 라고 생각하시고 계신데, 계속 변하고 고정된 형상이 없어도 생각 자체가 존재한다는 사실을 누가 부정할 수 있을까요?

생각이 바로 존재입니다.

부디 허무주의에 빠지지 마시길요. ^^

또한 우리의 몸도 고정되어 있는 게 아니며, 물질 우주도 고정된 궤도를 도는 게 아니라 계속 확장하고 있다고 하죠.

이처럼 이 세상에는 형이상학적이든 물질적이든 고정된 것은 하나도 없지만 즉 모든 게 무상해도 저마다 존재하고 있죠.

'존재'란 무엇을 의미합니까?

계속하여 일어나고 사라지는 "생각작용"을 의미합니까?

단 한순간도 고정되어 있지도 않는 "생각작용"을 '존재'라고 이름 붙여야 할까요?

'존재'가 무엇입니까?

결국 '나'라는 관념을 의미하는 것 아닌가요?

관념인 '나'를 인정하지 않아도 삶은 허무하지 않습니다.

'나'라는 관념 때문에 오히려 삶이 괴롭게 되지요.

'나'라는 관념에 얽매이지 않으면 그냥 편안하고 자유롭지요!!!

'나'라는 관념 때문에 삶이 괴롭게 된다는 말씀에 동의합니다만 내가 지금 생각하고 있는 이것은 무엇인가? 라는 의문이 들지 않습니까?

저는 그 의문에 대한 해답을 밖으로는 무아이지만 안으로는 저마다 천상천하유아독존임에서 찾았습니다.

"생각하고 있는 이것"이 '나'라는 존재'라고 생각하는 것은 착각이고, 단지 '생각'이라 불리는 작용일 뿐임을 아는데 무슨 의문이 있겠습니까?

작용이란 조건생멸(무아)이고 찰라생멸(무상)인데 어떻게 안팎이 따로 있을 수 있으며, 천상천하유아독존은 조건생멸(무아)이고 찰라생멸(무상)인 작용에 대한 말(표현)이겠지요!!!

모든 것이 무상하지만, 모든 것이 연기하지만, 육체적이고 물질적인 나

깨달음과 자유에 이르는 유일한 길 깨어있음 - 문답편

는 우리에게 감각되는 바와는 달리 고정된 형상이 없으므로 무아인 반면, 내면적이고 영적인 나는 형상도 없고 감각되지도 않으나 무상하면서도 영원한 존재인 것입니다.

"육체적이고 물질적인 나"나 "내면적이고 영적인 나"나 모두 무상하다면 찰라생멸일 수밖에 없고, 무상하다면 실체일 수 없어 무아일 수밖에 없는데,
그래서 물질인 색도 공하고 마음인 수상행식도 공하고, 그래서 물질도 없고 마음도 없다고 반야심경에서 말씀하시지 않나요?
그런데 "내면적이고 영적인 나"가 어떻게 영원한 존재일 수 있겠습니까?

이는 마치 강물이 계속 흘러가도 강은 여전히 존재하는 것처럼, 생각은 계속 바뀌어도 생각 작용은 여전히 존재하는 것에 비유할 수 있겠네요. 생각이 단 한 순간도 머물지 않고 끊임없이 일어나고 사라지지만 생각 작용은 영원하답니다.

'강의 실상'은 단 한순간도 같은 물일 때가 없는 매 순간 새로운 물이지요.
그래서 "여전히 존재한다는 강"은 관념일 뿐이지요.
그리고 그러한 '강'은 여전한 적이 한 번도 없습니다.
'강'은 계속하여 물길도 모양도 바뀌고 심지어 없어지기도 하지요.
'생각'이라는 '존재'도 마찬가지입니다.
"생각작용"은 조건생멸(무아)이고 찰라생멸(무상)인 작용으로, 매 순간

새로운 생각이지요.

님에게 변하지 않고 항상하는 생각이 경험된 적이 있나요?

그리고 존재란, '영원불변'한 것이 아니라 '영원변화'하는 것입니다.
우리는 흔히 영원불변한 것을 찾습니다만 그것은 허상이고 거사님의
말씀처럼 관념에 불과하죠.
그러나 우리의 생각 또는 생각 작용은 영원히 변하는 존재입니다.

그렇습니다. "영원불변하는 것(존재)"은 없지요.

"생각 또는 생각작용"도 마찬가지고요.

그리고 "생각 또는 생각작용은 영원히 변하는 〈존재〉"라면 특정될 수
없고 '나', '너', '남'으로 구분될 수 없는데, 굳이 〈존재〉라고 표현해야 할
까요?

그냥 "생각 또는 생각작용은 생각 또는 생각작용일 뿐"이라고 하면 안
됩니까?

변한다고 특정할 수 없는 건 아니지요.
마치 강과 바다처럼 지금은 강이므로 서로 다르지만 나중에는 바다에
모이면 하나가 되는 거지요.
즉 저마다 생각이 강물처럼 흐르는 강에 우리를 비유할 수 있겠네요.

특정될 수 없다는 것은 어느 한 생각도 독립하여 있을 수 없다는 것이

지요.

생각은 보임이나 들림이나 느껴짐이나 알아짐을 조건을 생멸하니 홀로 독립하여 발생할 수도 존재할 수도 없기 때문에 특정될 수 없지요.

바다도 물일 뿐이고 강도 물일 뿐인데 무엇이 다르다는 겁니까?
모양이 다르고 색깔이 다르고 이름이 다를 뿐인데, 모양이나 색깔이나 조건 상황에 따라 달라져 특정될 수 없고, 이름도 모양이나 색깔 따라 달리 불릴 테니, 예를 들면 조건 상황 따라 물로 드러나면 물이라 이름하고 얼음으로 드러나면 얼음이라 이름할 테니, 역시 특정될 수 없지요.
그러니 역시 말이 안되는 말들일 뿐이네요!!!

물론 저도, 나와 남으로 구분하는 것은 별 의미가 없다고 생각합니다.
우리는 모두 하나이니까요.
그러나 외면적 모습이든 내면적 생각이든 우리는 서로 다릅니다.
같은 사과나무에 달린 사과라 할지라도 저마다 다른 것처럼요.

모습이나 생각이나 사과들은 다 관념이지요.
그것들의 관념은 서로 다릅니다만 그것들의 실상은 모두 조건생멸이고 찰라생멸인 작용들의 현상으로 무상하고 특정될 수 없는 그러함인데 다른 것 같지만 다른 것이라 할 수도 없고, 그렇다고 무상하고 특정될 수 없는 그러함을 같다고도 하나라고도 할 수 없는 그러함이지요.
모두 서로서로 중중무진 연기(緣起)하는 작용들의 현상일 뿐입니다!!!

또한 데카르트의 '나는 생각한다 고로 존재한다'는 명제를 부정할 수는 없지 않나요?

생각이든 작용이든 그것을 인식 내지 인지하는 존재로서의 나를 부정하는 것은 억지스럽군요.

그것마저 작용이라 해도 작용이 곧 나라는 존재인 거지요.

데카르트가 옳다고 어떻게 확신하나요?

데카르트 또한 실상은 모르고 관념에 빠져 있을 뿐입니다.

'나'가 생각한다면 생각을 안할 수도 있을 텐데 그렇게 되지도 않고, 생각내용을 '나(내)' 마음대로 할 수 있을 텐데 역시 그렇게 되지 않지 않나요?

그러니 데카르트의 말은 경험과 맞지 않는 관념놀음일 뿐입니다.

그러니 생각작용은 생각작용일 뿐이지 '나'라고 이름붙이는 불필요한 관념놀이를 할 필요가 없습니다.

더구나 '나'라는 관념을 인정하는 순간, 그 '나'라는 관념 때문에 괴로움이 일어나게 되는데, 괴로움을 일으키면서까지 관념 놀음을 하셔야겠습니까?

과감히 관념 놀음에서 벗어나십시오.

그러면 그냥 편안해집니다!!!

우리는 매 순간 새로운 생각이 흐르는 생각의 원천입니다.
변하지만 영원히 존재하는…

영원히 존재하는 생각의 원천이라는 것이 무엇입니까?

그러한 생각의 원천은 어떻게 경험되나요?

생각의 원천은 생각의 드러남으로 그러한 원천이 있을 거라는 추측 아닌가요?

그러니 생각의 원천은 역시 생각 아닙니까?

생각은 매 순간 다르니 "영원히 존재"한다고 할 수가 없겠지요?

생각이 계속 흐른다 해도 생각의 근원인 생각하는 작용은 특정되지 않나요?

마치 샘물이 계속 흘러나와도 그 근원으로서의 샘이 존재하는 것처럼요.

또는 자동차가 계속 지나다녀도 도로는 존재하는 것처럼요.

항상하여 변함없는 생각하는 작용을 경험한 적이 있습니까?

매 순간 새로운 생각이 작용되지 않던가요?

그러한 생각작용을 특정된다고 할 수 있을까요?

매 순간 새로 일어나고 사라지는 생각작용을 어떻게 특정하나요?

작용이 생각을 일으킵니까? 작용의 드러남(현상)을 생각이라 이름하나요?

작용이라는 말은 조건생멸(무아)이고 찰라생멸(무상)인 경험 실제를 표현한 말 아닌가요?

그런 작용을 생각의 근원이라니 말이 되는 말인가요?

"샘"이니 "도로"니 하는 것도 실체가 있나요?

물 빼면 "샘"은 무엇인가요?

자갈, 콜타르, 모래 등을 빼면 "도로"는 무엇인가요?

그런 샘이나 도로를 존재라니요?

생각이 원천도 없이 저 혼자 떠돌아다닐까요?

아무리 생각이라 해도 그 생각이 나온 근원이 있는 것 아닙니까?

그 근원으로서 내가 존재함을 저는 말씀드리는 겁니다.

그러한 말씀들은 실제 경험에서 나온 말이 아니라 추측인 생각일 뿐이지 않습니까?

경험 실제로 확인되지도 않은 추측성 생각일 뿐인 생각의 "근원"이라는 것은 관념에 불과합니다.

"생각의 근원"이 관념이니, 그것을 '나'라는 것은 더더욱 관념에 불과합니다.

관념을 존재한다고 표현할 수 있나요?

나와 남이라는 구분에서 벗어나면 편안해진다는 말씀, 저도 체험한 바입니다.

그러나 생각에서만 나와 남이 없을 뿐, 생활에서조차 나와 남의 구분이 없을 수는 없죠.

만일 그렇다면 서로 대화도 하기 어려울 것입니다.

그렇지 않나요?

깨달음과 자유에 이르는 유일한 길 깨어있음 - 문답편

그렇습니다. 관념은 서로 대화할 때 필요한 것일 뿐입니다.

관념이 불필요하다는 것이 아닙니다.

다만 관념을 관념으로 아시고, 관념을 실체(존재)시 하지는 마시라는 것입니다.

관념을 실체시 하는 것이 착각이라는 것이고 괴로움의 원인이기 때문입니다!!!

거사님께서 말씀하시는 관념을 저는 주관으로 이해합니다.

관념이라는 게 저 혼자 그냥 존재하는 게 아니고 '나'라는 주체의 관념일 뿐이죠.

즉 내가 없으면 관념도 있을 수 없으니까요.

나라는 주체가 없는데 어떻게 관념이 존재하나요?

관념은 '의식내용(생각)대로 실제로 경험되고 있다는 착각'의 이름입니다.

그래서 주관이니 객관이니 하는 것도 관념입니다.

관념으로부터 대화를 전개하시면 끝없는 관념 놀음일 뿐입니다.

관념이 아닌 경험 실제(실상)에 기반하여 대화를 하셔야 서로 공감이 있게 됩니다.

생각이 사람마다 다르기 때문에 관념은 서로 다를 수 있지만, 경험 실제는 서로 다를 수가 없기 때문입니다.

조건생멸이고 찰라생멸인 작용을 실체시 하는 의식의 착각(전도몽상)

으로 '나'라는 관념이 있게 되고, '나'라는 관념(착각)이 "나가 한다"는 또 착각을 낳는 착각의 악순환일 뿐, '나'라는 실체(주체)는 없습니다!!!

'나'라는 주체가 없는데 어떻게 관념이 존재하나요? 라는 질문을 다시 드리며, 실상(실제)은 다를 수가 없다는 거사님의 말씀 중에서 실상이 란 무엇을 뜻하는지 여쭙고 싶군요.

'나'라는 주체는 없지만, 의식이라 이름하는 조건생멸(연기) 현상에 대한 착각으로 관념이 생겨납니다.
실상은 그러한 착각 없는 조건생멸(연기) 작용을 말합니다!!!

그렇다면 거사님의 말씀을 그대로 받아들여도 의식작용 자체와 연기 작용 자체는 존재하겠군요.
그렇지 않은가요?

작용이란 항상한 실재여서 있(존재)다는 것이 아니라, 조건생멸(연기) 작용이 경험되기 때문에 있다고 말해지는 것일 뿐입니다.
작용은 조건생멸이고 찰라생멸이어서 무상이고 무아인데 어떻게 실재 또는 존재한다고 말할 수 있겠습니까?
그런 말들에 놀아나지 마십시오!!!

있어서 있거나 작용해서 있거나 간에 있는 건 있는 거지요.

석가세존의 유언에서도 '다른 누구로도 말고, 오직 자신을 등불로 삼으라.'고 했거늘… 거사님은 자신의 존재를 애써 부정하려 하시는군요.

자신의 존재를 부정하는 것이 아니라, 자신의 실상을 아는 것입니다. 부처님의 그런 말씀은 '나'라는 존재(관념)가 아닌 실상의 경험을 가리키시는 것입니다.

자신(나)이라는 현상의 실제인 조건생멸(연기)인 작용들이, 착각인 관념없이, 등불처럼 밝고 분명히 경험되는 삶(수행, 도)이어야 깨달음이 일어나고 괴로움이 없는 삶이 된다는 말씀입니다!!!

4.

거사님, 오늘 우연히 다운증후군 청년을 보았는데 문득 이런 경우는 극단적이지만 보통이라는 사람마다 깨어남의 차이가 있겠다는 생각이 드네요.
사람마다 작용의 정도가 다르다고 생각하나요? 차이가 있다면 무엇이 그 차이를 만들지요?

경험의 차이가 깨어남(깨달음)의 차이를 만듭니다!!!

그럼 아예 경험할 수 없는 능력(예를 들어 다운증후군)을 가진 사람은 깨달음을 얻지 못하는군요?
또한 같은 경험을 하더라도 작용의 차이가 개개인의 특성에 따라 있을 수 있겠네요?

경험할 수 없는 사람은 없지 않나요?
다만 경험은 개개인의 성품에 따라 달라지지요.
경험이 다른 만큼 깨어남(깨달음)도 차이가 있을 수는 있지요!!!

깨달음과 자유에 이르는 유일한 길 깨어있음 - 문답편

5.

시간과 연기 작용은 어떤 관계이고 서로 어떤 의미를 갖는지요?

연기작용의 연(조건)과 기(일어남)는 순차가 아닌 동시의 사건으로서, 조건생멸(무아, 실체아님)이고 찰라생멸(무상)이어서 지속이니 계속이니 단계니 순차니 하는 시간은 실재일 수가 없습니다.

그래서 시간이란 관념이지 경험 실제가 아닙니다!!!

6.

'나'라고 하는 것은 관념으로 실상이 아닌 착각이라면, 지금의 생과 다음 생 사이에 연기작용은 어떻게 작용하나요?
지금 생의 나와 다음 생의 나는 무엇이 같고 무엇이 다른가요?
알고 싶습니다.

연기는 작용들의 관계성이고, 연기라는 관계성은 상속 또는 상즉상입이라고 표현될 수 있는, 바람을 조건으로 일어나는 물결에 바람의 세기와 방향과 특성들이 반영되듯, 그러함입니다!!!
그러한 연기작용들의 연기현상을 생 또는 삶이라 이름하는데, 이 생과 다음 생 사이도 그러한 연기작용들의 연기현상이고, 다음 생도 또한 그러한 연기현상입니다!!!
지금 생의 나와 다음 생의 나라는 게 조건생멸이고 찰라생멸인 작용들의 연기현상이어서 실재(실체, 존재)일 수 없는데 같다 다르다라는 말이 어떻게 있을 수 있을까요?

연기작용으로 상속되면 다른 존재의 성품과 기질로 상속되는 것인가요?

성품이나 기질이라는 것도 확정된 실재가 아닐 뿐만 아니라, 존재라는 게 관념이지 실재가 아닌데, 존재의 성품과 기질이라는 게 어떻게 있을 수 있으며, 바람과 물결의 관계처럼 상속되는 듯하다는 말이지 실제 무엇인가가 상속되는 게 아닙니다.

그래서 그러한 상속을 불일불이 또는 불래불거라고도 표현합니다!!!

'존재'와 '존재라는 관념'의 차이를 '변함없음'과 '변함'으로 이해도 되나요?

그래서 존재는 없고 존재라는 관념만으로 표현되는… 실제상이 아닌 관념들…

'존재'가 관념인데, '존재'와 '존재라는 관념'은 같은 말 아닌가요?

존재가 관념이라는 말은 존재라고 할 수 있는 실체(실재)가 없다는 말입니다.

존재라는 관념은 물질적 정신적 작용의 드러남(현상)인데, 작용은 있어(존재해)서 있는 것이 아니라 작용해서 있는(작용인) 것입니다!!!

7.

'단지 모를 뿐'은 생각 감정에 끌려가지 말고, 방과 할이 밀려올 때, 그 것을 알아차리는 주인공이 중심이 되어. 그러니까 모르는 것이 목적이 아니라 '선정'의 수단이 되어 목적인 '지혜'의 행위를 걸림 없이 하라는 것인가요?

뭐가 그리 복잡합니까?
무슨 말씀인지 갈피를 잡기 어렵네요!!!

지혜의 행이란 개체적 나가 아닌 천명을 따르는 행이라면, '단지 할 뿐' 과는 다른 걸림 없는 행위, 무위의 행위, 뭐 이런 '단지 하는'보다는 '당 연히 해야 하는'이랄까요?

"천명"이니 "당연히 해야 하는"이니 하는 말들은 관념에 불과합니다!!!
"지혜의 행"이란 "천명"이니 "당연히 해야 하는"이니 하는 말들에 얽매 임이 없이, 생각대로라는 착각 없이, 보이고 들리고 맡아지고 느껴지고 알아지는 경험상태(깨어있음)에서 일어나는 의도와 말과 행동일 뿐입 니다!!!

그렇다면 밥 먹고, 잠자고, 숨 쉬고 생각 없이도 할 수도 있는 것 말고

깨달음과 자유에 이르는 유일한 길 깨어있음 - 문답편

선택이 필요한 복잡한 일상생활의 행위는 어떻게 하나요?
그냥 느낌이 끌리는 대로? 그것이 지혜인가요?

선택이란 인연으로 되어지는 자연(연기)현상일 뿐이지 나라는 주체의
행위가 아닙니다!!!
선택하는 '나'라는 것은 관념일 뿐이지 실재가 아닙니다.
일상생활의 행위는 인연으로 되어지는 자연작용입니다.
단지 깨어있음이면 저절로 일상생활은 살아지며, 그러한 상태가 지혜
가 작용하는 상태입니다!!!

일상생활의 상황이 인연으로 주어지는 것은 이해가 되는데, 일상생활
의 행위가 인연으로 되어진다는 것은 이해가 안됩니다.

'나'라는 관념만 빠지면, "일상생활의 상황이 인연으로 주어지는" 것이
나 "일상생활의 행위가 인연으로 되어지는" 것이나 같습니다.
그러한 혼란은 '나'라는 관념에 얽매임인 무지 때문입니다!!!

그렇다면 나의 개체적 삶은 '아바타'의 삶으로 '선업을 쌓아서 향상일로'
와 같은 것도 다 쓸데없는 관념이라는 것으로 들립니다.
'아바타'는 하나의 환영과 같은 것이므로…

"아바타"가 뭡니까?

'아바타' 영화 모르시나요?

인터넷 게임에서 등장인물은 자판을 두드리는 사람의 의지대로 행동하지요.

모양과 형체만 시공간에 있을 뿐 알맹이 본체는 다른 시공간에서 '아바타'를 조정하지요.

그 아바타는 그냥 움직일 뿐이죠 수동적으로…

삶을 조정하는 어떤 존재도 어떤 다른 실재도 없습니다.

삶은 그냥 삶일 뿐입니다.

개체적인 삶도 전체적인 삶도 따로 없습니다.

그냥 중중무진으로 연기하는 작용과 현상만 있을 뿐입니다.

그러한 작용과 현상을 '나'니 "개체"니 "전체"니 "아바타"니 이름할 뿐이지요.

그런 이름으로 가리키는 작용과 현상을 바로 보십시오.

그것이 바로 실상입니다.

삶이란 바로 그러함입니다.

단지 깨어있음이 무지와 괴로움이 없는 삶이 되는 선업이고 공덕입니다!!!

마치 유물론자들의 말처럼 들립니다.

이 생의 이 몸이 4대 요소의 화합과 분해 이상의 아무 것도 아닌, 설령 윤회가 있다고 해도 아무 의미도 없는… 단지 우주에 4대 요소의 뭉치

고 흩어지는 연기작용만 있을 뿐…

유물론이 뭔지 모르지만, 삶이 이미 예정되어 있는, 지금 이 순간의 행위가 아무 의미가 없는, 윤회가 아무 의미가 없는, 그냥 생명없는 물질과 다름없는, 무미건조한 그러한 삶이라는 말은 아닙니다.

지금 이 순간 깨어있지 못하고 관념에 얽매여 욕심이나 화를 부리면 괴로운 삶의 굴레(윤회)에서 벗어나지 못하게 되고,

지금 이 순간 깨어있으면 보이고 들리고 맡아지고 느껴지고 알아지는 인연에서 지혜(깨달음)가 생기고 괴로움에서 벗어나 해탈하고 열반하게 되지요!!!

그러니 지금 이 순간 깨어있느냐 깨어있지 못하냐에 따라 삶이 괴롭게 되느냐 편안하게 되느냐 하는 기로가 되니, 무의미하고 무미건조한 삶이라 할 수 없지요.

그렇지 않습니까?

항상 그 이상을 원하는 것이 고치기 힘든 병입니다.
그 곳에도 가보지도 못하고… 편안한 휴일 밤 보내십시오. 고맙습니다.

고칠 필요가 없으니 힘든 병이 아니고, 가볼 그 곳이 따로 있지도 않으니 부담도 갖지 마십시오!!!

그냥 그러한 생각들이 일어나고 사라짐이 그냥 알아지는 그대로(깨어있음)이면 문득 스스로 분명해질 테니까요,

깨달음과 자유

깨어있음으로 편안한 밤 되십시오!!!

꿈속에서도 깨어있으신가요?

꿈속에서 깨어있든 그렇지 않든 신경 쓰지 않습니다!!!

꿈은 왜 신경 쓰지 않으시나요? 꿈은 어떤 것인가요? 꿈에서는 알아차 릴 수 없는 것인가요?

꿈이란 충족되지 않아 해소되지 않은 욕심과 화들의 드러남일 뿐입 니다!!!
꿈 또한 인연 따라 일어나고 사라질 뿐입니다.
인연 따라 일어나고 사라지는 자연현상일 뿐인 꿈에 신경 쓸 이유가 있 습니까?

꿈에서의 알아차림이나 깨어있음도 인연 따라 될 뿐입니다!!!
꿈이 일어나는 상황은 잠이 없는 깨어있는 상황과 다릅니다.
상황이 다르니까 알아차림이 일어나는 현상도 다를 수 있습니다.
꿈속의 알아차림 또한 인연 따라 될 테니, 꿈속의 알아차림 여부에 신 경 쓰지 마시고, 알아차림이 있을 때 알아차림이 있음을 아는 상태(깨어있음)이면 됩니다.

그러함이 꿈속의 알아차림이나 깨어있음의 인연이 될 것입니다!!!

밤에 꿈을 꾸는 것과 안 꾸는 것, 또 꿈의 내용(악몽 또는 상쾌한 비행 등)이 낮의 알아차림 수행의 단계 또는 깊이와 연관이 있나요?

연관이 있지요!!!

일어나는 모든 물질적 정신적(꿈 포함) 작용은 그 작용 직전까지의 모든 작용 경험이 반영 됩니다.

그러니 당연히 낮의 알아차림이나 깨어있음 경험은 밤의 꿈에 영향을 미치게 됩니다.

그리고 수행의 경험 정도에 따라서도 연관이 있게 되고요.

그러함이 인연의 이치고 자연의 이치고 연기라 하는 진리입니다!!!

수행이 깊어지면 꿈을 안 꾸나요? 아니면 좋은 꿈을 꾸게 되나요?
꿈과 수행의 관계가 궁금합니다.

꿈은 충족되지 않은 경험(업)이 해소되기 위하여 드러나는 현상임으로, 충족되지 않은 경험이 없으면 꿈도 없겠지요.

충족되지 않은 경험의 내용에 따라 꿈의 내용도 달라질 것입니다.

수행(깨어있음)으로 쌓인 업은 소멸하고 새로운 업이 쌓이지 않아, 꿈으로 드러날 원인이 없으면 꿈은 일어나지 않을 것입니다.

그러함이 꿈과 수행의 관계입니다!!!

"크게 수행한 사람도 인과에 떨어집니까? 안 떨어집니까? 하기에 제가 '안 떨어진다'라고 말했기 때문에 5백생 동안 여우의 몸이 되고 말았습니다"라는 이야기처럼, 꿈도 마찬가지 아닐까요?
쌓은 업이 소멸할 수 있나요? 업은 모두 소멸되어야 하는가요?

꿈이 일어나는 이치는 생각이 일어나는 이치와 다르지 않습니다.
인연 따라 일어날 뿐이며, 꿈 또한 드러날 인(업)이 있어서 조건이 되면 일어날 뿐입니다.
따라서 꿈에 대해서 신경 쓰지 않고 단지 깨어있으면 꿈으로 드러나는 업은 소멸하게 되지요.
업은 반드시 드러나야 자연의 이치대로 소멸하게 됩니다.
업은 드러나지 않으면 소멸되지 않습니다.
업이 모두 소멸해서 더 이상 일어날 업이 없는 상태가 되는 것이 열반입니다.
깨어있음으로, 쌓인 업은 소멸하고 새로운 업이 생기지 않게 되어 열반에 이르게 되지요.
크게 수행한 사람(깨달은 사람)이라도 인과(연기)에서 벗어날 수 없습니다!!!
왜냐하면 우주만물만상의 작용의 이치가 연기이기 때문입니다.
다만 연기로부터 자유라는 경험상태가 될 뿐입니다!!!

생각이 없어지지 않는 한 꿈도 없어지지 않는다는 말씀이신가요?

아니지요!!!
꿈으로 드러날 업이 없어져야 꿈이 없어지지요!!!

업이 모두 소멸하는 것이 열반이라 하십니다.
업이 모두 소멸하는 것은 더 이상 인과에 떨어지지 않는다는 것인가요?

인과에 떨어지느냐 아니냐가 아니라, 과가 일어날 인이 없으니 인과가
성립되지 않을 뿐이지요!!!

인이 없다는 것과 열반은 같은 것인가요?

인이 없으면 열반이라 이름할 수 있는 현상도 없지요!!!

업이 소멸하고 인이 없으면 더 이상 꿈도 일어나지 않는 것인지, 생각
처럼 꿈은 계속 일어나지만 그 꿈에 집착하지 않고 바라보는 무념처럼
알아차림이 계속 일어날 뿐인지요?

쌓인 업이 드러날 때 깨어있음(알아차림)이면 드러난 업은 소멸하고
새로운 업이 쌓이지 않게 됩니다!!!
그렇게 모든 업이 소멸하여 더 이상 쌓인 업이 없으면 꿈도 일어나지

않을 것입니다.

그렇게 되는 깨어있음이 바로 수행입니다.

그냥 알아지는 그대로가 깨어있음이라 이름하기에, 깨어있음이라는 경험이 어렵다고 할 수 없습니다.

깨어있음의 상태가 어떤 것인지 이해하고 직접 경험해 보기만 하면 됩니다!!!

깨어있음도 쉬운 것은 아니지만 깨어있음의 지속이 더 어려운 것이라 수행이 필요하다 들었습니다.

깨어있음의 "지속"이란 무엇입니까?

지금 이 순간의 깨어있음의 연속이 아닙니까?

결국 지속이나 연속이 되려면 지금 이 순간 깨어있음으로 되어지는 것 아닙니까?

지금 이 순간 외의 조금 후나 조금 전에 무엇인가를 할 수 있나요?

실제하는 시간은 지금 이 순간밖에 없는데… 실제하지 않는 과거나 미래에 무엇을 할 수 있는가요?

그러니 지속이라는 말에 구애될 필요 없이 그냥 지금 이 순간만 깨어있으면 됩니다. 지금 이 순간 깨어있음으로 깨어있음의 지속이 되는 것입니다.

단지 지금 이 순간 깨어있음이 어렵나요?

생각에 얽매임만 없으면 바로 깨어있음입니다.

깨달음과 자유에 이르는 유일한 길 깨어있음 - 문답편

어떤 생각이 일어나든 그냥 알아지는 그대로가 깨어있음이니, 어렵다는 생각으로 머뭇거리지 마시고 일단 무조건 깨어있음을 경험해 보세요!!! 시작이 반입니다!!!

업이 소멸하는 것이 열반이면, 좋은 업이란 없는 것인가요?
업이 소멸된 후 열반에서 사라지지 않는 인과작용은 무정물의 변화작용일 뿐인가요?

그래서 선업도 업이라는 말이 있는 겁니다!!!
즉 선업도 업이어서 결국은 괴로움으로 귀착된다는 말입니다.
업이 소멸된 후가 어떠한지는 깨어있음을 통하여 업으로부터 자유로워지고 자연의 이치를 깨달아 직접 확인해 보세요!!!

그 동안 머리로만… 한 번도 제대로 시도해 보지 못했던 것 같습니다.
고맙습니다.

8.

내가 없고 내가 한다는 건 없다는 전제로, 모든 게 관념이고 무아인데 공덕 보시가 무슨 의미가 있습니까?

내가 하는 게 아니고 자연의 이치로 이루어지는데, 어떻게 공덕 보시를 쌓으면 좋다는 말이 있지요?

저절로 쌓이는 게 보시 공덕인데(내가 하는 게 아닌데), 왜 공덕을 쌓으라고 하는지요?

보시는 욕심 없이 베푸는 행위입니다.

욕심이 없는 행위여서 좌절도 없습니다.

좌절이 없으니 괴로움도 없습니다.

그래서 보시가 공덕입니다.

그리고 괴로움 없는 삶이 보시공덕의 과보(복)입니다!!!

보시행위는 베풀고자하는 의도의 드러남입니다.

베풀고자하는 의도는 연민이라 이름하는 마음상태의 현상입니다.

연민이라 이름하는 마음상태는 불쌍한 모습이 보일 때 일어납니다.

그렇게 불쌍한 모습이 보이니 연민심이 일어나고, 연민심이 일어나니 베풀고자 하는 의도가 일어나고, 그러한 의도의 현상이 보시행위입니다.

그래서 보시(행위)의 실제(실상)에는 '나'라는 행위의 주체가 없습니다. 연기라 이름하는 자연현상일 뿐입니다!!!

보시(공덕)을 쌓으라고 하는 말은 그러한 보시공덕의 점검입니다. 보시(공덕)을 쌓으라고 하는 말은 욕심을 부리지 말라는 말입니다. 욕심을 부림이 괴로움의 원인이니 괴롭게 되지 말라는 말입니다!!!

모든 작용과 현상이 다 자연의 이치이고 현상입니다만, 그러한 자연의 이치를 말로 표현되다 보니, '나'니 "내 행위"니 "보시"니 "공덕"이니 할 뿐입니다!!!
그러니 말에 속지도 얽매이지도 말고, 그러한 말의 진짜 의미[실제,실상]의 삶이 되세요!!!

깨달음과 자유

9.

거사님, 뺨을 맞았을 때 자기가 때리면 기분이 안 나쁜데 남이 때리면 기분이 나쁜데, 그러함도 그냥 그런 느낌이 일어났다 사라질 뿐이라고 하셨는데요.
정말 남이 뺨을 때렸을 때 그냥 그런 느낌이 일어났다 사라질 뿐이라고 하면 화가 나지 않을까요?
가볍게 한 대라면 그럴 수 있다 치더라도 정말 눈알이 튀어나올 정도로 강하게 한 열대 정도 맞았을 때도 그냥 그런 느낌이 일어났다 사라질 뿐인가요?
그래도 화가 일어나지 않고 그냥 그런 느낌이 일어났다 사라질 뿐인가요?

열 대든 백 대든 일어난 사실이 달라지는 건 아니지요!!!

그럼 맞고 화를 내면 무지인건가요?

화를 내거나 화가 난다라면 무지요, 화라 불리는 현상의 일어남과 그러함의 알아짐일 뿐이면 무지가 없음이지요!!!

거사님이 맞으시면 화가 안 나시겠나요?

　깨달음과 자유에 이르는 유일한 길 깨어있음 - 문답편

하하하… 어거지까지 부럽니다!!!

10.

소리라 불리는 어떤 대상(편의상 그냥 '소리'라고 합시다)이 연기로 일어난 것이다 이렇게 이야기되고 있는데, 그렇다면 무엇에 연하여 소리가 생겨난 것인지 궁금합니다.

손의 부딪침이 연이요, 손의 부딪침으로 야기된 불안정이 인입니다. 소리라 이름하는 현상은 바로 그러한 인연작용의 현상입니다!!!

불안정은 일단 놓아두고, '손의 부딪힘' 요것이 소리가 들린 이후 나중에 일어난 생각(해석)이 아니냐는 게 제 의문입니다.

뭐가 그리 복잡하시오?
생각에 생각을 더하여 부스럼을 만들고 있는 꼴 아니요?
손의 부딪침이 없이 소리라는 현상이 있을 수 있으며, 소리라는 현상이 없는데 들림이라는 현상이 있을 수 있으며, 들림이라는 경험이 없는데 뭐가 들린다는 생각이 있을 수 있으며, 들림이라는 경험과 생각이 없는데 인식이라는 의식이 있을 수 있냐 말입니다?

소리에 앞서 손이라는 것, 부딪힘이라는 것, 귀라는 것이 있어야만 논리적으로 맞는데…

깨달음과 자유에 이르는 유일한 길 깨어있음 - 문답편

무안이비설신의 이렇다고 하잖습니까?

소리라는 현상이나 손이라는 현상이나 이치(사실)는 다를 바 없습니다.
"무안이비설신의"라는 말은 "안이비설신의"라는 건 실재(실체) 같은데
실재 아니라는 말이지, 그러한 현상도 없다는 말이 아닙니다.
그러함이 이해되면 말(개념)에 얽매임 없이 우보거사 말의 낙처가 이
해될 겁니다.
그러나 말에 얽매이면 끝없는 혼란과 의문에서 벗어나지 못할 겁니다.
즉, 말이 아닌 그 말이 가리키는 경험으로 관심이 향해지면, 문득 자각
으로 이해되게 될 겁니다!!!

11.

거사님, 그 자살한 연예인처럼, 남들 앞에서 웃고 있다고 해도 속은 알 수 없다는 말씀은 이해됩니다.

그런데 그런 경우 진심으로는 행복하지 않으니 혼자 있을 때까지 입꼬리가 올라가 있지는 않을 텐데요,

그러면 부처님께서는 진심으로 화나거나 슬픈 것은 아닐 테니 혼자 있을 때는 찡그리고 있거나 눈물을 연신 흘리는 모습은 있을 수 없지 않겠나 하는 생각이 듭니다.

괴로워 보여도 실제로는 괴롭지 않다는 말씀이 어떻게 경험으로 설명될 수 있는지요?

혼자 있을 때도 얼굴이 찡그려지거나 눈물이 날 수는 있어도 계속 그런 상태로 감정에 젖어 있지는 않다는 뜻으로 알아 들으면 될까요?

너무 단순한가요?

계속 그런 상태로 감정에 젖어 있지는 않다는 그런 뜻이 아니라, 얼굴이 찡그려지거나 눈물이 나는 경우에도 괴롭다거나 감정에 젖어있는 상태가 아니라, 무지에 대한 안타까움이나 그래서 말이 통하지 않는 답답이나 연민심의 가슴 아픔이라는 현상일 뿐이라는 뜻입니다!!!

12.

사실 무상,무아,고는 다른 말들이 아니지요!!!.

무상이니 무아고, 무아니 고지요.

그리고 제행은 제법의 현상측면을 가리키는 말이니, 제행이 제법과 다르지 않지요.

반야심경에서 색(수상행식)즉시공 공즉시색 색불이공 공불이색 표현과 다르지 않지요.

제행은 다른 말로 오온이라고도 할 수 있지요.

행은 오온중 하나이면서 오온전체를 가리키는 말이기도 합니다.

오온중 하나로 표현될 때는 업이라는 말로 대체될 수 있는 말이고, 오온전체로 표현될 때는 형성된 법 또는 유위법으로 대체될 수 있는 말이지요.

그래서 일반적으로 법이라는 말은 유위법과 무위법을 한꺼번에 표현하는 말로 혼용되는 경우가 많지요.

유위법은 법이라 오해되기 쉽지만 법이 아닌 법 같은 법을 가리키는 말이고, 무위법은 사실 또는 진리 또는 (연기)작용을 가리키는 진짜 법에 대한 이름이지요.

그래서 일체라는 말은 유위법과 무위법 전체를 가리키는 말이지요!!!

그래서 온세상(우주만물만상)의 진실(법)을 표현하기 위하여, 유위법적인 측면과 무위법적인 측면과 전체적인 관점에서 두루표현한 말들이, 제행무상이고 제법무아이며 일체개고라는 말들이지요!!!

13.

우보거사는 빛, 공기 등의 운동을 부정하고 있는데, 그렇다면 어떻게 보임, 들림의 실제 경험이 가능한가?

님의 말대로 빛이 운동한다면, 공이 여기서 튀어 저기로 가는 그러함과 같은 현상일 텐데, 그렇다면 성냥불빛은 여기서 일어나 저기로 감(움직임이라는 운동)으로써 여기는 더 이상 없고 저기에 있어야 된다는 말과 같을 텐데, 불빛은 여기에 없으면 저기도 없으니 빛의 움직임이라는 운동이 있다는 말은 모순되는 말로써, 경험에 맞지 않는 미친놈의 생각일 뿐이지 않을까?

그럼에도 어떻게 보임이라는 경험이 실제할 수 있는가?
만약 빛이 운동한다면 오히려 실제 경험이 어렵게(아니 있을 수 없게) 되지 않을까?
그렇다면 빛이 정통으로 내 눈으로 오지 않거나 다른 무엇에 의해 시야가 가려진다면 빛을 볼 수 없게 되겠지. 왜냐하면 그런 경우면 빛은 다른 곳으로 움직여 갈 테니 말이지. 양자물리학적으로 말하자면, 빛이 실체(입자)라면 직진 움직임(운동)할 수밖에 없을 테니…
그럼에도 빛을 경험할 수 있다는 건 빛은 실체가 아니어서 움직임(운동)은 없지만, 소위 연기라 이름하는 그러함(양자물리학에서는 파동이라 함)으로 가능하게 되는 거지.

우보거사는 오직 이 사실, 실제 경험을 통해서만 자각과 깨달음이 일어 난다고 거듭 주장하는데 억지 아닌가?

실제 경험없이, 또는 실제 경험을 통하지 않고 어떻게 깨달음이 일어날 수 있을까?

부처님의 초전법륜경과 호흡수행경과 대념처경만 봐도, 우보거사가 말하는 그런 경험으로 깨달음이 생기게 된다고 말씀하시지 않은가?

눈이 있고 귀가 있다면 누구나 확인할 수 있는 사실 아닌가?

다만 우보거사의 〈실제 경험〉이라는 말을 〈실재 경험〉이라고 오해하여 벌어진 해프닝 아닐까?

우보거사의 〈실제 경험〉에서 〈실제〉란 실재 경험을 말하는 게 아니라, 금강경의 무주상(생각내용대로라는 착각 없음)이라는 표현과 육조 혜능스님의 무상(생각내용대로라는 착각 없음)이라는 표현과 팔정도의 정념이라는 표현의 우보거사식 표현으로,

그러한 〈실제 경험〉은 무상이고 무아라고 표현되는 조건생멸이고 찰라생멸인 경험을 이름함일 뿐!!!

14.

집착할 대상은 아니고 결국 놓고 가야 하겠지만, 수행을 통한 경지는 분명 있지요.

단순한 현상으로만 치부할건 아닙니다.

해 보아, 되어 보아야 아는 명료한 상태가 있습니다.

생각이 멈추고 언어와 분별이 사라지고 텅빔과 오롯한 깨어있음과 진정한 통찰지혜는 머릿속 생각과 이해가 아닌 직접 체득화에서 오는 거지요. _()_

'있다 없다'는 관념에 속지 마십시오!!!

'있다 없다'는 관념입니다.

더구나 경지라 함은 '있다 없다'는 존재론에 이미 빠짐입니다.

존재가 없다면 경지란 있을 수 없지요.

존재란 관념이고, 단지 작용의 현상일 뿐이지요.

"경지가 있다"는 생각(관념)일 뿐입니다!!!

공부의 여정이라 여겨집니다.

어차피 존재로 있는 이상 생각 사고 관념에서 벗어날 수는 없습니다.

다만 근기에 따라 수행을 통해 되어 보면 알아차림(깨어있음)이 앎과 봄이 통찰지혜로 무릇 알아지게 되겠지요. _()_

진정 공부의 여정이라 여겨지신다면, "어차피 존재로 있다"든가 "생각 사고 관념에서 벗어날 수 없다"든가 "수행의 경지가 있다"든가 "단순한 현상으로 치부할 수 없다"와 같이 규정(단정)하지 마시고, 삶의 경험을 통하여 스스로 분명해지도록 보류해 두시지요!!!

그러한 규정은 색안경과 같아 모든 삶의 경험을 그렇게 보이게 해버리지요.

그러한 규정이 없을 때 삶의 경험에서 이치(법)가 스스로 터득되게 됩니다!!!

수행경험에서 드러나는 이치도 있습니다.

수행할수록 점점 더 깊은 통찰이 진행되며 번뇌소멸, 사유와 숙고의 논리적 통찰과 선정의 통찰로 본성의 지혜가 드러남도 있습니다.

수행 또한 삶의 경험중 하나일 뿐이지요!!!

수행이라 하더라도 역시 규정(단정)함이 없어야 수행이라 할 수 있겠지요.

어떤 경지가 되려하는 수행은 사마타로서 어떤 상태(몰입)가 될 수는 있어도 법(이치)이 알아지는 깨달음은 일어날 수 없습니다!!!

삶에서도 깨어있음 또한 공부겠지만 수행의 유익함을 부정하거나 외면한다면 그 또한 위험함이지요.

깨어있는 삶을 이름하여 수행이라 하지요!!!

따라서 수행을 부정하지 않습니다.

깨어있음이라는 삶의 경험이 바로 수행이지요!!!

15.

선과 악도 관념인가요? 삶에서 선악의 구별은 무의미한 관념인가요?

관념(고정 견해)이란 무엇입니까?

'무엇'인가에 대한 표현이나 규정이나 해설이나 평가나 판단이지요.

그렇다면 관념 자체가 아닌, 관념으로 표현된 그 '무엇'을 알아야 하는 거지요.

"선과 악"이라는 말과 글은 관념이지만, "선과 악"으로 표현된 '마음상태 또는 그 마음상태의 드러남인 행위'는 관념 아닌 실상이지요.

선악의 구별이 무의미한 것이 아니라, 선악의 실상을 모른채 선악의 관념에 얽매이면, 선은 좋거나 옳은 것으로 지켜져야 한다고 고집(욕심)하게 되고 악은 나쁘거나 잘못된 것으로 없어져야 된다고 고집(화)하게 되지요.

그러한 욕심과 화가 있으면 스스로도 불편하고 다른 사람들도 불편하게 되지요.

관념에 대하여 말하는 것은 그러함을 경계하는 말일 뿐입니다!!!

'욕심'과 '화' 도 규정된 관념이 아닌가요?

"욕심과 화"에 대해서도 "선과 악"에 대하여 드린 말씀 그대로입니다!!!

깨달음과 자유에 이르는 유일한 길 깨어있음 - 문답편

'욕심'과 '화'에 대한 마음상태의 드러남의 기준이 되는 것이 '선'과 '악'에 대한 마음상태의 드러남이 아닐까요?

더 이전 단계의 마음상태로 보입니다. 다른 말로 '양심'에 대한 마음상태. 삼법인과 같은…

끝없는 관념놀음일 뿐입니다!!!

그렇게 끝없이 "생각하지 마시고", 그러한 "생각들에 깨어있어" 보세요.

그러면 저절로 분명해질 겁니다!!!

관념없이 사회의 일원으로 살 수가 있을까요?

혼자만 산다면 언어도 말도 불필요하겠지만. 붕어빵은 밀가루 반죽만으로 만들어지지 않고 빵틀이 있어야 맛과 모양이 완성되겠지요.

다만 관념이란 관념에 집착하지만 않는다면…

그렇습니다!!!

관념은 없어야 되는 것이 아닙니다.

관념이 무엇인지를 알고, 관념이 무엇을 드러내고자 하는 것임을 알고, 관념에 얽매이지 말라는 말일 뿐입니다!!!

분명한 앎(확철대오)는 분명한 마음의 평온을 의미하는 것인가요? 불안정이 해소된?

분명한 앎은 법(실상, 자연이치)에 대한 분명한 이해입니다!!!

앎의 지향점이 고(불안정)의 해소 아닌가요?
몸과 마음이 해소 과정에서 동시에 이루어져야 하는지, 몸과는 별도로
마음의 평안이 본이며 몸은 부가적인 부분인지요?
몸과 마음의 관계가 궁금합니다.

앎은 앎이고 해소는 해소입니다!!!
앎은 앎이 일어날 수 있는 조건이 돼야 일어나며, 해소는 해소가 될 수
있는 조건이 돼야 일어납니다.
앎이 있어도 깨어있음이 온전치 못하다면 해소되지는 않겠지요!!!

몸과 마음의 실상은 다르지 않습니다!!!
몸과 마음의 구분은 관념입니다.
따라서 근본과 부가로 분별할 필요가 없습니다.
몸과 마음 또한 중중무진 연기작용의 현상들일 뿐입니다!!!

앎과 지혜(반야)는 어떻게 다른가요?

일상의 현상의 앎 중에 연기작용의 이치에 대한 이해로, 현상대로라는
착각이 없는 앎을 지혜라 합니다!!!

앎에는 연기작용의 앎(중도)과 단순한 앎이 있다는 말씀이신가요?

그렇습니다!!!
눈의 앎, 귀의 앎, 코의 앎, 혀의 앎, 몸의 앎, 그리고 마음의 앎이 있죠.
지혜라는 앎은 마음의 앎 중에, 연기작용의 이치에 대한 이해로, 현상 대로라는 착각이 없는 앎을 말합니다!!!

**"그릇된 허물을 살펴 아는 한 생각이 곧 불조를 이루는 기본인 것이다."
는 선가귀감의 한 구절입니다.
'생각'은 강을 건너는 나룻배인가요? 버려야 할 군더더기 인가요?
생각이란 애초에 개입시키지 말아야 할 전혀 불필요한 것인가요?**

'생각'이 '내' 생각이면 버려야 할 군더더기요 개입시키지 말아야 할 불필요한 것이지만, '생각'이 '내' 생각이 아닌 "자연의 작용인 생각"이면 강(삶의 괴로움 또는 무지)을 건너는 나룻배이지요!!!

그렇다면 '그릇된 허물을 살펴 아는 한 생각'은 '내' 생각인가요? '자연의 작용인 생각'인가요?

본래는 '자연의 작용인 생각'인데, 무지가 있으면 '내 생각'이라고 착각 하게 되지요!!!

그렇다면 거사님 말씀을 "본래는 '자연의 작용인 마음'인데, 무지가 있으면 '내 마음'이라고 착각하게 되지요." 라고 해도 맞는 것인가요?

그렇습니다!!!

생각하려고 하지 않았는데 불현듯 불안한 마음이 일어난다면 이 '불안한 마음'은 자연의 작용인 마음인가요?

그렇습니다!!!

그렇다면 생각하려고 하지 않았는데 불현듯 불안한 생각이 일어난다면 이 '불안한 생각'은 자연의 작용인 생각인가요?"

그 또한 그렇습니다!!!

이 '불안한 마음'과 '불안한 생각'이 곧 고(두카)의 현상이라고 한다면 이 고(두카)도 자연의 작용으로 '내'가 어찌 할 수 없는 것인가요?

그렇습니다!!!
다만 '내' '불안한 마음'과 '불안한 생각'이라고 착각함만 없으면 아무 문제(괴로움)가 아니게 되어 해결하고 말고도 없게 됩니다!!!

그렇다면 이 '착각'만 없다면 그 즉시 열반이라는 것인가요?

그렇다고 말할 수도 있겠지요!!!

'내'가 한다는 '내' 마음이라는, '내' 생각이라는 착각이 없으면 고(두카)가 아니어서 해결하고 말고도 없다고 하셨는데, 이 말이 틀린 것은 아니지만 또 다른 비밀의 문이 있다는 것인가요?

그런 것은 없습니다!!!

수행의 궁극적인 목적이 이 '착각'을 알아차리는 깨어있음의 상태를 말씀하신 것이 아닌가요?
"그렇게 말할 수도 있겠지요"라고 하신 것은 '착각'이 '있다' '없다' 라는 것도 '착각'이라는 말씀이신가요?

수행의 목적은 깨어있음으로 괴로움에서 벗어나는 것입니다.
착각이 '있다' '없다'라는 것은 착각이라기보다 관념입니다.
착각이 없으면 착각이 없다는 생각도 없습니다.
착각이 있으면 착각이 있다는 생각도 없습니다!!!

괴로움에서 벗어나는 것 이후에 수행이 요구되는 또 다른 그 무엇이 더 있는 것인가요?

깨달음과 자유

궁극적 도달점이 열반 아닌가요?

괴로움에서 벗어나면 수행에 대한 생각이 없게 됩니다!!!
괴로움에서 벗어남이 바로 열반입니다!!!

**괴로움에서 벗어나는 수행의 목표는 '내' 생각 '내' 마음이라는 '착각'이
없는 상태라면, 결국 '착각'하는 마음의 문제로 일체유심조 또는 즉심시
불과 같은 마음의 문제로 열반은 마음먹기에 달렸다는 것인가요?**

"마음먹기"라는 것이 바로 '내'가 마음먹는다는 착각입니다!!!
열반은 깨어있음에서 자연의 이치로 되어질 뿐입니다!!!

**'내' 생각 '내'이름이라는 '착각'에서 벗어나야 한다고 하십니다.
수행을 통해 '내'생각에서 '자연 작용의 생각'으로 바뀌어야 하고 이것의
실천 방법은 깨어있는 것인데 '깨어있음'의 실천은 하는 것인가요? 되
는 것인가요?**

되는 것입니다!!!
경험을 통하여 되어집니다!!!

**'되어지는 것'은 인연의 연기작용에 의해 생겨난 '인'이고 '경험'은 이 연
기작용이 생겨나게 한 '인'이라는 말씀이신가요?**

깨달음과 자유에 이르는 유일한 길 깨어있음 - 문답편

'되어짐'은 경험을 통하여 스스로 분명해지니 바로 경험에 관심을 두시고 더 이상 생각을 굴리지 마십시오.

이런 질문은 삶에 별로 이익이 되지 않는 생각(관념)놀음일 뿐입니다!!!

16.

있기도 하고 없기도 하다는 말은 물질 차원에서는 이해가 가는 데요. 시간에 따라 인연 따라 변화한다는 말은 감정차원에서는 이해가 어렵습니다.

불쑥불쑥 올라오는 에너지라고 할 수 있는 것이 순간 있기는 하거든요. 없을 때도 있죠. 그러면 그것도 있기도 하고 없기도 한 것 인가요?

어떤 사람이 저는 겁이 많은 사람이에요 하면 그 사람은 겁이 있다는 것에 치우쳐 있다고 이해하면 되겠습니까?

있을 때도 있고 없을 때도 있어서 "있기도 하고 없기도 하고"가 아니라, 있다고 인식되는 때에도 "있기도 하고 없기도 하고"라는 말이고, 없다고 인식되는 때에도 "있기도 하고 없기도 하고"라는 말입니다!!!

어떤 사람이 "저는 겁이 많은 사람이에요" 하면 그 사람은 겁이 있다는 것에 치우쳐 있다 라는 것이 아니라, "저는 겁이 많은 사람이에요"라는 말은 어떤 경험에 대한 규정/단정이라는 생각일 뿐이고, 그렇게 규정/단정(생각)되는 그 어떤 경험이 "있기도 하고 없기도 하고"라는 말입니다!!!

근데 그건 대상이고 보는 이거는 있기도 하고 없기도 한 것은 아닌 것

같은데…

저는 자명하지 않네요. ㅜㅜ

대상이든 보는 이것이든 다 "있기도 하고 없기도 하고"라는 말입니다!!!

있다 없다도 단어일 뿐이라고 이해하면 되나요?
그래서 있다 해도 없다 해도 다 맞는 것이 아닐까요?

물론 있다도 없다도 다 어떤 경험(보임, 들림, 맡아짐, 느껴짐, 알아짐)
에 대한 표현(말)일 뿐이지만, 그래서 있다해도 없다해도 다 맞는 것이
아니라, 그 어떤 경험에 대한 관념이 아닌 실상을 모르면 어떻게 말해
도 다 틀리게 됩니다!!!

17.

일심에 대한 ㅇㅇㅇ선생의 정의가 잘못되었다는 것 또한 거사님의 생각 아닌가요?

거사님의 한 개의 마음에 대한 정의가 거사님의 편협한 판단이라는 생각 또한 지금의 제 생각이고요.

마음이 몇 개나 되나요?

법성게에 하나가 전체요 전체가 하나라는 말이 맞다면 한 개의 마음의 묘용이 전체라는 말로 한 개의 마음뿐이라는 해석이 가능하지 않을까요?

님이 우보거사에게 묻는 그대로 우보거사가 님에게 묻습니다.

마음이 몇 개나 되나요?

항상하는 하나의 마음을 경험적으로 확인해 보셨나요? 아님 그럴거라고 짐작하시나요?

법성게의 구절로 근거를 삼으니, 그럼 아비담마나 유식론에서 말하는 마음을 아시나요?

아비담마나 유식론에서 말하는 그 마음과 ㅇㅇㅇ선생의 그 마음은 다른 마음을 말하고 있나요?

테라와다 불교의 아비담마나 대승불교의 유식론의 어디에서 항상하는 또는 하나의 마음이라는 게 나오나요?

도대체 그러한 하나의 마음이라는 게 ㅇㅇㅇ선생의 그 책 말고 다른 경전적 출처가 있나요?

님은 자신의 분명한 경험적 이해나 아님 신뢰할 만한 경전적 출처가 있다고 분명히 말씀하실 수 있나요?

그리고 법성게의 "하나가 전체요 전체가 하나라는 말이 맞다면"이라고 하셨는데, 스스로 확실하지 못하신 모양이지요?

스스로도 확실하지 못하면서 "일심에 대한 ㅇㅇㅇ선생의 정의가 잘못되었다는 것 또한 거사님의 생각이고, 거사님의 한 개의 마음에 대한 정의가 거사님의 편협한 판단"이라고 말할 수 있나요?

만약 법성게의 그 구절이 그런 뜻이 아니라면 어떻게 하실겁니까?

우보거사 경험과 부처님 말씀이나 유식론, 심지어 아비담마의 그 어디에서도 법성게의 그 구절이 그렇게 해석될 수 있는 어떠한 근거도 없던데요!!!

님 스스로의 경험으로 분명하지 않다면, 남(우보거사)의 말이 맞니 틀리니 하는 것보다, 어떻게 해야 스스로 분명해질 수 있는지에 관심을 둬야 되지 않겠습니까?

"정의"니 "제 생각"이니 "맞다면"이니 "해석이 가능하지 않을까요?"와 같은 관념적 이해를 바탕으로 하는 해석이나 규정이나 단정하지 마시고요!!!

제발 수행하신다면서 관념(생각)놀음만 하지 마시고, 부처님이 말씀하신 중도(수행)를 다시한번 점검하셔서 실제로 실천해 보십시오!!!

그리하여 스스로의 깨달음으로 우보거사의 잘잘못을 밝혀 주십시오.

그 날을 기다리겠습니다!!!

옳고 그름을 분별하는 것은 의식이고, 하고 싶다 하기 싫다고 하는 마음의 밑뿌리에 무의식이 있습니다.

마음은 무의식의 영향을 받고 생각은 의식의 영향을 받습니다.

무의식적으로 일어나는 것을 생각으로 통제하기는 거의 불가능합니다.

의식과 무의식이 정신작용이라는 측면에서 어떻게 다른지요?

모두 경험의 소산으로 다름이 없지요!!!

그런데 님은 의식은 〈내가 함〉이고 무의식은 〈내가 함이 아니라〉는 착각(관념)에 빠져 있습니다.

의식이든 무의식이든 경험에 대한 분별의 이름일 뿐으로, 통제의 문제가 아니라, 분별없는 경험상태(깨어있음)의 점검으로 의식과 무의식으로부터 자유됨이 중요합니다!!!

19.

불가나 선가에서는 모든 불화의 원인을 욕망(갈애)에 두어 버려야 할 대상으로 두고 있다.

이것이 에고며 탕아다.

인간문명이 여기까지 온 것은 양날의 욕망 때문이다.

욕망이 지나쳐 집착이 되고 자신을 해치지만, 바로 그 욕망 때문에 모든 것이 발전하는 것이다.

초가집에서 아파트로 우마에서 자동차로 무성 영화에서 3D 영화로…

단추하나로 한 나라를 날려 버리기도 하며 달 나라도 간다.

현 상황에서 지금의 처지를 바라보고만 있을 것이 아니고, 상대를 배려하고 환경을 유지. 개선 및 보완해 앞날을 추구하고, 보다 더 적극적으로 풍요로운 삶을 위해 노력해야 한다.

양질의 삶은 그냥 오는 것이 아니다.

우리가 도를 행하는 것도 잘 살다 가기 위한 도구일 뿐이다.

인정하고 보듬어주고 끌어주며 같이 가야 한다.

있는 그대로 바라만 보는 것은 마음공부 할 때나 필요한 것이다.

있는 그대로에 깨어있는 것은 마음공부할 때만 필요한 게 아니다!!!

마음공부와 세상살이가 별개가 아니다.

마음공부든 세상살이든 삶의 제대로의 맛대로 느끼며 살려면 있는 그대로에 깨어있음이어야 한다!!!

인간문명이라고 하는 것도 물질과 정신 작용의 현상일 뿐이다!!!

욕망이라는 것은 의도적으로 일으키는 무엇인가가 아니라 자연의 이치대로 일어나는 현상일 뿐이다.

발전이라는 것도 물질과 정신의 연기적 작용의 현상에 대한 관념일 뿐이다.

그리고 발전이 인간을 행복하게 하는 것이라고 단정할 수도 없다.

욕망이 없어도 세상사는 자연의 이치에 따라 될대로 되는 것이다.

그러할 때 문명의 발전여부와 상관없이 괴로움 없는 삶이 된다!!!

문명의 발전이 인류의 꿈인가? 괴로움 없는 자유의 삶이 인류의 꿈인가?

20.

'얼음이 없으므로 깨달음이 없는 것이 아니라, 얻었다는 상이 없는 것이므로 깨달았다는 상이 없는 것' 이라면 있다 없다라는 것도 상에 대한 집착은 아닐까요?

그렇습니다!!!
그렇다면 상(관념)이 아닌 그러함을 아세요? 그 느낌 아세요?

우보거사님의 느낌과 저의 느낌이 같은 것인가요?

같은 느낌도 있고 다른 느낌도 있습니다.
'나'라는 관념이 끼이지 않는 느낌은 같고 '나'라는 관념이 끼인 느낌은 다릅니다!!!
그러나 느낌이 같든 다르든 그러한 느낌작용의 이치(연기, 법)은 같습니다.
"같다 다르다"도 '있다 없다'와 같은 이치로서 "같다와 다르다"가 또한 다르지 않으며 같지도 않지요!!!

시공간은 같은 느낌인가요? 다른 느낌인가요?

다른 느낌입니다!!!

시공간은 관념이니까요. 관념은 제 각각 다르고 실상은 모두 같지요.

관념의 느낌은 제 각각 다르고 실상의 느낌은 모두 같지요!!!

느낌작용의 이치는 시공간에서 일어나는 현상이 아닌가요?

"시공간이라는 현상의 실상"에서 일어나는 '느낌작용이라는 실상'이
지요.

"시공간이라는 현상" 속에서 일어나는 '느낌작용이라는 관념'이 아니
고요!!!

'시공간이라는 관념의 실상'과 '느낌작용의 실상'간에 본말이 있나요?

"본말"이라는 것도 관념일 뿐입니다!!!

생각하시는 그러한 "본말"은 없습니다.

그러함이 그러함일 뿐입니다!!!

모든 관념(상)을 여의면 실상을 느낄 수 있다는 말씀이신가요?

그때 저의 느낌은 거사님의 느낌과 같은 것인가요?

관념이 없어야 된다는 것이 아닙니다!!!

관념 또한 자연의 이치로서 일어날 뿐이지 일으키는 것이 아닙니다.

깨달음과 자유

그러니 여의려고 해도 여의질 수가 없지요.

'나'라는 것이 착각(관념)인 줄 알면 관념이 있든 없든 그냥 그대로 실상일 뿐입니다!!!

'나'라는 관념이 없으면 "님도 우보거사"도 없는데 느낌이 같다 다르다가 무슨 의미가 있지요?

그런 말 자체가 무의미해지는 거지요.

그때 느낌은 그냥 느낌일 뿐이지요!!!

사사무애 법계는 개체와 개체가 자재 융섭하는 현상계로서, 늘 그렇게 있는 세계로서, 이해나 검증의 문제가 아니라 직접적이고 구체적인 체험을 통해 현실화해야 하는 세계이다.

그런 사사무애 법계의 현실화된 체험과 거사님의 깨어있는 삶은 무엇이 같고 무엇이 다른지요?

"이해나 검증"은 관념(속제)을 말함이고, "체험을 통한 현실화"가 실상(진제, 실제) 경험상태를 말함인 듯합니다.

우보거사의 "깨어있는 삶"은 바로 실상(진제, 실제) 경험상태를 말함이니 다른 말이 아닌 듯합니다!!!

깨달음과 자유에 이르는 유일한 길 깨어있음 - 문답편

21.

아기 똥과 어른 똥은 냄새의 차원이 다른데, 다른 것을 다르다고 하는 것도 분별심인가요?

아기 똥과 어른 똥은 "냄새의 차원"이 어떻게 다릅니까?

아기 똥은 냄새가 향기(?)롭고 크게 역하지 않지만, 어른 똥은 독한 성분이 포함되었는지 가끔 숨쉬기가 힘들 정도로 역합니다.
아마 먹는 음식이나 건강 상태도 영향을 미치는 것 같습니다.
그냥 직감적으로 냄새가 다르지요.

어른 똥도 냄새가 나지 않고 색깔도 황금색으로 보기도 좋은 경우도 있지요.
아기 똥은 그렇게 더럽지 않고 어른 똥은 냄새가 역하고 더럽다는 것은 관념(분별)에 얽매임이지요!!!
직감적으로 냄새가 다르다는 것은 고정관념에 얽매여 있다는 증거입니다.
고정관념에 얽매여 있지 않다면 아기 똥과 어른 똥에 따라 직감적으로 냄새가 다른 것이 아니라, 먹는 음식이나 건강 상태에 따라 냄새나 색깔이 달라지는 똥이라는 현상으로 아기 똥과 어른 똥으로 확정되어 분별될 수 없으니, '다르다고 하는 것은 분별심'이라고 말할 수 있지 않나요?

그리고 분별심은 나쁜 것도 없어야 되는 것도 아닙니다.
단지 분별심에 얽매임(분별된다는 착각)이 문제지요.
분별심은 일어날 원인과 조건이 되면 저절로 일어나는 경험현상이지요.
그러니 분별심이니 아니니, 분별심이 있니 없니 하는 분별이 중요한 것
이 아니라, 분별심이든 무엇이든 그냥 알아지는 그대로인 경험상태인
깨어있음이 중요하고, 그러한 깨어있음이면 그냥 그대로 편안하고 아
무 문제도 없게 됩니다!!!

관념(분별)과 사물(구별)을 나누는 것이 분별인지 구별인지?

분별이나 구별이나 생각이고 말일 뿐이지요!!!
어떤 의미로 사용되느냐에 따라 다를 뿐이지요.
같은 의미로 사용하면 같은 말일거고 다른 의미로 사용하면 다른 말이
될 뿐이지요.
중요한 것은 옳으냐 그르냐 하는 관념적 판단의 기준에 얽매임이 있느
냐 없느냐 하는 것이며, 더욱 중요한 것은 실상을 실상으로 관념을 관
념으로 아느냐 하는 것입니다!!!

깨달음과 자유에 이르는 유일한 길 깨어있음 - 문답편

22.

'내용에 대한 이해가 아니라 작용에 대한 이해'는 지금 삶이 분별심으로 일어난 물거품 같은 허망한 꿈이라는 것을 알라는 것인가요?
아니면 삶의 괴로움의 원인인 관념에서 벗어나라는 것인가요?
작용의 이해는 진통제인가요 치료제인가요?

보이고 들리고 맡아지고 느껴지고 알아지는 내용은 관념이라는 말입니다.
관념은 실상을 드러내는 것이지만 실상 그대로는 아닙니다.
작용은 실상 그대로를 말합니다.
관념은 물거품 같고 꿈 같다고 표현할 수 있습니다.
그러한 관념을 실상(실제)이라고 착각하기 때문에 삶이 괴롭게 됩니다.
그러니 관념이 아닌 실상에 깨어있으면, 관념은 관념일 뿐이니 삶이 괴롭지 않게 되고, 보이고 들리고 맡아지고 느껴지고 알아지는 이치(연기)가 저절로 분명히 알아지니,
그러니 작용의 이해(깨달음)는 진통제인 동시에 치료제이지요!!!

23.

나라는 관념이 없으면 물질로부터 너무 가난해지고 게을러지고, 만사 태평 같은 삶이 될 것 같은데요…

'나'라는 관념이 없으면, 물질은 필요한 만큼 생기게 되고, 더 이상의 필 요를 못 느끼니까 진정한 부자가 되고, 삶은 무위자연의 무사안일 또는 만사태평이 되어, 더 이상 바랄게 없는 진정한 행복의 삶이 됩니다!!!
그러면 되지 않나요?
님은 무엇이 더 필요한가요?

24.

우보거사의 공부법 하나만큼은 1000% 동의합니다만, 나만 생각하면 오늘 하루에, 지금 이 순간에 충실하게 몰입하면 되는데, 조직의 일원으로 목표에 따른 달성 계획이 설정되고, 그 계획 따라 목표를 달성하려는 노력을 하지 않으면 안되는 상황이 어렵습니다.

계획이 없어야 된다는 말이 아니고, 계획은 세울 때의 계획일 뿐이니, 그 계획에 얽매여 일의 성사를 그르치거나 불편하게 되지 말라는 말일 뿐입니다!!!

일단 목표가 세워지면 그 날의 할 일이 미리 결정되고, 마음이 결과에 끄달려 그냥 마음가는 대로 두지 못하고, 의도된 행동을 하지 않을 수 없어 선택의 여지가 좁아집니다.
어떻게 계획을 세울때 뿐이라고 얽매이지 않을 수 있겠습니까?

일의 성사가 중요합니까? 계획의 고수가 중요합니까?
일은 상황과 조건에 따라 유기적으로 움직여 가는데 과거의 고정된 계획에 얽매여서야 어떻게 일이 잘되기를 기대할 수 있겠습니까?
상황과 조건 따라 유연하게 대처해 나가야겠지요.
그러한 유연한 대처에는 바로 깨어있음이 필요한 것이고요!!!

항상 넘지 못할 것 같은 인연으로 자연히 넘어가지 못할 것 같은 과제가 눈앞에 제시될 때는 억지로라도 넘어야 하는 가슴이 탁 막히는 상황 앞에서 그래도 유연하게 인연 따라 조건에 따른 결과를 지켜보는 것이 어렵습니다.

그래서 실제 수행이 필요한 것입니다!!!
실제 수행의 경험이 삶의 어떠한 난관이라는 상황에서도 실제 수행 같은 경험으로 되어질 수 있게 됩니다.
또 실제 수행을 통하여 자연의 이치가 알아지면 어떠한 복잡한 상황도 단순명쾌해집니다.
그리고 그냥 그대로 삶이 편해집니다!!!

빨리 공부하고 마음 편하게 엄마 앞에서 게임하고 싶은데, 엄마가 하라는 공부의 양이 내 실력으로 하려면 잠자기 전까지 도저히 게임 할 시간이 남지 않을 것 같아 공부를 다하지 않은 상태에서 게임을 하게 됩니다.
그래서 불안합니다.

실제로 공부하는 사람에겐 그런 문제(딜레마)가 일어나지 않습니다.
그런 문제는 실제로 해보지 않고 생각만 굴리고 있는 사람만의 문제일 뿐입니다.
실제로 공부해보면 그런 상황은 저절로 문제가 아니게 됩니다.

생각만 굴리지 마시고 일단 무조건 실제로 공부해 보세요.
그러면 스스로 알게 될 것입니다!!!

25.

신의 존재여부가 많은 이들의 관심사인데, 거사님께 신이란 어떤 것을 의미하는지요?

신이란 물질적 정신적 작용을 조절하거나 주관하는 어떤 초월적 존재를 의미하는 관념입니다.

그러한 의미의 존재는 실제 경험으로 확인되지 않습니다.

물질적 정신적 현상중 이해되지 않는 어떤 현상들을 신 또는 신의 행위라고 생각하는 것이지요.

또는 생각으로 물질적 정신적 현상들의 원인 또는 이치를 신이라 규정하는 것이지요.

중생들의 신이란 그러한 모름으로 규정(착각)된 생각이지요!!!

신이란 실무유법의 연기작용일 뿐이라는 말씀이시지요?

말씀하신 실무유법이 무슨 의미인 줄은 모르겠으나, 인간을 포함한 우주만물만상은 중중무진 연기작용들의 현상이니, 중생들이 이름하는 신도 인간과 마찬가지로 연기작용들의 현상일 뿐이겠지요!!!

그렇다면 숙명론이니 운명론이니 하는 것도 관념일 뿐이고 인연에 의

하여 얼마든지 삶의 결과는 달라질 수 있다는 말씀인가요?

그리고 그 결과로 이끄는 핵심은 앎이란 말씀이시죠?

그렇습니다!!!

숙명론이나 운명론은 좋은 표현이 아닙니다.

어떤 원인(업)은 반드시 드러나야 소멸되지만, 드러나는 결과는 미리 결정되어 있지 않습니다.

드러날 때의 조건에 따라 결과는 유동적입니다!!!

결과를 이끄는 핵심 조건이 앎이라는 것은 아니고, 그러한 앎 때문에 결과가 유동적이라는 것도 아니고,

드러나는 결과에 대하여 '깨어있음[앎이라는 경험상태, '나'라는 관념에 얽매임(착각)이 없는 앎상태, 분별에 의한 욕심이나 화가 없는 경험상태]'이면, 그 결과가 괴로움이라는 경험상태로 되지 않으니,

깨어있음이 있으면 결과를 두려워할 필요 없이, 지금 여기에 두려움 없이 충실할 수 있게 되기에,

깨어있음이라는 앎의 상태가 괴로움 없는 결과로 이끄는 핵심 조건이란 말입니다!!!

26.

역사를 통해 교훈을 얻는다는 것도 부질없음이고, 불행한 역사도 그럴 수밖에 없는 인연 조건의 작용일 뿐이라는 이해가 이치에 맞는가요? 어찌보면 삶의 태도가 너무 수동적인 느낌이 듭니다.

역사니 불행이니 하는 것은 관념(견해)입니다.
가해자는 가해자라는 그 관념으로 괴롭게 되고, 피해자는 피해자라는 그 관념으로 괴롭게 됩니다.
실상에는 가해자도 피해자도 없습니다.
관념에 얽매이지 않고 깨어있으면 가해나 피해를 넘어 마음의 평화와 지금 여기의 삶의 생생함과 활력을 느끼게 되어, 수동적이라는 무기력함과는 다르다는 것을 알게 됩니다!!!

피해자도 가해자도 없고 역사도 불행도 관념이라면 '중생이 아프면 부처도 아프다'란 말은 무엇인가요?

부처는 자연의 이치(실상, 연기작용)를 몰라 관념에 얽매이고 욕심과 화에 휩쓸려 괴로워(아파) 하는 사람(중생)이 보이면 연민의 마음상태가 되는데,
그 연민의 마음상태가 안타까움과 답답함과 같은 마음상태로서 "부처

깨달음과 자유에 이르는 유일한 길 깨어있음 - 문답편

도 아프다"라고 표현될 수 있는 그런 경험상태입니다!!!

'나와 남이 둘이 아니다'라는 것이 어떤 의미인가요?
연민의 마음을 말하는 것인가요?

'나'나 '남'이라는 분별은 사람의 실상을 몰라 존재라는 관념에 얽매인
결과입니다.
실상에는 '나'나 '남'이라고 분별할 수 없는 상태입니다.
그래서 '나'와 '남'은 둘이 아니라고 말하는 것입니다!!!
그렇다고 '나'와 '남'은 하나라는 말도 아니고, '나'와 '남'이 존재로 있다
는 말도 아닙니다!!!

실상을 모른다는 것은 둘이 아님을 모른다는 것이고, 둘이 아님을 모르
면 경쟁, 긴장, 대립 등이 초래되어 불편함(괴로움)이 일어나게 되는데,
그러함에 대한 측은함(연민)입니다!!!

27.

자명함이란 예를 들어 지금 지구 속은 어떤 상태일까? 저는 모릅니다. 모른다는 것이 자명하게 알아집니다.

그러면 자명한 것이 아닐까요?

거사님의 법문을 동영상을 통해 듣고 있으면 거사님의 목소리가 들립니다. 들림이 자명하게 알아집니다.

그러면 자명한 것이 아닐까요?

어제 저녁에 있었던 모임에서 뭐 실수한 것은 없는 것인가 생각해봅니다. 생각하고 있는 내 모습이 알아집니다.

그러면 자명한 것이 아닐까요?

자명함은 그런 자명함이 아니라, 그냥 자명이라 이름될 수 있는 그대로의 경험을 말합니다!!!

어떤 생각이나 작용이나 현상이나 제가 인식되고 있음이 알아질 때 저는 깨어있다고 할 수 있고 자명하다고 할 수 있지 않을까요?

그런데 치과 의사가 환자의 치아를 들여다보면서 이리저리 살필 때, 또는 고속도로에서 정신을 바짝 차리고 운전할 때, 군인이 수색임무를 수행중일 때, 학생이 수학문제를 열심히 풀고 있을 때, 이런 경우들은 깨어있다고도 안 깨어있다고도 할 수가 없을 것 같은데요?

깨달음과 자유에 이르는 유일한 길 깨어있음 - 문답편

어떻게 정리해야 하는지요?

보이는 모습으로는 결코 알 수 없고, 오직 스스로 분명할 뿐이지요.
자명함은 생각 정리의 문제가 아니라, 자명이냐 그렇지 않느냐의 경험
의 문제입니다!!!

우물 안 개구리도 그 안에서는 자신이 자명하다고 느끼지 않을까요?
이심전심의 경지가 아니라면 항상 부족하다는 자세가 바른길 아닌가
하는 느낌입니다.
거사님께는 '생각'이라는 용어는 쓰지 않기로 했습니다.

자명하다고 생각하면 시시때때로 불편과 의심이 일어나게 되어 자명
하지 않음을 알게 되고, 진정 자명하다면 불편과 의심이 일어나지 않을
테니 자명하고 말고가 없게 될 것입니다!!!
항상 부족하다는 자세는 부족하다는 생각 속에 사는 것이니 편해지지도
않고 자연의 이치가 알아지는 통찰(깨달음)도 일어나지 않게 됩니다.
생각이라는 용어를 쓰고 안 쓰는 것과 생각 속에 또는 생각으로 살고
살지 않는 것은 별개의 문제입니다.
안 쓰겠다는 그것이 바로 생각이고 유위행이니 역시 삶이 편해지지도
통찰(깨달음)이 일어나지도 않게 될 뿐입니다!!!

본인이 자명하게 느낀다면 자명하겠지요.

깨달음과 자유

그런데 그 자명함이 보편적 자명함인지 개인적 자명함인지를 본인이 느낌이 아닌 확연부동의 자리인지 아는 것이 논리적으로 가능 할까요?
3차원의 인간이 4차원을 자명하다고 할 수 없는 것과 같은…
석가모니 부처님도 스스로 자명함은 연기작용에 한정된 것으로 이해하시지 않았을까요?

님의 말은 스스로 분명하지 않다는 것이지요?
그러니 오직 깨어있음일 뿐이어야 되지 않겠어요?
제발 생각놀음을 멈추고 깨어있음의 점검으로 스스로 분명하게 되시기를!!!

28.

시간에 대해 본다면 과거나 미래는 없고 오직 현재만 있음이라는 의미로는 공감이 됩니다만, 속도=거리/시간 같은 물리 과학에 있어서의 속도, 거리, 시간마저 실상이 아니라 관념일 뿐이다 인지요?
관념과 실상, 어렵습니다.

시간이나 거리나 모두 기준점과 대상점이 특정된다는 전제를 두고 있습니다.

그런데 실상이라는 실제 경험에는 기준점이나 대상점이 특정될 수 없습니다.

경험 실제는 조건생멸이고 찰라생멸이기에 어떤 위치나 시점이 특정될 수 없기 때문입니다.

그래서 시간이나 거리는 어떤 확정된 조건을 전제로 합니다.

그래서 시간이나 거리는 관념이고, 관념을 기반으로 하는 속도 또한 관념입니다.

그래서 인식되는 시간이나 거리는 일정치 않고 상황에 따라 제 각각이게 됩니다.

현대 물리학 또한 실상을 온전히 규명하지 못하고 있지만, 현재까지 알려진 현대 물리학이라는 이해만으로도 시간과 거리가 관념임에 이론이 없을 겁니다!!!

깨달음과 자유

29.

[고집멸도(苦集滅道)는 집과 고라는 연기하는 항목과 도와 멸이라는 연기(緣起)하는 항목을 합하여 나란히 늘어놨다] 라고 하는데 반야심경의 無苦集滅道(고집멸도가 없다)는 무슨 의미인가요?

"고"는 관념(생각내용대로 실제로 경험된다는 착각된 생각)으로 살 때만 "고"로 인식됩니다.

관념으로 살지 않는 깨어있음이라는 경험상태에서는 "고"는 "고"가 아닌 그냥 "이러저러한 느낌"이라 불릴 수 있는 자연(연기)작용의 현상일 뿐입니다.

"집멸도"도 마찬가집니다.

즉, 실제 경험사실인 실상(공)에서는 "고집멸도"라는 실재가 없고 "고집멸도"라 이름하는 경험현상이 있을 뿐입니다.

그래서 반야심경에 그렇게 표현된 것입니다!!!

연기란 시간 개념을 전제로 성립될 수 있는 것으로 아는데, 공중에도 시간 개념이 성립된다는 말씀이신가요?

연기란 연기(連起)가 아니라 연기(緣起)입니다!!!

연기는 시간 개념을 전제로 하지 않습니다!!!

유전연기 환멸연기도 시간 개념을 전제로 하지 않는다는 말씀이신가요?

유전연기니 환멸연기니 하는 것은 설명을 위한 관념이어서 시간개념이 반영되어 있는 듯하지만, 어떠한 연기든 연기라 이름하는 것의 실상에는 시간개념이 전제될 여지가 없습니다!!!

그렇다면 우주만물만상이라는 자연작용과 현상에서의 '연기'와 '작용'도 단지 설명을 위한 관념일 뿐이라는 말씀인가요?

연기니 작용이니 하는 말은 관념으로서 달을 가리키는 손가락이며, 그러한 말들로 밝히고자하는 경험사실(달)이 실상입니다!!!

작용과 실상의 느낌이 애매합니다.
시간 작용 연기 모두가 실상이 아닌 관념이라 하십니다.
그렇다면 무고집멸도 무연기작용이 실상이란 말씀이신가요?

시간 작용 연기라는 말(이름)은 관념이지만 그러한 말로 표현되는 실제 경험인 사실까지 관념이라는 것은 아닙니다.
고집멸도로 표현해도 되고 무고집멸도로 표현될 수도 있는, 바로 그 경험 실제를 바로 실상이라 합니다!!!

실상이 경험 실제? 자명하지 않은 것 같습니다.

언어적 표현이 자명하지 못한 것인가요?

아니면 실상이 인간의 인식으로 헤아릴 수 없어서 자명하지 못한 것인가요?

언어적 표현도 자명일 수 없고, 인식으로 헤아릴 수 있는 것도 아닙니다. 오직 깨어있음에서 스스로 분명(자명) 해질 뿐입니다!!!

30.

생각 없이 연기작용이란 그림이 그려졌을까요?

단지 생각 없는 앎만으로. 그런 앎에서는 연.기.작.용의 ㅇ자도 붙지 못했을 텐데요.

그런 앎에서 연기작용이란 군더더기가 붙은 것이 아이러니합니다.

앎과 연기 어느 것이 궁극적인가요?

연기작용은 군더더기가 아니라 사람을 포함한 삼라만상의 작용이치입니다.

생각이나 앎은 연기작용의 어느 작용의 현상에 대한 이름일 뿐입니다.

사람을 포함한 삼라만상에 인식되는 현상 외에 궁극이란 따로 있는 것이 아닙니다!!!

연기작용이 블랙홀 빅뱅에서 유래된 시공간 관계의 한 측면일 수도 있고 또한 깨어있음이 각 개인의 주관적인 인식 경험일 수도 있다는 것을 완전히 부정할 정도로 자명한 절대 진리가 연기작용이라 어떻게 단언할 수 있나요?

생각이나 판단으로 단언하는 게 아니라, 실제 경험으로 누구나 스스로 분명하게 됩니다!!!

관념과 실상. 현상세계와 절대세계. 연기작용은 현상세계의 법칙에 한정된 것인가요? 아니면 실상의 절대진리인가요?

연기작용이라 이름하는 정신적 물질적 작용들의 이치는 실상의 이치인 동시에 현상의 이치지요.
왜냐하면 실상과 현상은 둘이 아니니까요!!!

깨달음과 자유에 이르는 유일한 길 깨어있음 - 문답편

31.

말로 설명할 수 없는 이율배반적인 깨어있음의 자각을 말로 표현할 수 없어서, 현상세계에서 이해할 수 있는 '참나'란 개념을 선사들이 방편으로 이용하는 것 아닌가요?

"있는 것을 없다고 할지언정 없는 것을 있다고 하지 마라"라는 고인의 말이 생각납니다.
아무리 방편이라도 "참나"라는 말은 "없는 것을 있다고 하는 경우" 같습니다!!!

태풍이 온다 함은 무엇이 있어 온다 하겠습니까?
있다 없다 할 것 없는 중중무진 아니겠습니까?
그러니 '무'자 아닌가요?

그러니 "무"가 "무"가 아니지요!!!

그러니 당연히 '무'자는 버려야 하지요.
하지만 강을 건너기도 전에 뗏목(방편)을 버리라 하심은 강을 건너신 분이 맞은 편에 대한 자비가 아닌 듯 보입니다.

"강을 건넌다"라는 말에 속지 마십시오.

차안이 피안이고, 피안이 바로 차안입니다.

피안이 따로 있다는 생각에서 자유로우면 그냥 그대로 피안입니다.

뗏목(방편)은 그러함을 일깨우는 가르침입니다.

"무"를 바르게 아는 것이 바로 강을 건너는 것입니다.

그래서 "무"를 알려 주는 것인데 웬 자비심 타령입니까?

"무"를 바로 알려주는 것(강을 건네주는 것)이 자비심이 아니면 뭐가 자비심입니까?

32

어떤 스님이 동산스님에게 물었다.
"추위와 더위가 다가오는데 어떻게 피하시렵니까?"
동산스님이 답하였다.
"추위와 더위가 없는 곳으로 가면 되지."

거사님은 동산스님과 달리, 왜 추위와 더위가 없는 곳으로 가라 하지
않으시고, 피하는 법을 말로 알려주시는지요?

그렇다면 묻겠습니다.
"추위와 더위가 없는 곳이 없다면 어디로 가시겠습니까?"

전제가 허물어지면 사상누각인데. 공연히 생각을 일으키시는 것 아닌
가요?
있다 없다에도 있지 않다 없지 않다에도 머물지 말라고 들었습니다.

그렇다면 님은 왜 "거사님은 동산스님과 달리, 왜 추위와 더위가 없는
곳으로 가라 하지 않으시고, 피하는 법을 말로 알려주시는지요?"라고
하시는지요?

33.

부처님 말씀(경전) 중에 '무아'란 말의 출처가 어디 있나요?

저는 경전에 대해 잘 모르니 경전에 밝으신 분께 질문하시면 자세한 답변 받으실 수 있을 겁니다.

'무아'는 거사님 법문의 토대인데 '모른다' 하신다면 법문은 사상누각 아닌가요?.
아니라면 '무아'도 부처님 말씀이 아니라 거사님만의 깨달음인가요?
부처님도 '무아'는 다른 사람에게 물어보라 하셨나요? 무아를 글로 보시나요?

생각에 빠져 글속에서 길을 잃지 마시고, 우보거사 답변과 님의 질문을 잘 살펴보십시오.
님은 "무아"의 경전 출처를 물으셨지 "무아"가 무엇인지를 묻지 않았습니다.
우보거사는 "무아"는 알지만 "무아"의 경전 출처는 잘 모른다고 했습니다.
경전 출처를 아는 것이 "무아"를 아는 것입니까?
그래서 그러한 방면의 전문가에게 물으라 조언해 드렸더니 감사는커녕 오히려 화를 내시는군요???!!!

깨달음과 자유에 이르는 유일한 길 깨어있음 - 문답편

죄송합니다.
그렇다면 '무아'가 무엇인가요? 거사님.

듣고 보고 맛보고 냄새 맡고 느끼고 알고 생각하고 말하고 행동하는 주체(실체 또는 '나')는 없으며, 그러한 모든 작용은 인연으로 일어나는 연기작용일 뿐입니다.
그러함을 이름하여 "무아"라 합니다!!!

이 말씀과 '무상한 것은 내 것이 아니고 내 자아가 아니다'라는 말과 같은 것인가요?

같은 말이라기보다는 같은 이해의 말이지요!!!

같은 말과 같은 이해의 차이가 무엇인가요?
제가 인용한 것은 부처님 말씀(경전)을 옮긴 것인데요.

부처님은 한글을 모르셨을 테니, 아니 그때는 한글이 없었으니, 그렇게 말씀하셨는지 분명하지 않지 않나요?
또 번역이 잘못되었을 수도 있고, 들은 사람이 잘못 들었을 수도 있고… 그러니 부처님 말씀 그대로라고 확신하기 어렵네요.
아무튼 "무아"에 대한 분명한 앎(깨달음)에 의한 말인 것만은 분명하니 그렇게 말씀드린 것입니다!!!

그렇다면 부처님 경전의 원문에 뭐라고 하셨는지 확인해 보셨는지요? 아니면 경전의 말씀과 상관없이 거사님의 독창적인 깨달음만이 의미가 있다는 말씀이신가요?

우보거사에 대한 그러한 사실이 님에게 무슨 의미가 있겠습니까?
그러니 님 스스로 그러함을 확인해 보십시오.
님이 스스로 분명하다면 남이 그러한 지에 대해 관심이 일어나지 않을 것입니다.
그래야 이러한 대화의 근본 원인이 해소되게 됩니다!!!

부처님 경전에 '무상한 것은 내 것이 아니고 내가 아니며 나의 자아가 아니다'라는 말은 보았어도 내(실체 또는 나)가 '없다'라는 말씀은 찾아 볼 수가 없어서, 내가 '없다'가 법문의 토대인 거사님께 묻는 것입니다.

그러니까 부처님 경전에 그러한("무아"에 대한) 말씀이 있는지 없는지는 그 방면의 전문가에게 먼저 물어 보십시오.
그런 다음에 다시 대화하지요.

저의 최대 궁금은 '내가 아니다'와 '내가 없다' 어느 것이 진실인지 알고 싶은 것입니다. 이 전제가 허물어지면 사상누각이 되는데 어떻게 그냥 덮고 가라고 하시는지요?

우주만물만상에 무상하지 않고 항상한 것이 없으니 우주만물만상 모두가 무상한 것이고, 그러니 "무상한 것은 내가 아니고 내 것도 아니고 나의 자아도 아니다"는 "무상하지 않는 나라는 것은 없다"와 다른 말이 아니지요!!!

그러니 그 두 말은 같은 이해에서 나온 말입니다!!!

거사님의 연기작용의 근거인 무아, 무아의 근거인 무상을 토대로 법문하시면서 뿌리로 인용하는 부처님 경전의 말씀에 대해서 모호하게 말씀하시는 것도 연기작용인가요?
그만하라면 더 묻지 않겠습니다.

우보거사가 곳곳에서 무상, 무아를 말하고 있기는 합니다만, 경전을 근거로 하지 않고 누구나 경험할 수 있는 경험으로 말하고 있음을 고정관념에 얽매이지 않고 그냥 들리는 그대로 들어 보시면 아실 것입니다.
그러니 우보거사 말에 관심이 있으시면 경전보다 님의 경험으로 새겨 보시기 바랍니다.
그러면 스스로 분명하시게 될 겁니다.
그러면 말꼬리를 잡는 이러한 대화는 불필요하게 될 겁니다.
생각으로 하는 이러한 대화를 통해서는 결코 님의 의문이 사라지지 않을 것입니다.
오직 깨어있음(중도)이라 이름하는 경험상태를 통하여 스스로 분명해져야 근본적으로 해소되게 될 겁니다.

깨달음과 자유

우보거사는 계속 그 점을 말씀해드리고 있을 뿐입니다!!!

34.

불교 선에서 불립문자라는 말이 있는데, 왜 이론에 집착해야 하는 건지요?

말이나 글(이론)이 없어도 삶의 경험을 통하여 스스로 터득되는 경우도 있고, 말이나 글이 있어야 터득되는 경우도 있고, 말이나 글이 있어도 터득치 못하는 경우도 있습니다.

그러니 모든 사람이 다 이론에 집착하는 것은 아닙니다.

그리고 이론을 통해서만 자연의 이치(법, 실상)를 터득하게 되는 것도 아닙니다.

이론(교학)이란 삶의 경험을 통하여 자연의 이치를 터득한 사람의 경험담이거나, 그 경험담을 기록한 것이거나, 그 경험담이나 그 기록에 대한 전달이나 해석에 불과합니다.

그러니 말과 글로 된 이론에 집착할 이유가 없습니다만, 말이나 글이 없으면 알아듣지 못하거나 바르지 못한 각자의 이해에 매여있는 사람들을 위한 자비심으로, 부처님의 4부 니까야나 8만4천 법문 같은 말과 글로 된 이론이 있게 된 거지요!!!

35.

어떤 법사가 우리의 의식은 절대로 잠들지 않고 항상 깨어있다고 말했는데요.

예를 들어 잠을 잘 때도 의식이 깨어 있기 때문에 나중에 우리가 꿈을 꿨음을 알 수 있다고 말하더라고요.

꿈을 꾸는 주체가 그 의식이라고 하더군요.

꿈을 꾸는 상태도 깨어있음 상태라고 말할 수 있는지요?

절대 잠들지 않고 항상 깨어있는 우리 의식이라는 것이 있다는 것을 어떻게 알 수 있습니까?

만약 그런 의식이 있다면 경험으로 확인되겠지요?

만약 경험으로 확인되지 않는다면 그런 의식이 있다고 할 수 없겠지요?

누구나의 경험은, 소리가 일어나야 들림이라는 경험이 있듯이 조건생멸이고, 두 번 다시 똑같은 내용이 경험되지 않듯이 찰나생멸이어서, 누구나의 경험도 무상하고 실재가 아닌 무아이고, 누구나의 경험으로 확인되는 대상들도 무상이고 무아일 수밖에 없습니다!!!

그러니 "절대 잠들지 않고 항상 깨어있는 의식"이라는 것이 있다고 할 수 없지요!!!

그러니 그 어떤 법사의 그런 말은 사실이라고 할 수 없으니, 그 말을 전제로 시시비비를 가리려 함은 어리석음일 뿐입니다!!!

깨달음과 자유에 이르는 유일한 길 깨어있음 - 문답편

꿈은 의식이라는 주체가 꾸는 것이 아니라, 조건생멸이고 찰라생멸인 경험 현상이고, 꿈 꿨음의 알아짐은 경험의 연기현상인 기억으로 드러나는 경험일 뿐입니다.

꿈이란 생각과 똑같은 이치로 작용하는 정신작용의 현상입니다.

생각이 있을 때 항상 깨어있음 상태가 아니듯, 꿈의 상태도 항상 깨어있음 상태라 할 수는 없습니다.

그러나 생각이라는 정신작용이 있을 때도 깨어있음 상태일 수 있듯이, 꿈이라는 정신작용이 있을 때도 깨어있음 상태일 수도 있습니다.

그러함은 깨어있음이 이해되고 실감되면 스스로 확인될 것입니다!!!

36.

존재로서 무상은 바르게 이해하는 것이 아니라고 하셨어요.

지금껏 대부분이 어떤 사물의 변화를 보고 무상이라고 표현된 게 많았던 것 같아요.

예를 들면 새것이었던 그릇이 낡아진 형태 같은 거요.

그렇게 되기까지는 어떤 작용이 끊임없이 있었다는 거잖아요.

언젠가 어느 글에서 잎이 변하고 떨어져야 무상한 게 아니라 그러기 이전 잎 자체가 무상한 거라고…

기억이 온전히 나지 않네요.

아무튼 우리가 육안으로 볼 수 있는 것은 겉모습의 변화인데, 어떠한 작용이 일어나고 사라지고 해서 드러난 현상을 무상이라는 것에 포함되는 건지, 아니면 일어나고 사라지는 자체를 무상이라 하는 건지요?

사물을 예를 들어 설명해 주시면 쉬울 듯해요.

나뭇잎이라는 사물을 예로 들어 봅시다.

나뭇잎이 변하고 떨어진다는 현상은, 실제로는 한순간도 멈춤이 없다는 증거고, 한순간도 멈춤이 없다면 찰나생멸이라고 표현될 수 있는 그러함이지요!!!

찰나생멸을 작용이라 이름함이니, 나뭇잎이 변하고 떨어지는 현상은 찰나생멸인 작용들의 연기현상이고, 나뭇잎이라는 사물의 변화가 바로 작용들의 연기현상이고, 찰라생멸이어서 무상하다고 이름함이니, 나뭇잎이라는 사물의 변화에서 무상함을 통찰함이 바로 작용들의 연기의 무상함을 통찰하는 것이지요!!!

37.

인간, 뇌, 세포, 쿼크, 등등 이라는 것이 무엇입니까?

이렇게 물으니 황당하다고 하는 도반들도 있겠지만, 그것은 현상만 알고 실상을 모르기 때문에 그와 같은 반응이 나오는 것이지요.

인간, 뇌, 세포, 쿼크, 등등은 실체(독립적으로 존재하여 특정할 수 있는 것)가 아니라 수많은 작용들의 현상이지요.

그러니까 인간, 뇌, 세포, 쿼크, 등등 간의 작용이 아니라는 얘기입니다.

작용이란 실체 간에서 일어나는 것이 아닙니다.

"이것이 있어서 저것이 있다"는 말에서 이것이나 저것은 실체를 말하는 것이 아닙니다.

"기압차가 있으니 바람이 있게 된다"에서, 기압차라는 것이 실체인가요? 바람이라는 것이 실체인가요?

인간, 뇌, 세포, 쿼크, 등등도 바람과 같은 현상일 뿐인데, 눈에 보이고 안 보이고 따라 미혹(착각)되는 것입니다.

그러함을 무지라 하는 것입니다.

바로 작용이 실체간의 작용이란 착각(오해) 때문에 일어난 혼란일 뿐입니다.

깨어있음으로 스스로 분명하게 될 것입니다!!!

뇌의 작용이나 쿼크의 작용이나 아무리 더 작은 어떤 단위의 작용이라

고 말해도 이해 못하기는 매 한 가지라는 말씀이라는 것으로 알아들었습니다.

그동안 알아진 게 많다고 생각했는데… 아직 작용이라는 말조차도 제대로 이해 못한 듯합니다.

부끄러움이 밀려옵니다… 그나마 무지가 무지인 줄도 몰랐을 때보다는 낫다고 스스로 위안이 되어집니다.

그저 조용히 있음이 자신의 생각에 빠짐이면 무지의 드러냄보다 도움이 되지 않겠지요.

님은 지금 공부를 잘하고 있습니다.

조용히 있는 대부분의 도반들이 자신의 생각에 빠져 관념을 강화시키고 있을 가능성이 훨씬 높습니다.

무지를 드러냄을 통하여 무지가 자각됨이 공부중의 공부입니다.

무지의 자각이야말로 깨달음의 근본 조건입니다.

그러니 또다시 어떻게 하려하는 착각에 빠지지 마시길…!!!

깨달음의 근본 조건이자 필요충분조건은 무지의 자각에 의한 깨어있음입니다!!!

다시 용기를 낼 수 있게 격려해주셔서 감사합니다. 존경하는 거사님_0_

개념으로나마 이렇게 이해하면 될까요?

기압차가 균형과 안정을 향한 어떤 법칙에 의해 바람으로 나타난다고 할 때, 기압차는 작용이고 어떤 법칙은 이치이며 바람은 현상인 것으

로, 어떤 것도 실체는 아닌 것으로 이해하면 될까요 거사님?

기압차는 작용 그대로가 아니라 어떤 작용들에 의해 야기된 현상(앞작용들의 결과인 동시에 바람이라는 작용의 원인)이고, 그러한 현상(원인)이 있으니 공기의 흐름(작용)이 일어나고, 그 공기의 흐름이 바람이라 이름하는 현상(결과인 동시에 바람에 의해 야기되는 다른 작용의 원인)이지요.

여기서 공기의 흐름(작용)과 바람(현상)은 다른 것이 아니라 같은 것이지요.

그래서 작용(공)과 현상(색)은 다르지 않다(공즉시색 색즉시공)고 하는 것입니다.

그렇게 앞작용의 결과이자 뒷작용의 원인-또 결과인 동시에 원인… 그렇게 끝없이 이어지는 작용의 연기(조건발생)를 이름하여 (자연의)이치라고 하는 것입니다.

물론 기압차, 바람, 등등 그렇게 연기작용들과 그 현상들의 어떤 것도 실체라고 할 수 없습니다!!!

38.

거사님께서 카오스 이론에 대한 잘못된 이해를 하고 계시는 것 같습니다.

기본적으로 과학자들도 나뭇잎의 떨어지는 궤적은 나뭇잎의 모양, 표면의 질, 바람이 부는 세기, 떨어지는 높이 등등 '모든 요소'들에 의해 그러한 궤적을 그리며 떨어질 수밖에 없다는 것을 알고 있습니다.

하지만 첫째로 '모든 요소'들이란 것을 알 수가 없고, 둘째로 '모든 요소'를 안다고 해도 그러한 요소들로 궤적을 구하는 공식이 1 대 1로 상응하지 않는 비선형적 결과를 주는 경우가 있기 때문에, 카오스 이론에서 말하는 '도무지 모른다'라는 것은 '예측하는 것이 불가능하다'라는 것입니다.

거사님께서도 이러한 모든 이치가 분명하심에도 불구하고 나뭇잎이 떨어지는 궤적을 예측하시지는 못하실 겁니다.

그 순간순간 그러한 궤적을 그리며 떨어질 수밖에 없음이 분명함에도 우리는 그러한 궤적을 예측할 수가 없다는 것입니다.

좋습니다.

물론 우보거사는 과학적 용어와 이론을 잘 모릅니다.

다만, 그렇다면 카오스란 말은 부적절한 말이지 않나 하는 것입니다.

이치는 분명한데 예측할 수 없어서 카오스라 한다면, 카오스가 아니라 예측능력의 부족 문제겠죠.

그리고 모든 과학이론이 모든 요소를 모두 고려한 것인가요?

또 비선형적 결과, 예를 들면 나비효과나 돌연변이라는 것이 이치 아닌 신비나 기적 같은 비과학적 요소가 작용돼서 그런 것인가요?

예측할 수는 없으나 이치가 분명하다면 카오스(혼돈, 무질서)는 없지요.

카오스라 이름하는 어떠한 현상들도 모두 자명하고, 그래서 카오스라는 말이 주는 어감의 혼돈은 없고, 그래서 불안이나 두려움은 없지요!!!

삶(자연현상)에서 예측가능성이 중요한가요?

예측하지 못하면 삶이 잘못 되나요?

예측되지 않는 삶이 수없이 많지만 한순간도 삶이 진행되지 않는 때가 있었나요?

만약 그로인해 삶이 불안하거나 두렵다면, 그것은 예측하지 못해서가 아니라 이치에 분명하지 못함(무지)으로 인한 문제지요!!!

그래서 우보거사의 입에서 카오스란 없다는 말이 나왔던 것입니다!!!

우보거사는 과학자들과 이론이나 개념 논쟁을 하고자 하는 것이 아닙니다.

앞에서도 말했지만 당연히 우보거사는 과학자들보다 과학이론이나 개념을 모르지요.

깨달음과 자유에 이르는 유일한 길 깨어있음 - 문답편

과학연구를 포함한 모든 학문(인문/사회/자연) 연구도 모두 결국 삶의 불편(불안, 괴로움)을 줄이고 행복을 늘이자고 하는 것 아닙니까?
그런 맥락에서의 말일 뿐입니다!!!

카오스 이론… 낙엽이 떨어지는 모양이 제 각각인 것은 낙엽 마음입니다.
높이. 바람의 양과 방향 낙엽의 모양에 따라서… 다시 말하자면 엿장수 마음대로… 엿장수 마음대로도 아니네요…
엿도 엿 마음대로 제각각 잘라집니다.

"낙엽 마음대로", "엿장수 마음대로", "엿 마음대로"일까요?
님 마음대로 생각하시는군요.
낙엽이나 엿이나 엿장수라는 게 무엇이며, 마음이란 게 무엇인가요?
낙엽이나 엿이나 엿장수도 카오스라 이름하는 현상이고, 마음도 카오스라 이름하는 현상이지 않나요?
그래서 개구즉착이라 합니다!!!

39.

진정한 역지사지란 상대의 입장에서 생각하고 규정하고 판단해서 상대를 이해하고 용서하는 것이 아니라, 불편함이 일어나는 순간에 상황이 알아지고 일어나는 생각이 알아지는 상태라 할 수 있을까요?

예를 들어 공중도덕을 지키지 않는 사람을 보면 그 사람이 공중도덕을 지키지 못하게 된 그간의 경과를 상대의 입장에서 이해해 주고 용서해 주는 것이 아니라 그 상황이 알아지고 그때 일어나는 생각이 알아지는 상태인가요?

이게 깨어있음인가요?

중생에게 진정한 역지사지란 없습니다!!!

역지사지라는 것도 자신의 판단이나 분별일 뿐이잖아요?

깨어있음이란 이해해주고 용서해주는 것이 아니라 판단하지 않고 알아지는 그대로의 경험상태입니다.

만약 판단하지 않음에도 불구하고 판단이 일어난다면, 그 판단은 내가 한 판단도 아니고 맞는지 확신할 수도 없는 생각으로서, 저절로 일어난 자연현상으로 알아질 뿐인 경험상태를 또한 깨어있음이라 하지요!!!

군이 진정한 역지사지란 어떠함이냐 물으면, 생각(경험내용)이라는 게 경험사실이 아니라는 자각과 생각이라는 게 모든 이전의 경험이 반영

깨달음과 자유에 이르는 유일한 길 깨어있음 - 문답편

되지만 그 순간의 경험 실제가 아니라는 자각으로, 상대방의 상황(경험상태)이 어떠한지가 이해되는, 그러한 경험상태라고 답할 수 있을 겁니다!!!

40.

저도 이어폰을 꽂고 아주 크게 음악을 듣는 것을 좋아합니다.

맛이 더 살지요.

그 이유는 소리와 함께 진동(귀로부터 온 몸에 전해지는)까지 느낄 수 있어서라는 생각이 들었습니다.

소리도 진동이라고 하지만 제가 말씀드린 의미로서의 소리와 진동, 그 둘은 다른 것이라는 생각이 들던데요.

거사님은 어찌 생각되시는지 알고 싶습니다.

소리와 생각을 하나로, 진동과 생각을 하나로, 거기에 가사 말과 그에 관련된 상념이 하나로, 또 그 셋, 그리고 또 다른 감각들과 마구 합쳐져서 노래나 가수에 빠져드는 것인가… 하는 생각이 들었습니다.

그 모든 것이 서로 다른 것이라는 이해가 없어서라는 생각이 들었습니다.

소리의 실상은 진동이라 표현될 수 있는 느껴짐이지요!!!
정작 음색이라 표현되는 것도 소리내용과 마찬가지로 실재같은 생각(이미지, 상)이라 할 수 있지요!!!

아~~ 음색도 이미지군요!!!
움직임과 같은 착각이네요!!!

깨달음과 자유에 이르는 유일한 길 깨어있음 - 문답편

영화관에서 영화를 보면 티비로 보는 것보다 좋은 게 화면 스케일도 크지만, 제 경우는 무엇보다 스피커의 울림을 좋아한다는 생각이 문득 들었습니다.

뭐랄까 좋아하는 사람이 갑자기 눈에 띄었을 때 같은 그런 진동입니다. 그런 진동은 이식이라기보다는 신식이라 할 수 있지 않나 해서 드린 말씀이었습니다.

사실 실상에는 소리나 형상이나 맛이나 냄새나 느낌이 구분되지 않지요!!!
그래서 그들 모두를 느낌(느껴짐)이라 할 수도 있습니다.
그러니 소리라는 현상의 앎은 이식이라 할 수 있지만, 소리의 실상의 앎은 이식에 한정되지 않습니다.
즉, 소리의 실상인 진동이라는 느낌은 몸으로도 감지될 수 있으니 신식이라 할 수도 있지요.
그러니 현상과 함께하는 설명에나 이식이니 신식이니 하지만, 실상에는 이식이니 신식이니 하는 구분은 없습니다!!!

거사님, 알아짐 자체와 알아짐의 내용은 다르다는 말씀이시죠?
그런데 이미 앎과 앎의 내용이 통째로 알아지고, 고로 앞과 뒤가 바로 연결됩니다.
예를 들자면 보임이 있으면, 보임에 대한 생각이 찰라랄 것도 없이 일어나죠.

전 연기가 이것이 있으니 저것이 있고… 이런 형식의 설명에 대해 서로 연관선상으로 생각했던 경험이 있어 헷갈리기도 합니다.

거사님 말씀으로는 앞뒤 연결 없이 어찌보면 따로따로라 해야 하나? 그러한 상태? 표현하려니 애매하군요.

"나 없음" 이건 통찰이 아닐까 싶고, 이 또한 알아짐이 아닐까 싶습니다.

앎과 생각은 다른 작용이라는 자각(깨달음, 이해)으로만 해결됩니다. 구분되는 인식경험은 불가능하나 하나의 경험이라고 할 수도 없습니다!!!

41.

지족선사가 관념에서 벗어나지 못하여 (황진이의 미색에) 꼴림을 부끄러워하였든, 화담이 관념에서 벗어나 (황진이의 미색에) 꼴림에 자유로웠든, 모두 인연 따라 일어나고 사라지는 자연의 이치에 따른 작용과 현상이었을 뿐,

누가 수행이 깊었고 누가 수행이 덜되었다는 차이에 대한 분별은, 모두 분별하는 자의 분별일 뿐, 묻는 당신의 분별일 뿐이고, 그 물음에 속아 차이(답)를 생각하는 당신의 분별일 뿐이고, 분별하는 '나'라는 관념에 속아 일어난 해프닝(평지풍파, 사건)일 뿐이지,

지족도 화담도 황진이도, 수행력(깨달음)도 생불도 모두 관념으로, 실상에는 아무도 없었고 아무 것도 없었고 아무 일도 없었으며, 단지 인연의 연기작용과 현상만 있었을 뿐이지 않습니까?

42.

인과법칙은 모든 일이나 사물은 원인에서 발생한 결과이고, 원인이 없이는 아무 것도 일어나지 않는다는 법칙인데,
자연과학에서 말하는 일반적인 인과법칙과 수행에서 말하는 연기작용이 같은 것인지 아니면 다른 부분이 있는지요?

자연과학의 인과법칙에 대한 설명을 들어도 잘 모르겠군요.
연기작용에 대한 말씀을 드릴 테니 스스로 판단해 보세요!!!

연기작용은 인간의 삶에만 한정되는 것이 아니라 우주만물만상의 작용원리입니다.
그러한 연기작용에는 원인과 결과가 없는 것은 아니지만 어떤 원인은 반드시 어떤 결과를 낳게 되지는 않습니다.

결과는 어떤 원인이 드러나게 하는 조건들에 따라 달라집니다.
그러한 원인과 결과에 영향을 미치는 조건들은 너무나 다양하여, 전 우주의 모든 상황이 동시에 다 조건이 될 수 있습니다.

그러니 결과는 어떤 원인을 안다해도 예측 불가능합니다.
그리고 원인과 결과도 어떤 원인이 어떤 결과인 동시에 또 다른 결과의

　　　깨달음과 자유에 이르는 유일한 길 깨어있음 - 문답편

원인이고, 어떤 결과는 결과인 동시에 또 다른 결과의 원인입니다.

어떤 원인의 결과는 다시 어떤 원인의 원인이 되기도 합니다.
그러한 원인-조건-결과는 또 다른 원인-조건-결과와 서로 연관되어 또 다른 원인-조건-결과로 되어지니, 하나의 원인-조건-결과 프로세스로 분리되어 독립하여 존재할 수 없습니다.

그러한 원인-조건-결과는 셀 수 없이 많은 원인-조건-결과들과 중중무진으로 상관하여 작용합니다.
그러함을 연기작용이라 이름하고 우주만물만상(자연)의 실상이고 진리(이치, 법)라 이름합니다.

위 설명에서 짐작하셨겠지만 연기작용을 안다는 것은 말과 글(개념, 관념)로는 불가능합니다.
그리고 자연과학의 인과작용과 연기작용이 같은지 다른지에 대한 관념적 이해는 실상(법, 진리, 자연의 이치)를 아는 것(깨달음, 통찰)과는 아무 상관이 없습니다!!!

"어떤 원인은 반드시 어떤 결과를 낳게 되지는 않습니다."라고 하셨는데, 그렇다면 '어떤 결과는 어떤 원인을 반드시 전제로 하지 않습니다' 라는 것도 가능할까요?

그렇지는 않습니다!!!

원인 없이는 결과의 일어남도 없습니다!!!

예측 불가능하다는 것은 인과의 결과로 나타나게 하는 조건이 억겁의 세월 동안 축적된 매우 많은 요인들에 의한 것으로 너무 복잡해서 인간의 사고로 예측 할 수 없다는 것인가요?

아니면 우연적 결과로서 본래 예측이 불가능한 것인가요?

어떤 원인과 조건 없는 우연적 결과 또한 없습니다!!!

어떤 원인이 드러나는 데 영향을 미치는 조건들의 예측 불가능에 의한 결과의 예측 불가능을 말하는 것입니다.

[선가귀감]에 '부처와 조사가 세상에 출현하심이 마치 바람 없는 바다에 물결 일어남과 같다.'라는 말씀이 있는데, 바람이 원인이고 물결이 결과인데, 어찌하여 바람 없는 바다에 물결이 일어남과 같다 한 것인지 알고 싶습니다.

그런 말씀이 어떻게 일어났는지 모르겠습니다!!!

말씀하신 분에게 물어 보세요.

말씀 감사드립니다. 손가락 보지 말고 달을 보라는 말씀 늘 간직하겠습니다.

벌써 그만 두렵니까?

선가귀감의 말씀에 대한 답변에 덧붙일 말씀은 없습니까?

선가귀감의 그 귀절은 연기에 대한 말씀이 아닌 것 같습니다.

우보거사가 선가귀감을 읽어보지 않아 잘 모르겠습니다만 "바람 없이 일어나는 파도"는 있을 수 없지요.

그러니 실재하지 않는 허깨비 같은, 부처나 조사도 이름이 부처나 조사 지 실재가 아닌, "바람 없이 일어나는 파도"와 다를 바 없는, 그러한 관념에 얽매임을 경계하는 말씀 같습니다.

방금 인터넷 검색을 해보니 '살불살조'의 의미로 해설된 법문을 보았습니다.

저는 다른 생각이었습니다.

양족존자? 한 발은 열반에 한 발은 속세에 두고 무명풍의 인 없이 청정한 물결로 중생을 돕는다? 라고 문자에 끌려갔습니다.

모두 관념 놀음 같군요!!!

연기작용을 좌우하는 그런 부처도 조사도 없습니다.

인간을 포함한 우주만물만상의 실상은 연기작용일 뿐입니다.

그런 관념에 얽매여 있는 한 연기적 실상에 대한 깨달음은 있을 수 없습니다.

단지 지금 여기 이 순간에 깨어 있으십시오.

깨달음과 자유

그러면 저절로 분명해질 겁니다!!!

43.

어떤 원인(불안정 또는 불만족)[인]은 조건[연]이 되면 작용[과]하여 소멸(해소)되게 되지요.

그러한 작용[과]에 새로운 원인[인]을 야기하는 새로운 조건[연]이 없으면 그 작용으로 끝나게 되지만,

그 작용[과]인 동시에 인이 새로운 원인[인]을 야기하는 새로운 조건[연]을 만나면 새로운 원인[과]인 동시에 인이 야기될 수 있고,

그 새로운 원인[인]은 또다시 새로운 조건[연]으로 소멸작용[과]인 동시에 인이 일어나게 되는 것입니다.

실상은 끝없는 그러한 연기작용들입니다!!!

거기서 새로운 불안정 또는 불만족[과]인 동시에 인을 야기하지 않는 조건이 바로 깨어있음입니다.

그러한 깨어있음 상태의 온전함을 삼매(선정) 또는 해탈이라 이름하는 것입니다.

그러한 선정 또는 해탈 상태의 행위를 원인[인]이 되지 않는 행위[무위]라 이름하는 것이고, 어떤 원인(불안정 또는 불만족)이 그렇게 소멸된 상태를 이름하여 열반이라 합니다.

그러니 오직 깨어있음이 중요하고, 깨어있음으로 충분하고, 더 이상 필요한 것은 없지요.

깨달음과 자유

그러함을 이름하여 수행이라 하는 것입니다!!!
그러함을 또 이름하여 삶이라 하는 것이고요!!!

이제 "세월호 사건"으로 말해 볼까요?
'세월호라는 선박과 그것의 침몰, 거기에 연관된 사람들과 그들의 인식과 반응' 외에 다른 무엇이 있나요?
그렇다면 '세월호라는 선박과 그것의 침몰, 거기에 연관된 사람들과 그들의 인식과 반응'의 실상은 무엇인가요?
'물질작용과 정신작용의 드러남(현상)' 외에 다른 무엇이 있나요?
결국 "세월호 사건"이란 '물질과 정신의 작용과 현상' 외에 다른 무엇이 아니지요?
그래서 "세월호 사건"도 결국 자연의 이치대로 된 자연의 작용일 뿐이지 않습니까?

자연의 이치대로 산다는 것은 동물의 삶과 같지 않습니다!!!
동물은 욕심이 나면 욕심대로 살고 화가 나면 화로 살지요.
동물처럼 욕심과 화에 휩쓸려 살면 약육강식과 무한경쟁과 제로섬으로 살게 되어 괴롭게 되지요.
'나'라는 관념에 얽매이지 않으면 '깨어있음'이 되고, 깨어있으면 욕심과 화로부터 자유로운 상태가 되어, 연민에 기반한 사랑이 작용하여 서로가 편안하고 행복하게 되지요.
그렇게 동물의 세계와 다른 것입니다!!!

깨달음과 자유에 이르는 유일한 길 깨어있음 - 문답편

깨어있음은 지금 여기에 충실함입니다!!!

각계 각층(선원, 승객, 관계 공무원, 검사원, 관련 입법자 등등)이 모두 지금 여기에서 깨어있음으로 자신의 직무에 충실하다면 "세월호 사건" 같은 사건이 일어나지 않게 되겠지요.

무엇이 근본적인 문제일까요?

바로 "깨어있지 못함"입니다.

그러니 깨어 있으세요.

오직 깨어있음 뿐입니다!!!

모두가 깨어 있다면 그 사회는 어떨까요?

무엇인가 사회적 행위를 한다면 무엇을 해야 할까요?

44.

인문/자연학이란 자연의 이치의 어떤 조건에서의 드러남(현상)에 대한 인식의 관념적 정리(체계화)입니다.
당연히 자연의 이치를 안다면 그러한 학문들의 허실이 그냥 즉각적으로 보이거나 들리고 스스로 분명해집니다!!!

그렇게 되어짐(깨달음)은 깨어있음으로만 가능합니다.
굳이 깨어있음 외에 필요한 것은 모른다는 사실의 분명한 인식입니다.
그러한 모른다는 사실이 구체적이면 구체적일수록, 깨어있음이 온전하면 온전할수록, 빨리 분명히 그러한 모름에 대한 답이라는 알아짐(깨달음)이 일어나게 됩니다!!!

사람이 저마다 다르게 태어나고, 새, 강아지, 도마뱀, 가재 등은 왜 그러한 형태의 동물로 태어나는지는, 이런 바람 저런 바람, 이런 비 저런 비, 이런 태풍 저런 태풍으로 제 각각 다른 자연현상으로 드러나는 것과 같은 이치입니다.
그러한 자연의 이치는 불안정(불만족)이 스스로 해소되고자 하는 기운(작용)입니다.
그러한 자연의 이치가 작용될 때 인식되는 물질과 파동이라는 것들 또한 어떤 조건에서 그렇게 인식되는 작용의 현상일 뿐이지, 그러한 물질과 파동이 실재하는 것은 아닙니다!!!

"모든 보이는 것들은 환이다"라는 말은 실제로 환이어서 환이라는 말이 아니라, 〈어떤 조건에서만 그렇게 보인다〉라는 말입니다.
조건이 달라지면 그렇게 보이지 않기 때문에 보이는 것은 실재가 아니라는 말입니다.
이러한 이치가 분명하다면 금강경의 말씀은 스스로 분명하게 됩니다!!!

큰 나무라는 삼라만상(일체의 중중무진 연기작용, 유기적 우주)에서 잎이라는 어느(우주의) 한 부분(연기작용)이라고 표현하고 싶군요.
그 잎은 그 나무를 위하여 있는 것이 아니라, 잎(뿌리, 줄기 등등)이라는 부분(자연작용)들의 중중무진 연기가 바로 나무라는 것이지요!!!

사람은 자연의 한 부분으로서 바로 자연입니다.
그래서 사람이라는 작용과 현상은 바로 자연의 작용과 현상입니다.
따라서 그러한 욕구 또한 자연의 작용들 중 어떤 하나의 작용의 현상일 뿐입니다.
그래서 깨어있음에서는 그러한 욕구는 단지 어떤 자연작용의 현상일 뿐이지, 더 이상 욕구가 아니게 됩니다!!!

"자연의 모든 부분이 나 아닌 부분이 없다"라는 말은, '나'라는 부분 자연은 전체 자연과 중중무진 연기작용하여, '나'라는 부분 자연은 전체 자연과 분리되어 존재(특정)할 수 없으며, '나'라는 부분 자연의 작용이치나 전체 자연의 작용이치가 다르지 않아, '나'와 전체가 불가분의 현상이라는 표현이지, 그렇다고 하나라는 실재로서 나라는 말은 아닙니다!!!

이런 저런 물과 이런 저런 물결들일 뿐입니다!!!
뜰 앞의 잣나무 또한 그러한 하나의 물이나 물결과 같은 것으로, 물도 자연이요 물결도 자연으로서 같은 자연의 드러남(현상)들일 뿐으로, 자연의 이치를 불성(부처)이라 한다면 뜰 앞의 잣나무도 자연의 이치의 드러남(부처)이라는 말입니다!!!

그리고 사람은 모두 똑 같이 인식되는 세상에 사는 것이 아니라, 생각에 따라 제각각 다르게 인식되는 서로 다른 세상에 살고 있는 것과 같습니다.
각각의 사람도 생각에 얽매임 또는 깨어있음의 온전함의 정도와 변화에 따라 여러 세상을 경험할 수 있지요.
그러함을 평행세계 이론이라고 하지 않나 생각됩니다!!!

인식작용과 현상에 대한 미혹으로 개체('나')라는 착각이 생겼으며, 개체('나')라는 착각이 괴로움의 인식을 낳습니다.
그러한 괴로움의 인식이 해소되는 경험을 수행이라는 이름하는 것이며, 그러한 미혹과 착각과 수행의 흐름이 삶이라는 것입니다.
그러한 미혹과 착각과 수행은 주체 없는 자연(인연작용) 현상입니다.

그래서 "평지풍파"라고 표현되기도 합니다!!!

착각도 자연현상이요 깨어있음도 자연현상입니다.

내가 한다는 착각인 유위(有爲)도 사실은 자연의 작용인 무위(無爲)입니다.

다만 착각이 있으면 반드시 괴로움이 인식되게 되고, 착각 없는 깨어있음에는 괴로움이 인식되지 않게 됩니다.

그러한 괴로움의 인식이 깨어있음에 대한 관심이 일어나게 합니다.

깨어있음은 내가 하는 것이 아닙니다.

'내가 한다 또는 안 한다'는 착각만 없으면 바로 깨어있음입니다.

그러한 깨어있음이 바로 착각 없는 자연 그대로입니다.

자연 그대로인 깨어있음에서의 느낌이 진정한 행복(상수멸정)입니다.

그러함이 삶의 실제 맛입니다!!!

우리는 모두 자연입니다!!!

깨어있음은 수행인 동시에 그냥 실제 삶입니다.

그러함이 괴로움(불안정, 불만족)이 일어나고 해소되는 이치입니다.

그러함이 바로 자연의 이치(인연의 이치, 삶의 이치)입니다!!!

45.

먼저 사유로 추론한 결론은 역시 생각에 불과합니다!!!

의문이 일어날 때 의문을 풀려고 사유하면 의문은 근본적으로 해결되지 않고, 같거나 비슷한 의문이 또 일어나게 됩니다.

사유는 또 의문을 낳아 끝없는 의문의 늪에 빠지게 됩니다.

그래서 의문이 일어나면 (내가)풀려고 하는 것이 아니라, 그 의문에 단지 깨어있으면 됩니다.

그러면 문득 "아, 그렇구나!!!"라는 느낌으로 스스로 분명(자명)하게 됩니다!!!

조급해 하지 마십시오.

조급함은 생각으로 수행할 때에 나타나는 현상입니다.

단지 깨어있음이면 조급함은 일어나지 않습니다.

단지 깨어있음이면 문득문득 의문에 대한 답(해결)이 일어남이 계속 경험되기 때문에 조급함은 없게 됩니다.

그러함을 경험해 보십시오!!!

세상(우주만물만상)의 실상은 중중무진 작용의 연기입니다.

축생이니 사람이니 하는 것은 생각의 착각입니다.

물질(몸)이니 정신(마음)이니 하는 것도 생각의 착각입니다.

깨달음과 자유에 이르는 유일한 길 깨어있음 - 문답편

중중무진 연기작용이 생각의 착각으로 축생이나 사람으로 인식될 뿐입니다.

실상에는 물질도 없고 정신도 없습니다.

실상에는 축생도 없고 사람도 없습니다.

그러나 축생이나 사람은 또한 단순한 허상이 아니라 실상의 드러남(현상)이지요.

실상의 이치, 즉 중중무진 연기작용의 이치가 바로 인연의 이치입니다.

인연의 이치는 모름(무지, 착각)이 있으면 불안정(괴로움)이 초래되고, 모름이 없으면(깨어있으면) 불안정이 없게 됩니다.

그러한 인연의 작용(연기작용)의 흐름이 어떤 조건에서 축생이나 사람으로 인식되는 것입니다.

그러니 축생이나 사람의 실상은 인연의 작용(연기작용)의 흐름으로서, 사람의 인연작용은 어떻고 축생의 인연작용은 어떻다라는 것은 또한 생각일 뿐이지요.

깨어있음에서 문득 인연이치(실상)가 분명해지면 그러한 의문은 그냥 없어질 것입니다.

그러니 조급해 마시고 단지 깨어있으십시오!!!

'나나 우주만물만상'은 어디서 온 적도 없고 어디로 가지도 않습니다.

단지 찰라찰라의 인연작용의 드러남(현상)일 뿐입니다.

'나 또는 우주만물만상'이라는 생각이 실재라고 착각되고, 그래서 태어남이 있고 죽음이 있다고 또 착각될 뿐입니다.

실상에는 단지 지금 여기 이 순간의 작용이 있을 뿐입니다!!!

46.

바다라는 근원에서 파도라는 작용이 생기는 것이 아니라, 바다와 파도
가 모두 작용의 현상일 뿐입니다.

바다는 항상 있고 파도만 일어나고 사라지는 것이 아니라, 바다도 파도
도 모두 중중무진 연기작용의 드러남(현상)입니다.

그러니 파도가 바다에서 생겨 바다로 돌아가는 것이 아닙니다.

같은 이치로 사람 또한 어디서 와서 어디로 가는 것이 아닙니다.

중중무진의 연기작용의 현상이 그렇게 착각된 겁니다!!!

47.

숙명(운명)이라는 것은 관념일 뿐입니다!!!

과거의 의도와 말과 행동이라는 업에 따라 불가피하게 어떤 결과(업보)에 직면하게 된다(인과응보)도 역시 관념(견해)입니다.

삶의 실제는 그렇게 되지 않습니다.

그래서 관념일 뿐이라는 것입니다!!!

연기라는 것은 사람의 몸과 마음을 포함한 우주만물만상의 작용의 이치입니다.

이것은 실제의 삶에서 누구에게나 확인될 수 있는 경험사실입니다.

그러나 이것도 실제의 경험을 떠나 연기론(연기에 대한 생각 또는 견해)이 되면, 그 또한 관념일 뿐입니다.

연기가 무엇인지는 깨어있음으로 스스로 분명(깨달음)해집니다!!!

깨달음과 자유에 이르는 유일한 길 깨어있음 - 문답편

48.

거사님의 "단 한 순간도 변하지 않는 게 있는가?"와 "1년 전 10년 전 어릴 적부터 지금까지 변하지 않는 것을 찾아보라. 만약 그런 것이 있다면 그것이 너의 본성이라고 할 수 있을 것이다"는 두 말씀의 차이를 질문드린 겁니다.

"1년 전 10년 전 어릴 적부터 지금까지 변하지 않는 것을 찾아보라"와 "그러한 변하지 않는 것이 있던가?라는 말은, 그런 변하지 않는 어떤 것은 없다."라는 말이고,

"1년 전 10년 전 어릴 적부터 지금까지 변하지 않는 것을 찾아서 발견한다면 그것이 너의 본성이라고 할 수 있을 테지만, 1년 전 10년 전 어릴 적부터 지금까지 변하지 않는 것이란 있을 수 없어서 찾아지지 않을 테니,

결국 변하지 않고 항상하는 본성이라는 것은 있을 수 없다"라는 말입니다!!!

49.

"삶을 지켜보니", "삶을 관조하니" 하는 행위들은 온통 관념(나라는 게 실재라고 착각된 생각)속의 실재하지 않는 행위입니다.

삶은 매 순간의 작용과 현상으로서 경험 그대로이지 관조가 아닙니다.

"관조"는 '나의 행위'라는 착각 속에 빠져 있음의 드러남입니다.

〈경험〉이 있을 뿐이지 〈경험자인 나라는 실재〉는 없습니다!!!

그렇다고 위 글은 글일 뿐이지 글을 쓴 사람이 맞니 틀리니를 이야기하는 것은 물론 아닙니다.

글(표현)은 글(표현)일 뿐입니다.

사람도 관념이지 실상이 아닙니다.

글이나 말과 사람을 동일시하면 착각에 착각을 더하는 꼴입니다!!!

깨달음과 자유에 이르는 유일한 길 깨어있음 - 문답편

50.

사람의 머리를 이식하든, 사람의 심장을 이식하든, 사람이라는 자연현상임에는 변함이 없고, 자연의 이치대로 작용하는 여전한 자연현상일 뿐입니다!!!
이식이라는 행위 또한 이 물길(강)이 홍수로 저 물길과 합쳐져 새로운 물길이 됨과 다름없습니다.
이 물길이 저 물길과 합쳐지면 이 물길의 물길입니까, 저 물길의 물길입니까?
그러한 이식 또한 그와 같은 문제일 뿐입니다!!!

사람의 몸이라는 자연현상[존재가 아니며, 보이는 것처럼 확정되어있는 것이 아니라 시시각각으로 변하는 상태]에 무슨 주체가 있겠습니까?
몸은 그냥 몸이라는 자연현상일 뿐입니다!!!

몸처럼 '나'라고 착각되는 마음(의식)도 같은 이치입니다!!!
몸의 변화에 연기(작용)하는 또 다른 자연현상일 뿐입니다.
그러한 마음 또한 주체가 따로 없습니다!!!

합쳐진 새로운 물길이 자연의 이치(연기)로 끊임없이 작용하듯, 이식된 몸과 마음도 그렇게 끊임없이 작용합니다.

깨달음과 자유

그러한 변화에는 삶의 과정과 죽음이라는 현상도 포함됩니다.

그러한 변화는 죽음으로 끝나지 않습니다.

그러함을 윤회라 이름합니다!!!

51.

부처님 경전에 '무상한 것은 내 것이 아니고 내가 아니며 나의 자아가 아니다'라는 말씀이 있습니다.
'무상한 것은 왜 내 것이 아니고, 왜 내가 아니며, 왜 나의 자아가 아닙니까?

무상하다면 항상하지 않고 생멸한다는 말과 다르지 않겠지요?
항상하지 않고 생멸하는 현상인 "무상한 것"이라면 붙잡을 수도 유지할 수도 없는 그러함인데 '내(나)'라 할 수 있나요?
그러한 '내(나)'는 항상하지 않고 생멸하는 현상인데 그러한 '내(나)'가 무슨 의미가 있나요?
무상한 것을 "내 것"이라 하든 "내 자아"라 하든 똑같은 이치 아닐까요?
그래서 부처님은 그렇게 말씀하신 겁니다!!!

'무상한 것'만이 내 것이 아니고 내가 아니며 나의 자아가 아니다'라고 경전에 말씀하셨습니다. '무아'를 '아니다' 또는 '없다'라고 이해한다면 둘 중 하나는 전도몽상일 것입니다.

부처님이 "무상한 것 만"이라고 하셨나요? "무상한 것"이라고 하셨나요?
부처님은 "무상한 것 만"이라고 말씀하셨을 리가 없습니다!!!

왜냐하면 누구나(모든 사람)의 경험(앎)은 조건생멸(무아)이고 찰라
생멸(무상)이며, 그러한 경험이 있게 하는 조건들이나, 그러한 경험의
현상 또한 조건생멸(무아)이고 찰라생멸(무상)일 수밖에 없기 때문이
지요.

그래서 무상하지 않은 것이 없기 때문에 무상한 것은 우주만물만상 전
체 또는 일체를 가리킴이고, 그래서 "무상한 것이 나가 아니다"라는 말
은 '나라는 것은 없다'는 말과 다르지 않습니다!!!

부처님이 말씀하시는 "내(나)"는 아뜨만을, "내 자아"는 아뜨만의 본래
나(참나)인 브라흐만을 가리키는 말로써, 당시 인도의 주류 종교인 브
라만교(지금의 힌두교)에서는, 브라흐만만이 유일한 실재(실체, 주체,
참나)고, 아뜨만은 개체로 분리된 브라흐만으로 역시 실재(실체, 주체,
분리된 나)라는 이해를 가르쳤는데,

부처님은 그러한 브라만교의 이해는 실제 경험사실[조건생멸(무아)이
고 찰라생멸(무상)]에 맞지 않다면서, 실제 경험[조건생멸(무아)이고
찰라생멸(무상)]으로 확인되는 사실에는 나(실체, 주체, 분리된 나)와
내 자아(실체, 주체, 참나)와 내것(실체, 실재)이라 할 수 있는 게 있을
수 없으며,

실제 경험 현상은 나(실체, 주체, 분리된 나)도 내 자아(실체, 주체, 참
나)도 내것(실체, 실재)도 아니라고 말씀하신 겁니다!!!

그런데도 ['무아'를 '아니다' 또는 없다'라고 이해한다면 둘 중 하나는 전

도몽상이라고 단정할 수 있겠습니까?

저의 최대 궁금은 '내가 아니다'와 '내가 없다' 어느 것이 진실인지 알고 싶은 것입니다.

그래서 '내가 아니다'라는 말이 바로 '내가 없다'라는 말이지, 그 두 말이 다른 말이 아닙니다!!!

52.

유전자나 DNA도 실체가 있는 것이 아니라 연기작용의 현상일 뿐이라는 말입니다!!!
그래서 유전자나 DNA도 고정되어 불변하는 것이 아니라 연기작용(삶이라는 경험)에 따라 변한다(무상)는 말입니다.
그러니 운명론이나 숙명론에 얽매이지 마시라는 말입니다!!!

엄마는 엄마고 아기는 아기입니다!!!
엄마가 아기를 만드는 것이 아니라 엄마와 아기가 인연되어지는 것입니다.
그래서 엄마의 경험이 뱃속의 아기의 유전자나 DNA가 되는 것이 아니고, 엄마의 경험은 엄마의 경험이고, 뱃속의 아기의 경험은 아기의 경험입니다.
엄마의 경험이 그냥 그대로 아기의 경험이 아니라, 엄마의 경험을 조건으로 아기의 경험이 일어나게 됩니다!!!
그래서 쌍둥이일 경우 같은 엄마의 경험에 대한 둘의 경험이 다를 수도 있게 됩니다.

질문이 있으니 최소한의 설명은 드렸습니다만, 그러한 의문은 이러한 설명으로 해결되는 것이 아니라, 깨어있음을 통하여 실상이 통찰되면 스스로 분명해지게 됨으로써 해결됩니다!!!

그러니 이러한 설명에 머물지 마시고, 그냥 경험 그대로라 표현되는 깨어있음(수행)이면 그러함이 스스로 분명하게 됩니다!!!

53.

왜 대장부만이 도를 구할 수 있다고 했는지, 절벽에서 뛰어내려려 한다고 했는지, 이제 이해가 되네요.

대장부만이 도를 구할 수 있는 것이 아니고, 절벽에서 뛰어내리는 용기로 도를 구하는 사람이 대장부입니다!!!

54.

인연작용(연기)을 "결정이니 선택이니" 하는 말이나 글로 표현함에는 함정이 있습니다!!!

그런 말로 표현될 수는 있어도, 그런 행위를 하는 주체나 실체는 없다는 사실이 간과되면 잘못된 이해로 되어, 그런 말이나 글의 함정에 빠지는 꼴이 됩니다.

인연의 [인]은 그 [인]이 드러날 수 있는 [연]이 있어야 드러나니, [연]은 [인]에 결정되어 있다고 표현될 수도 있겠지만, 그 [연]은 그 [인]을 위하여 있게 되는 것이 아니니 또 그렇게 표현되면 억지가 되는 셈이지요.

단지 인연이 맞아야 작용(결과)이 일어난다는 설명이지 [인]이나 [연]이나 결과나 어떤 것도 실체도 아니고, 있어서 있다 하는 것이 아니라 작용해서 있다 하는 것이니, 그러한 "결정이니 선택이니"란 표현은 적합한 말이나 글이라고 할 수는 없지요.

더구나, 인연이란 맞으면 작용되고 맞지 않으면 작용되지 않는 것이지, 인연을 맞추는 주체가 없으니 "선택이니 결정이니"란 말이나 글은 더욱 적합한 말이나 글이라고 할 수는 없지요!!!

그러니 [인]이나 [연]이나 [인연]이나 모두 자연현상일 뿐입니다!!!

55.

첫째는 님의 통찰의 핵심으로 볼 수 있는 "우리가 의식이라고 부르는 것은 사실 두뇌라는 물체 안에 있다고 보기보다는, 두뇌 안에 있는 뇌세포들의 상호 작용에 담겨있다고 보는 것이 맞겠다는 생각"에서, "의식"이나 "두뇌라는 물체"나 "두뇌안의 뇌세포"나 "상호작용"이라는 것들이 실체(독립된 개체)입니까? 아니면 그들 또한 어떤 작용들의 현상입니까?

만약에 그들 또한 어떤 작용들의 현상이라면 "그들의 상호작용"이라고 표현될 수 있을까요?
더구나 작용이란 생멸을 이름함인데 "상호작용에 담겨있다"라고 표현될 수 있을까요?
그러한 작용들은 어떤 실체(의식이나 두뇌나 뇌세포 등)가 있어서 상호작용하는 것일까요?
아니면 그러한 실체는 없고 작용간의 연관, 즉 연관작용(우보거사는 연기작용이라 표현함)만 있고, 그러한 연관작용들의 현상이 의식이나 두뇌나 뇌세포라는 것들일까요?

그러한 문제들이 분명해져야 님의 그런 생각이 통찰이라 이름할 수 있을 겁니다!!!

깨달음과 자유에 이르는 유일한 길 깨어있음 - 문답편

둘째는 "과학의 눈으로 보면 제 관찰이 학계에 설명하기에는 조금 황당무계"한 것 같다는 님의 말씀에서,
과학자의 과학의 눈과 수행자의 통찰의 눈은 어떻게 다를까요?
수행자의 통찰의 눈이 과학자의 과학의 눈에 비하여 황당무계할까요?

수행자의 통찰의 눈 또한 과학자의 과학의 눈과 마찬가지로 철저히 사실의 관찰에 기반하고 있습니다.
수행자 또는 과학자의 관찰이라는 것은 무엇입니까?
보이고 들리고 냄새 맡아지고 맛보여지고 감촉되고 알아지는 경험 외에 관찰이라고 할 수 있는 것이 또 있습니까?
현미경이나 그 외의 기구들에 의한 관찰 또한 그 범주를 벗어나는 것이 아닙니다.
현미경이나 그 외의 기구들에 의한 관찰경험 또한 보이고 들리고 냄새 맡아지고 맛보여지고 감촉되는 경험들을 기반으로 하는 알아지는 경험일 뿐입니다.
현미경이나 그 외의 기구들이 없어도 현미경이나 그 외의 기구들에 의한 관찰경험에 의한 이해가 일어날 수 있습니다!!!

오히려 현미경이나 그 외의 기구들을 이용하여 관찰하는 과학자의 과학의 눈은 그들 기구들의 한정된 조건하에서의 경험으로 조건적인 이해지만,
수행자의 통찰의 눈은 그들 기구들의 한정된 경험에 제한되지 않고, 보

이고 들리고 냄새 맡아지고 맛보여지고 감촉되고 알아지는 모든 경험들에 기반한 이해라는 점에서 오히려 더 사실적이지요!!!

정리하자면, 과학의 눈은 일정한 조건하에서의 사실경험이지만, 통찰의 눈은 어떠한 조건도 없는 상태에서의 사실경험입니다!!!

과학적 표현은 일정 조건하에서 이러이러하다고 규정되는 것이지만, 통찰적 표현은 일정 조건하에서 이러이러하다는 것은 하나의 현상경험일 뿐이기에 그렇다고 규정될 수 없다는 것이지요!!!

통찰의 눈에 의한 규정될 수 없음은, 규정되지 않기 때문에 막연하고 모호한 것이 아니라, 원래 규정될 수 없기 때문에 규정될 수 없음으로, 모호하거나 막연한 것이 아니라 너무나 분명한 사실인 것입니다!!!

과학의 눈이나 통찰의 눈이나 사실에 기반한 것이라는 면에서 다르지 않지만,
표현이 다르고, 전제조건이 있느냐 없느냐가 다르고, 일정 전제조건하의 경험을 실체시하느냐 그 또한 어떤 하나의 현상의 경험일 뿐임을 자각하느냐가 다를 뿐이지요!!!

예를 들어보면,
지진계는 사실의 경험을 어떻게 표현합니까?

깨달음과 자유에 이르는 유일한 길 깨어있음 - 문답편

시간과 공간으로 표현하지요.

그렇지만 그러한 지진계의 표현에서 우리는 쉽게 지진계는 단지 그 순간의 사실적 경험을 사실적으로 표현(선이 아니라 점으로 표현)할 뿐임을 알 수 있습니다.

지진계가 진도를 시간과 공간으로 표현하는 것이 아니라 매 순간의 경험을 단지 사실적으로 드러내기만 했는데 시간과 공간으로 표현한 것처럼 됐지요.

지진계는 아주 과학적으로 표현한 것이 되지요.

발견된(경험된) 사실을 단지 지진계처럼 표현해 보세요.

경험된 사실에 생각(규정/단정/평가/판단)을 더하지 말고요.

그러면 통찰의 눈으로 발견된 것이 그냥 드러나게 될 겁니다.

지진계의 시공간적 표현처럼…그러면 훌륭한 과학적 표현이 될 겁니다!!!

그러한 점들이 이해되신다면 "과학의 눈으로 보면 제 관찰이 학계에 설명하기에는 조금 황당무계"하다는, 그 생각이 오히려 황당무계하지 않습니까?

결국 님의 관찰과 통찰이 진짜 관찰과 통찰인지 스스로 점검이 있어야 되지 않을까요?

56.

우보거사는 선불교 수행자도 아니고 선불교도 잘 모릅니다.

1구에 깨치게 하는 일은 님이나 하세요.

우보거사보고 모르는 선불교하라고 요구하지 마시고…

우보거사는 그냥 부처님이 가르쳐 주신 그 일, 우보거사가 경험한 그 일이나 하고 살렵니다.

부처님이 가르쳐 주시지도 않은 선불교 말고, 부처님이 가르쳐 주신 불교나 하렵니다.

괜히 모르는 일로 어렵게 살고픈 마음이 조금도 없으니 이해해 주십시오!!!

우보거사는 대승도 소승도 선불교도, 기타 어느 종파 또는 수행전통 또는 종교도 표방한 적이 없습니다.

그저 왜 괴로우며, 어떻게 괴로움에서 벗어날 수 있느냐만 줄기차게 이야기하고 있을 뿐입니다.

지금까지도 그랬고, 지금도 그렇고, 앞으로도 그럴 것입니다.

우보거사는 어떤 종교도, 어떤 종파도, 어떤 수행전통에도 관심 없습니다.

그러니 님의 말씀들은 님의 생각일 뿐입니다.

그러한 말씀들은 우보거사하고는 전혀 상관없습니다!!!

깨달음과 자유에 이르는 유일한 길 깨어있음 - 문답편

그리고 가르침이 어째야 된다고 우보거사에게 요구하지 마십시오.

우보거사는 누구를 가르친다거나 누구를 구제한다는 생각이 없습니다.

남에게 도움을 주겠다거나 무엇을 어떻게 할 생각도 없습니다.

우보거사는 그저 우보거사에게 처해진 일을 할 뿐입니다!!!

57.

'주체'라는 말은, 몸과 마음의 작용들을 일으키거나 없어지게 하는, 몸과 마음의 현상을 결정 또는 선택하거나 머물게 하거나 바꾸거나 하는, 그 '어떤 실재'를 가리키는 이름이지요!!!

그런데 경험적으로 몸과 마음의 작용과 현상들을 일어나게 하거나 못 일어나게 하거나, 이렇게 되게 하거나 저렇게 되게 하는, 그런 '어떤 실재'가 확인되지 않지요.
그래서 부처님은 주체인 나라는 것은 없다고 "무아"라고 말씀하신 것입니다.
자연작용이나 자연현상이라는 표현은 바로 그러한 주체가 없이, 앎이든 생각이든 의도든 말이든 행동이든, 이름이야 어떻게 불리든, 몸과 마음의 작용과 현상들이 일어나고 사라진다는 말입니다!!!

그런데 참나니 주인공이니 하나님이니 하는 말들은 모두 그러한 주체가 있다고 오해되기 쉽다는 점에서, 굳이 그런 표현을 쓰는 이유가, 혹시 실제로 그런 주체가 있다는 말이냐고 묻는 것입니다.
물론 자연작용 중 어떤 하나 또는 일부 작용을, 예를 들면 앎 작용을 자연작용이라고 하지 않고, 참나니 주인공이니 하나님이니 라고 부른다고 뭐가 다르냐고 할 수 있겠지만,

정말 주체가 없다는 사실이 분명하다면, 그러한 주체는 없다(무아)라고 표현하면 그만이지, 군이 주체가 있는 것처럼 오해되기 쉬운 참나니 주인공이니 하나님이니 하는 표현을 쓸 필요는 없겠지요?

마지막으로 그런 주체가 없는 것이 아니라 있는 것이 아니냐는 물음에는, 우보거사의 경험적 확인에 따라 그런 주체가 없더라는 경험사실을 말했을 뿐이고, 우보거사가 뭐라 말씀드려도 스스로 경험을 통하여 분명하지 않다면 그러한 의문은 해소되지 않을 테니,
'스스로 분명하지 않으니 주체가 있다고도 없다고도 미리 규정이나 단정할 수 없음일 테니, 몸과 마음의 작용과 현상들이 그냥 경험되는 그대로'라는 경험상태일 수밖에 없지 않느냐고,
되물음으로 답변드립니다!!!

58.

윤회는 분명 부처님의 말씀입니다!!!.

다만 그 당시 쓰이던 그러한 윤회의 의미로 쓰시지 않았을 뿐입니다.

부처님이 말씀하신 윤회는 작용의 연기 윤회입니다.

바르게 살지 못하면 괴로움을 피할 수 없습니다.

그러함이 자연의 이치이고, 그래서 바르게 사는 것이 중요합니다.

악한 일(바르게 살지 못함)은 살아서나 죽어서나 반드시 죄과(괴로움)를 받게 됩니다.

'죄과에 따른 연기작용으로 스스로 괴로운 상태가 되는 것'이 바로 윤회입니다.

육도윤회니 지옥이니 천당이니 하는 말들도 그러한 과정에서 겪게 되는 경험에 대한 표현들입니다.

반드시 그러함이 경험되는데 그런 것들이 없다고 할 수 있나요?

깨어있음은 죄를 짓지 않는 바른 삶입니다.

자비희사는 깨어있는 삶의 모습입니다.

그래서 깨어있음이 무엇보다도 중요합니다.

바로 괴로움에서 벗어난 대자유의 삶이 되는 유일한 길이니까요!!!

깨달음과 자유에 이르는 유일한 길 깨어있음 - 문답편

59.

님의 '나'는 서로 분리된 독립된 존재이며, 느끼고 아는 경험의 주체를 의미하는 것 같습니다.

그런데 '나'를 포함한 사람과 우주만물만상이 서로 분리되어 독립된 존재일까요?
현대물리학으로 이미 확인된 사실로만 봐도 사람을 포함한 우주만물만상은 서로 분리되어 독립적으로 존재할 수 없고, 그래서 존재라고 특정할 수 없다고 합니다.
그래서 이렇게 분리되어 독립된 존재라고 규정하는 것은 착각(오해)이라는 것이지요.

그리고 느끼고 아는 경험의 주체라는 것도, 경험의 주체라면 경험을 하지 않을 수도 있어야겠지요.
한번 실험을 해보세요.
아무것도 느끼지도 알지도 않으려 해보세요.
그렇게 됩니까?
그렇게 되지 않는다면, 느끼거나 느끼지 않고, 알거나 알지 않는 경험의 주체인 '나'라는 존재는 있다라고 할 수 없지 않겠습니까?

그래서 경험만 있고 경험의 주체는 없다고 하는 것이고, 경험의 주체가 있다고 하는 것은 착각이라고 합니다.
그러니 님이 생각하시는 그러한 '나'는 없다고 하는 것입니다!!!

기본적으로 삶에서 일어나는 일 또는 현상은, 일어날 원인이 있고 일어날 조건이 돼서 일어난 것으로, 일어나야 된다 일어나지 말아야 된다는 말이나 생각은 무의미합니다!!!

그렇게 일어난 일 또는 현상은 좋은 것도 안 좋은 것도 아니라 그냥 자연현상일 뿐입니다!!!
그래서 그렇게 일어난 일 또는 현상 때문에 어느 누구도 괴롭게 되는 것이 아닙니다.
그러한 일 또는 현상에 대한 잘못된 이해(무지) 때문에 괴롭게 됩니다.
그러한 일 또는 현상 때문에 괴로운 것이 아니라면 그러한 일 또는 현상이 일어나도 그만, 일어나지 않아도 그만이지요!!!

"직장에 어느 한사람이 취직한 사실"은 취직한 사람에게는 좋음, 취직 못한 사람에게는 안 좋음이라는 것은 잘못된 이해입니다!!!
취직한 사람도 취직한 사실로 항상 좋지만은 않게 되고, 그 직장에 취직 못한 사람도 취직 못했다는 사실만으로 항상 안 좋지만은 않습니다.

그 직장에 취직했기 때문에 새로운 스트레스가 생길 수도 있고, 더 좋다고 생각되는 새로운 직장에 대한 기회를 놓칠 수도 있습니다.

마찬가지로 그 직장에 취직 못했기 때문에 새로운 스트레스가 생기지 않았거나 더 좋다고 생각되는 다른 직장을 가질 수 있는 기회를 놓치지 않을 수도 있습니다!!!

그러니 나 때문에 취직 못한 사실은 좋음도 안 좋음도 아니니, 괜한 그런 걱정은 하시지 않아도 됩니다.

님은 깨어있음을 잘못 이해하고 있습니다.

깨어있음은 지켜'봄'이 아니고 괴로움을 피하려고 '함'이 아닙니다.

그러한 '봄이나 함'이 없이 그냥 경험되는 그대로라는 경험상태를 깨어있음이라 이름합니다!!!

그리고 님은 "올바름"에 대한 잘못된 관념이 있는 것 같습니다!!!

경험되는 모든 현상(사람의 행위를 포함한 우주만물만상)은 사실 '불안정이나 불만족이 해소되기 위한 작용들'로서 '올바르지 못한 것이 아니라, 당연히 그렇게 작용될 수밖에 없는 것'이고, 그래서 감사할 일입니다.

위의 질문 또는 의문은 그러한 잘못된 관념 때문에 일어난 혼란일 뿐입니다!!!

깨어있음은 그러한 잘못된 관념이 없는 경험상태를 이름하는 것이고,

깨어있음에서는 잘못된 관념이 없기 때문에 그러한 혼란이 없게 되는 것입니다.

일어나는 모든 현상은 원인과 조건으로 작용하고 있을 뿐인데, 님의 잘못된 관념 때문에 불편하거나 올바르지 못하다고 착각되고 있을 뿐입니다!!!

60.

1. 선문답이라는 것은, 법(진리, 자연이치)을 자각하게 하기위한 유위 또는 무위의 모든 행위를 말합니다!!!

법거량이라는 것은, 어떤 경우의 선문답은 마치 누가 법에 대한 분명한 이해가 있는지를 가름하는 것과 같이 보일 수도 있는데, 그러한 경우의 선문답을 말합니다!!!

인가라는 것은, 선문답을 통하여 법에 대한 분명한 이해가 있음을 인정하는 것을 말합니다!!!

2. 물론 깨달음에는 정도 차이가 없습니다!!!

정도 차이가 있다면 정도 높은 것이 깨달음이라면 정도 낮은 것은 깨달음이라 할 수 없다는 모순이 있게 됩니다.

무엇보다도 깨달음이라는 것은 어떤 경험에 대한 표현(이름)이지 어떤 존재가 무지로부터 벗어나 깨달은 존재가 되는 것이 아니기 때문에, 더구나 깨달음의 정도가 있다고 할 수는 없지요.

그렇기 때문에 깨달음의 정도가 있다는 표현은 사람이 존재라는 무지의 상태임을 드러내는 말이지요!!!

3. 부처님이 인가를 하시어 법맥을 잇게 했습니까?

깨달음이 있으면(이치가 분명하면) 스스로 분명하기 때문에 누구로부터 인가받을 필요가 없지요.

부처님이 누구로부터 인가를 받으셨나요?

단지 선문답을 통하여 법에 대한 이해가 분명함이 스스로 드러남을 이름하여 인가라고 표현될 수는 있겠지요.

스스로 분명하지 않은데 누구로부터 인가받는다고 스스로 분명해질까요?

부처님은 스스로 분명함을 발견(자각)하셨지 누구로부터 인가받은 것도 아니고 인가를 구하지도 않으셨지요.

당연히 제자들에게도 인가를 해주신 것이 아니라 '아, 드디어 깨달았구나!!!'라고 눈치채신 것에 대한 감탄사였을 뿐이었지요!!!

4. 정법이란 자연의 이치(자연작용과 현상) 그대로를 말함이고, 정법이 아니라는 말은 자연의 이치(자연작용과 현상)에 대한 착각(무지)이라는 말이지요!!!

부처님의 법맥은 어떻게 이어지나요?

누구의 인가를 통하여 법맥을 이음으로써 이어지나요?

아니면 선문답을 통한 깨달음의 연기작용으로써 이어지나요?

만약에 법을 모르는 무지한 사람이 정법의 법맥을 이어가고 인가하는 쇼를 한다면 부처님의 법맥이라고 말할 수 있나요?

굳이 정법의 법맥이라 표현한다면, 그것은 깨달음의 연기작용이지요!!!

깨달음이라는 것이 왕자리 승계되듯이 그렇게 승계되나요?

그렇다면 깨달음을 경험한 수많은 부처님 제자 중에 어느 한사람에게 법맥이 이어지면 다른 깨달은 제자들은 정법 아닌 비법의 법맥이 되나요?

법맥 운운하는 자체가 무지하다는 것을 선언하는 것이나 다르지 않습니다!!!

5. "법력이 높으신 고승들은 좌탈입망 등 죽음에 대해 시간, 자세(앉아서 죽거나 서서 죽는 등)를 스스로 정할 수 있다는 말씀들"은 자연의 이치를 모르는 무지한 중생들의 말입니다!!!

물론 앉은 상태의 죽음도 있고, 선자세 그대로의 죽음도 있겠지요.

그러한 죽음은 그렇게 죽게 되는 조건과 상황에서 일어난 자연현상이지요.

부처님이나 우리 아버지처럼 누워서 죽는 것이나, 교통사고로 으깨져죽는 것이나, 세월호에서 물에 빠져 죽는 것이나, 다 이런저런 자연현상일 뿐이지요.

만약에 법력이 높으면 좌탈입망 등 멋있게 죽게 된다면 아마 부처님은 그냥그대로 극락으로 뿅가셨겠지요.

'자 봐라, 나는 이제 간다~~~뿅!!!' 이렇게 말입니다.

반야심경에 실상에는 나고 죽는 그런 일은 없다고 했는데, 왠 무지한 말이고 생각입니까?

죽음가지고 쇼합니까?

법에 분명하게 되면 그런 말들에 현혹되지 않고, 그런 말들이 무엇을 의미하는지가 자명해집니다.

그러니 도의 점검을 통하여 스스로 분명해지십시오!!!

61.

삼법인의 둑카(고)는 자연현상 자체와 자연현상에 대한 잘못된 견해로 인한 불만족 상태를 모두 포함하는 개념입니다!!!

님이 말씀하시는 자연현상에 대한 반응과의 갭(간격)은 자연현상에 대한 잘못된 견해로 인한 불만족 상태입니다.
사실 자연현상에 대한 반응도 없고, 그래서 반응과의 갭도 없습니다.
자연현상에 대한 반응이라는 것도 사실은 자연현상일 뿐이지요.
따라서 이러한 자연현상이 있으니 저러한 자연현상이 있게 되는 작용의 연기현상일 뿐이지 갭이라는 것은 없지요.
그런데 자연현상에 대한 반응을 나라는 존재의 행위라고 잘못 생각하니 갭현상이 있는 것처럼 착각되고 불만족 상태가 야기되지요.
그렇게 야기되는 불만족 상태가 대부분의 사람들에게 경험되는 둑카(고)라는 것입니다!!!

그러나 도(중도, 선, 깨어있음, 수행)라 이름하는 마음상태의 경험을 통하여 모든 자연현상 그대로, 자연현상에 대한 반응의 갭이 없어도, 불안정(불만족) 상태임을 알게 됩니다.
그래서 모든 자연현상, 당연히 나와 가족과 사람(이웃, 민족, 인류)과 내 소유물(재산, 반려견 등등)을 포함, 자체도 둑카(고)라고 하는 것입니다!!!

그리고 그러한 둑카(고)에 대한 철저한 경험적 이해를 통하여 그러한 모든 자연현상에 대한 연연함(집착, 머뭄)이 없어짐으로서 대자유의 삶이 되는 것입니다.
그러한 대자유의 삶(도의 삶)에는 나라는 잘못된 견해가 없음으로, 자연현상이라는 대상으로의 인식도 없고 그것에 대한 반응이라는 주체의식도 없는, 갭현상 없는 즉각적인 경험만 있게 됩니다!!!

62.

먼저, 전5식이니 6식 등은 원래 있는 실체가 아니라 어떤 (정신)작용들에 대한 이름일 뿐이라는 점을 말씀드립니다.

님의 전체적인 말씀에서 그런 식들이 은연중에 실체(주체)로 오해되고 있는 듯합니다.

그래서 그런 식들이 어디에 있다가 조건이 되면 작동되는 것이 아니라 매번 새로운 작용일 뿐입니다.

그런 점들은 이론으로 이해하는 것이 아니라, 실제 매 순간의 경험을 통하여 확인되는 것입니다!!!

님의 관련 질문들은 너무 많은 이론을 공부한 결과로 일어나게 되는데, 그 질문(의문)이라는 것도 일어난 정신작용의 이름일 뿐이지 실제로 (내가)모르는 것이 아닙니다.

그래서 그러한 정신작용의 경험사실을 단지 말하는 것이지 (내가 모르니)해결해야 할 문제가 아닌 것입니다.

그런 의문이라는 경험사실이 끝없이 일어나고, 온전히 해소될 때까지, 또 끝없이 일어나는 의문이 질문으로써 끝없이 일어나는 것 또한 바른 노력이라 이름할 수 있으니, 그런 점에서 님의 구도정신과 바른 노력에 감사드립니다!!!

전5식이 온전한 인식이 아니라는 말은, 인식체계에 대한 설명에서 나오게 된 말이지 (정신)작용에 완전한 작용 따로 있고 불완전한 작용이 따로 있다는 말이 아닙니다.

제6식이라 이름하는 정신작용도 전5식과 똑같은 작용일 뿐인데, 제6식이라 이름하는 작용이 일어날 때는 전5식이 일어날 때는 작용되지 않는 생각이나 의도 등의 정신작용도 함께 일어나기 때문에 "파란색"이 단지 인식되는 것에 더하여 "파란색이구나"로 인식되는 것일 뿐이니, 완전하다니 불완전하다니 하는 그런 말에 속지 마시기 바랍니다.

그런 점 또한 이론으로 꿰어 맞추려 하시면 결코 알 수 없고, 이론을 전제하지 않는 맨경험(그냥 알아지는 그대로)을 통하여 스스로 확인되게 됩니다!!!

"안식(眼識)은 오직 파란색[靑色]만을 요별(了別)할 뿐이며 '이것은 파란색이다'라고는 요별하지 못한다"라는 말은,

"파란색의 요별(인식)"에서, 파란색이라는 말은 표현일 뿐으로 그 표현으로 가리키는 무엇에 대한 표현(이름)일 뿐이고, 바로 그 "무엇에 대한 인식(요별)"을 "파란색의 식별(요별)"이라 하는 것이며,

전5식 뿐만 아니라 제6식이라는 정신작용들은 바로 그렇게 인식되는 작용들에 대한 이름들이며,

그런데 제6식이라는 이름하는 정신작용이 있을 때는 생각 및 의도 등 정신작용이 함께 작용되어 "파란색이구나" 등과 같이 인식(경험)되고, 이때의 '파란색'은 앞의 '파란색이 가리키는 그 무엇'이 아닌 '생각내용

의 파란색'을 말하는 것인데,

그러함을 표현하는 말입니다!!!

이름을 모른다고 해서, 전5식이라 이름하는 정신작용과 제6식이라 이름하는 정신작용이 같다는 것은 아닙니다!!!

전5식과 제6식이라고 다른 이름이 붙여진 것은 작용이라는 점과 알아진다는 점에서 같기 때문에 모두 '식'이라는 이름이 붙었지만, 또 다른 점들도 있기 때문에 안식이니 이식이니 의식이니 하는 다른 이름이 붙여진 것입니다.

전5식들은 생각과 의도 등 정신작용이 함께 작용되지 않지만 제6식은 그러한 작용들이 함께 작용한다는 점이 근본적으로 다른 것입니다!!!

이렇게 설명되면 이해에 도움이 될지도 모르겠군요.

전5식과 제6식이라는 다른 이름이 붙게 되는 차이는, 생각과 의도 등 다른 정신작용과 함께 작용되는 '앎'을 제6식이라 이름하고, 그렇지 않는 '앎'을 전5식이라 이름하는 것일 뿐입니다.

그런데 생각은 경험되는 사실 자체가 아니라 경험사실의 과거 경험에 따른 해석이기 때문에 사실 그 자체가 아니라는 의미에서 "오염된 것"이라 말하는 것이고,

그래서 생각과 함께 작용되는 제6식을 오염식이고 그렇지 않은 전5식을 순수식이라 이름하는 것입니다.

그러니 원래 오염식이 따로 있고 순수식이 따로 있는 것은 아니지요.

생각이 그러하니 생각내용에 의미를 두지 않고 신경 쓰이지 않는 상태, 또는 생각을 판단기준으로 삼지 않는 상태, 또는 전부 각자들 스스로 일어나고 사라질 뿐이니 어떤 작용에도 신경 씀 없는 상태를 "그냥 알아지는 그대로(중도, 깨어있음)"라 말하는 것입니다!!!

앞에서 충분히 설명드렸으니 새롭게 추가할 것은 별로 없지만, "생각이 쓰레기"라는 말씀과 "제6식이 요물이고 괴물"이라는 말씀과 "전5식이 순수 앎으로 대단한 그 무엇"이라는 말씀은 또한 바른 이해가 아닙니다. 몸과 마음으로 일어나는 모든 작용들은 그렇게 작용되지 않을 수 없는, 그렇게 작용될 수밖에 없는, 그렇게 작용됨으로써 삶에서 경험되는 불만족성이 해소됨으로써 열반이라는 삶의 목적이 달성되게 되는 것입니다.

예를 들면, 생각이라는 정신작용은 그렇게 작용됨으로써 내용이 확정되고 특정된 거라고 착각될 수 있고, 착각으로 괴로움이 경험되고, 괴로움이 경험됨으로써 중도라는 경험상태가 일어나게 되고, 중도라는 상태가 경험됨으로써 해탈열반에 이르게 되어지니… 생각이라는 정신작용을 쓰레기라 매도할 수 있겠습니까?

또한 제6식 또한 생각이라는 정신작용이 함께 일어남으로써 오염식이라는 누명을 쓰게 된 것이지 전5식과 근본적으로 다르지 않은데… 요물이니 괴물이니 할 수 있겠습니까?

쓰레기니 요물이니 괴물이니 하는 것은 생각 자체를 말하는 게 아니라 생각내용대로라는 착각(상)을 가리키는 말일 뿐인데, 모두 그러함을

깨달음과 자유에 이르는 유일한 길 깨어있음 - 문답편

모르는 무지에서 초래된 말들일 뿐이지 않습니까?

이런 모든 이해는 바로 '중도(깨어있음)'라 이름하는 경험을 통한 깨달음으로 오는 것이니, 중도의 삶을 거듭거듭 점검하시기 바랍니다!!!

63.

아침에 잠에서 깨어나면 문득 뭔 소리든 들림이 알아지고, 눈이 뜨이면 문득 무엇이든 보임이 알아지지 않나요?

일어난 생각도 그렇게 알아지는데, 생각은 곧바로 '내가 하는' 일로 착각되어 알아지지 않는 거 같지요.

그래서 "생각을 하지 않으려고 해보시라"는 겁니다!!!

'내가 하는 일'은 '일어난 또는 되어진 일을 〈내〉가 한다는 생각(착각)'입니다.

그러한 착각이 있으면 알아지지 않는 것 같게 되지요.

'내가 하는'이 아니라 '그냥 일어난' 일일 뿐임이 확인되면 너무나 쉽게 그냥 알아지게 되지요!!!

무아의 아(나)란 무엇일까요?

기본적으로 '아(나)는 주체'라는 말입니다.

즉, 보는 주체, 듣는 주체, 냄새 맡는 주체, 맛보는 주체, 느끼는 주체, 아는 주체, 생각하는 주체, 의도하는 주체 등등을 말합니다.

그런데 어떻습니까? 듣지 않으려 하면 들리지 않습니까? 그래도 들리지요? 그렇다면 듣는 주체란 아무 역할이 없고, 생각에만 있는 거 같지, 실제로는 없는 것이지요.

그렇지 않습니까?

자, 생각도 하지 않으려 해보세요. 그래도 생각은 일어나지요? 그렇다면 생각하는 주체란 아무 역할이 없고, 생각에만 있는 거 같지, 실제로는 없는 것이지요.

그렇지 않습니까?

다른 모든 일도 그와 같습니다.

그래서 당연히 있는 것 같지만 실제로는 아(나)란 없다 즉 무아라는 것입니다!!!

그리고 "다른 사람이 아닌 나에게 일어나지 않나요?"라는 질문에 대해서는, 그 나라는 몸 또는 마음은, 독립적이고 특정되는, 다른 사람 또는 자연현상과 구분되는, 실체인가요?

몸과 마음이 보고 듣고 느끼고 생각하고 알고 하나요? 아님 보이고 들리고 느껴지고 생각나고 알아지는 작용들의 현상일까요?

즉 몸과 마음이 그런 일들의 주체일까요? 그런 일들의 연속적 사건들을 몸과 마음이라 생각하는 걸까요?

이 문제는 과제로 남기지요!!!

부처님이나 아잔차(차스님)가 고행으로 깨달으셨다고요?

부처님이나 아잔차나 깨달음이 있기 전에 몰라서 고행을 하셨지요!!!

그래서 아시고 난 후에는 고행하지 말고 처음도 좋고(쉽고) 중간도 좋고 끝도 좋은 중도로 깨달음과 해탈에 이르게 된다고 하셨지요!!!

아잔차의 노력은 머리의 이해가 아닌 수행(중도)을 통한 깨달음을 말

쓴하신 것이지 고행하라는 의미는 아닙니다!!!

그리고 언제 우보거사가 수행하지 말라고 했습니까?
오히려 입만 열리면 온통 수행하라 수행하라, 도 도 도라는 말들 아닙
니까?
다만 고행이나 관념(생각)수행을 고생해서 하는 잘못된 수행을 하지
말고, 바른 수행(중도)과 바른 노력을 하라는 말이었지요!!!

그리고 수행도 깨달음도 그냥 우연히 되는 것이 아니라 삶의 괴로움의
경험을 통하여 괴로움에서 벗어나고자 하는 간절함과 절실함이 있고,
바른 수행과 바른 노력이 있어야 되어지는 것입니다!!!
물론 바른 수행과 바른 노력은 생각으로는 어렵지만 실제 경험으로는
너무나 쉽습니다!!!
그래서 생각으로만 추측하지 마시고 실제로 수행이라는 경험상태가
어떠한지를 직접 체험해 보시지요!!!

64.

1. 작용이라는 말에 있어서 있고 없다는 표현은 곧 일어나고 사라지는 생멸의 감지사실의 표현이지 존재여부에 대한 표현이 아닙니다!!!
그러한 작용이란 표현에는 시간이란 표현이 더해질 여지가 없기 때문에 찰라생 찰라멸이라는 표현도 있습니다.
그러한 작용은 분명히 감지되기 때문에 있다는 표현이 나옵니다!!!

2. "동시"라는 말에 미혹되지 마세요!!!
[인]과 [연]과 [과]라는 것이 실체(실재)가 아니고, 시간이 실체(실재)가 아닌데, [인]과 [연]과 [과]에 동시니 이시니 하는 말이 있을 수 없지요!!!
그래서 인과동시라는 말이든 연기동시라는 말이든 경험현상에 대한 표현이지 이치적 표현으로서는 부적절합니다.
그래서 들림이라는 이식과 생각과 의도와 소리들림이라는 의식은 '함께' 일어나고 사라진다는 현상적 표현은 일반적이지만, 동시에 일어나고 사라진다는 사실적 표현은 일반적이지 않습니다.
그러한 말들은 들림이라는 이식과 생각과 의도와 소리들림이라는 의식작용들을 구분하여 경험하려는 시도, 경험주체가 있다는 무지에 빠진 착각행위가 없도록 하기 위한 방편적 표현일 수는 있겠지요!!!

3. 예를 들어 H_2O는 어떤 조건들에서는 물이라는 액체(현상)으로 드

러나고, 어떤 조건들에서는 수증기라는 기체(현상)으로 드러나고, 또 어떤 조건들에서는 얼음이라는 고체(현상)으로 드러나지요.

그렇지만 H2O와 물과 수증기와 얼음을 구분하거나 분리할 수 있습니까? 반야심경의 표현, 색즉시공 공즉시색 색불이공 공불이색 같은 색수상행식이라는 현상과 공이라는 작용과의 관계 표현과 같지요.

물론 H2O도 작용이라 표현될 수 없는 현상이지만, 작용이라는 표현은 시간, 무게, 부피(공간), 밀도 등 어떠한 물건 또는 존재의 표현에 사용되는 단위들로 표현될 수 없으나 이치는 다르지 않기 때문에 이용된 예입니다!!!

65.

님의 [무아가 진아라는 말, 꿈을 깨도 꿈속이라는 말, 이미 행복하다는 말, 이미 깨달은 상태라는 말, 이미 도라는 말, 지옥과 천당이 똑같다는 말, 우울도 부처의 얼굴이라는 말, 어떤 상황이든 늘 아름답고 깨끗한 불국토라는 말, 부처마음과 내 마음은 같은 마음이라는 말, 이 세상은 내가 만든 세상이라는 말, 온 세상이 하나의 마음이라는 말, 등등] 같은 궤변적인 말들로 드러나는 견해는 부처님의 가르침을 교묘히 기만하는 삿된 견해입니다!!!

님과 같은 견해 때문에 인도에서 불교가 사라지게 된 것입니다.
그런 견해는 교묘히 불교라는 가면을 쓴 힌두교(브라만교)의 견해입니다.
그래서 그런 견해를 타파하는 부처님의 말씀을 파사현정이라 하는 겁니다!!!

그런 말들이 삿된 견해에서 나온 말인 줄을 모르고 그런 견해를 펼친다면 어리석음(무지)이고, 알면서 펼친다면 사기꾼이지요!!!

66.

중도와 무위의 다른 점(차이점)이 궁금합니다.

무위라 이름하는 경험사실은 어떠하며, 중도라 이름하는 경험사실은
어떠합니까?
여기에 분명하면 질문의 답은 자명할 겁니다!!!

중도의 큰 발자욱 안에 무위가 포섭되어 있는 것 같습니다.

그런 관념적인 대답은 몽둥이감입니다!!!

깨우침에 감사합니다,
무지 없음이 무위요, 무지 없음이 중도라 생각됩니다!!!

67.

경험은 엄밀하게 볼 때 그대로의 경험과 규정/판단의 경험으로 구분될 수 없습니다.

경험은 엄밀하게 볼 때 그대로의 경험과 규정/단정의 경험으로 구분될 수 있습니다!!!

대부분의 수행자(바르지 못한 잘못된 견해로의 수행자)나 수행자 아닌 소위 중생들은, 그대로의 경험은 못하고 규정/단정의 경험이라는 착각(실제가 아닌 경험을 실제의 경험이라고 착각)을 하고 있지요.

그래서 중생들이나 잘못된 이해상태의 바르지 못한 수행자들은 그런 규정/단정의 경험을 경험 실제라고 고집하고 다투고, 심지어는 님처럼 오히려 상대방을 틀렸다고 시비 걸지요!!!

그렇지만 도인들(깨달음이 있는 사람들)은 경험 실제를 알기에, 바른 수행자들은 경험 실제를 모르기 때문에 규정/판단할 수 없다는 자각으로, 규정/판단 없는 경험 그대로여서 고집하지 않고 상대방에 시비 걸지 않고 무주고 무심이라 표현되는 그런 경험상태지요.

자, 이래도 구분될 수 없습니까?

일체의 경험은 모두 중중무진 연기로 일어나는 일이고, 거기에 그대로의 경험과 규정/판단의 경험간에 차별은 없습니다.

누가 안 그렇답니까?

중중무진 연기라 표현되는, 그렇게 일어나는 규정/단정이라는 생각은, 내가 한 규정/단정이 아니고, 그래서 규정/단정이 아니고, 그래서 규정/단정된 생각이 아니고, 그냥 이런저런 생각들 중 하나의 생각일 뿐이지요!!!

그런데 왜 그것들을 "규정/단정"이라고 규정/단정합니까?

그 점을 자각시키려 "규정/단정함이 없으면"이라는 말이 나온 거라면 그 말이 차별인가요?

괴로움은 경험에 대해 규정/판단이 있기 때문에 발생하는 것이 아니라 이것이 어떻게 생멸하는가를 모르는 무지와 이것을 내가 한다는 근본 착각 때문에 일어나는 것입니다.

문제가 스스로 모순투성이라는 생각이 안 드십니까?

님이 말씀하시는 그러한 무지와 착각이 있으니 규정/단정함이 발생하게 되니, 그 말이 그 말 아닌가요?

우보거사가 무지의 드러남이 규정/단정/평가/판단이라고 누누이 말하지 않았던가요?

우보거사의 그냥 그대로가 중도라는 중도 개념은 불법이 아니고, 우보거사의 불법에 대한 독특한 해석일 뿐입니다.

님은 끝없는 규정/단정으로부터 벗어나지 못하시는군요!!!

"대상으로 알아차린다"는 말을 오해하시는 거 같은데, 그 말은 '생각은 생각일 뿐으로 규정/단정함이 아닌, 그냥 생각 그대로의 경험상태'를 말하는 것이지, 이러저러한 생각을 규정/단정이라고 규정/단정하면서 경험하라는 말은 아니지요.

더구나 대상으로, 즉 객관적으로 알아차리려 하면 바로 나라는 유신견에 빠짐이고, 그래서 무아의 자각이 일어나는 게 아니라 유신견만 더욱 강화되게 되지요!!!

제가 무엇을 경험하고 무엇을 경험하지 못했다고 착각하고 있을까요?

"우리가 경험되지 않은 것을 알 수 있을까요?

분리되어 경험되지 않는다면 감각과 해석이 별개라는 것을 어떻게 알까요?"라는 님의 댓글에 그러함이 드러나 있네요.

그 댓글에서 무엇이 경험되지 않은 것이며, 무엇이 경험된다는 것입니까?

그 대답에 님의 질문에 대한 답이 있을 겁니다!!!

제 경험으로는 경험하지 않고 알 수 있는 것은 없었습니다.

경험하지 않고도 알고 있는 건 이론이나 추측이거나 그렇습니다.

감각과 해석이 별개이고 다른 것임을 아는 데는 감각과 해석이 뭉뚱그려 있으면 안되고 따로따로 구분 경험이 되어야 가능한 일이 아닌가요?

콩과 팥이 섞여 있을 때 콩과 팥이 구분 경험되지 않는다면 콩과 팥이 있는 줄 어찌 알 수 있는가요?

뭉뚱그려 경험한 경험에는 콩과 팥의 경험은 없지 않을까요?

"감각과 해석이 뭉뚱그려 있으면 안되고 따로따로 구분 경험이 되어야 가능한 일"에서, 감각경험과 내용경험이 뭉뚱그려 경험된다는 건 실제 경험이 아닌데 실제 경험으로 착각되는 것이며, 따로따로 구분 경험되어지는 게 실제 경험입니다.

그래서 "님은 경험되는 것은 경험되는 줄 모르고, 경험되지 않는 것은 경험된다고 주장하시고 있네요"라고 말한 겁니다!!!

그래서 제가 거사님께 착시에서 나온 책상 두개가 같게 보이는지 보이는 대상이 거꾸로 경험되는지를 여쭈어 본 것입니다.

저는 감각과 해석이 뭉뚱그려 경험이 되기 때문에 같게 보이고 바르게 보여서요.

그리고 뭉뚱그려진 경험도 바른 경험이 아닐지는 몰라도 제게는 경험입니다.

경험이 수정될 때 까지는 감각 따로 해석 따로가 아닌 뭉뚱그려진 경험을 바탕으로 살아가게 되겠지요.

착시라는 말은 말 그대로 사실은 아닌데 사실 같다는 의미잖아요?

님과 수행하지 않은 대부분의 사람들은 착시를 사실이라고 오해하지

깨달음과 자유에 이르는 유일한 길 깨어있음 - 문답편

만, 중도(위빠사나)라 이름하는 경험상태를 통하여 자각이 있으면 착시일 뿐이지 사실이 아님이 자명하게 되지요.

그러면 일상의 경험에서 착시지 사실이 아니라는 경험(그래서 보임은 제대로 작동되는데 생각(기억)이 제대로 작동되지 않는 경우에는 날마다 보는 남편을 날마다 새로운 사람이라고 하는 웃지 못할 일이 실제로 일어나는 경우도 있음)은 빈번히 일어나는데도, 생각내용이 당연히 사실이라는 무지로 인해서 모르는 것과 같은 상태였을 뿐이라는 걸 알게 되지요.

님이 말씀하시는 "책상 두 개의 경험이 같게 보이는지 보이는 대상이 거꾸로 경험되는지"는 통상적인 생각이라는 작용(기억)으로는 그렇지 않습니다 아니 부처님이라도 그렇게 될 수 없습니다.

그렇다고 실제로 그렇게 경험된다는 것은 아닙니다.

즉, 실제는 책상 두개가 같게 경험되는 것도 아니요 대상이 거꾸로 경험되는 것도 아닙니다.

그러한 사실에 대한 자각(깨달음)이 있기에 그렇다고 착각하지도 않습니다.

암튼 "저는 감각과 해석이 뭉뚱그려 경험이 되기 때문에 같게 보이고 바르게 보여서요. 그리고 뭉뚱그려진 경험도 바른 경험이 아닐지는 몰라도 제게는 경험입니다. 경험이 수정될 때 가지는 그 경험을 바탕으로 살아가게 되겠지요."라는 말씀은,

이치(사실)를 모르는 무지한 상태로 그냥 살래요라는 억지소리로밖에 안 들리네요!!!

거사님 말씀에 동의합니다.

저를 포함 대부분의 사람들은 착시를 사실로 오해를 할 것입니다.

또한 단지 오해로 그치는 것이 아니라, 제가 헛것을 봤다고 했을 때 그 본 것이 헛것이었다는 사실 확인(경험)이 되기 전까지는 헛것을 사실이라 믿고 살아갈 것이고, 그로 인한 문제도 생기겠지요.

그래서 수행은 꼭 필요하다고 봅니다.

문제는 부처님도 벗어날 수 없는 근본적 착시나 생각, 감정, 편견 등등 사실을 볼 수 없게 하는 많은 요인들을 어떻게 할 것인가입니다.

근본적 착시 같은 것은 어쩔 수 없겠으나 생각, 감정, 의도, 주체 등은 어떻게 해볼 수 있는 것들로 보입니다.

수행자마다 다양한 수행법들이 있겠지요.

"근본적 착시나 생각, 감정, 의도, 주체 등"도 다 같은 문제로서 부처님이 말씀하신 중도(위빠사나)로 해결됩니다.

다른 방법은 없습니다.

그래서 부처님은 중도를 유일한 길이라 말씀하신 겁니다!!!

깨달음과 자유에 이르는 유일한 길 깨어있음 - 문답편

68.

주체가 없다는 말씀은 이해가 가는데 대상도 없다는 말씀은 이해가 잘 가질 않습니다.
주체의 정의를 감각기관과 의식으로 까지 확장한다면 이해가 안될 것 도 아니지만 그리되면 무아는 감각기관과 의식까지 모두 없어야 하니 몸까지 죽은 후에야 가능한 일이 아닌가 싶습니다.

님 친구 중 한 사람을 대상으로 삼아보면,
님 입장에서는 님이 주체고 친구가 대상이며, 친구 입장에서는 친구 자신이 주체고 님이 대상이겠지요.
그래도 주체가 없다는 말은 이해가 되는데 대상도 없다는 말은 이해가 되질 않습니까?

친구랑 서로 마주보며 대화를 해 보았는데 자각되는 게 없습니다.
친구도 저를 보고 있다 하고 저도 친구를 보고 있다했습니다.

님의 "주체가 없다는 말씀은 이해가 가는데 대상도 없다는 말씀은 이 해가 잘 가질 않습니다"에서, 친구와 님 간에 누가 주체고 누가 대상입 니까?
그래도 주체는 없는데 대상은 있습니까?

69.

실상의 경험이라 이름하는 경험은 따로 있다고 말할 수는 없지만, 보이고 들리고 느껴지고 알아지는 모든 경험 그대로가 사실은 실상의 경험이라 이름하는 경험입니다.

그런데 그런 경험들이 동시에 작용되는 생각의 내용으로 경험되는 것 같은 착각상태에 빠지기 쉽습니다.

즉, 보임이라는 경험과 보이는 내용(생각)의 알아짐이라는 경험은 다른 경험인데, 보임이라는 경험은 있었는지도 모르고, 보이는 내용의 알아짐이라는 경험을 보임의 경험으로 착각되기 쉽다는 것입니다.

그래서 보임이라는 실상경험(경험 실제)과 보이는 내용이라는 착각경험(경험내용)을 굳이 나누어서 설명하기도 합니다.

결론적으로 보이고 들리고 느껴지고 알아지는 내용은 실상경험이 아니지만, 보임 들림 느껴짐 알아짐이라 이름하는 경험들은 실상경험이라 이름하는 그런 경험들입니다.

결국 일상의 모든 경험에서 보이는 형상, 들리는 소리내용, 느껴지는 냄새나 맛이나 느낌, 알아지는 생각내용 등 내용경험(사실은 내용경험이라는 것은 착각으로 실제 경험은 아니지만)을 제외하고는 전부 실상경험입니다.

또 내용경험에는 반드시 실상경험이 기반되어 있으니, 일상의 모든 경

깨달음과 자유에 이르는 유일한 길 깨어있음 - 문답편

험이 착각의 경험인 동시에 실상의 경험이라고도 할 수 있지만, 일상의 경험과 실상의 경험이 인식적으로 구분 경험될 수 있다는 말은 아닙니다!!!

70

〈여기와 저기〉의 기준은 경험(앎)입니다. 경험이 〈여기〉고 경험 아닌 것이 〈저기〉입니다.

〈일어나고 사라짐〉의 기준 또한 경험(앎)입니다. 경험이 있으니 〈일어남〉이 있고 경험이 없으니 〈사라짐〉이 있다고 말합니다.

〈찰나와 순간〉은 다른 말이면서 같은 표현인데요, 모두 〈경험(앎)이 시작이고 끝〉이라는 말입니다.

답변 감사합니다.

경험이 있다와 경험이 없다는 것의 기준은 무엇입니까?

경험인 것과 경험 아닌 것의 기준은 무엇입니까?

〈답변 감사합니다〉라는 말은 어떻게 나왔습니까?

답변이라는 글이 〈보이니〉 일어났지요?

바로 그 〈보임〉을 경험이라 이름하고, 〈보임〉이 있으면 경험이 있다이고 〈보임〉이 없으면 경험이 없다인 그러함이 기준입니다.

〈들림, 느껴짐, 알아짐 등의 경험〉도 마찬가지겠지요!!!

여전히 〈앎(경험)〉의 일어나고 일어나지 않음이라는 말이 조금 이상하게 느껴지네요.

〈앎〉의 일어나고 일어나지 않음이라는 표현은 〈앎〉이 단위 단위로 구분돼서 경험된다는 얘기로 들립니다.
예를 들어 〈꽃〉이 〈보임〉과 〈보이지 않음〉, 이건 생각으로 나뉜 단위라고 보여지는데 어떻게 보시나요?

〈앎(경험)〉은 굳이 표현하자면 〈단위 단위로 구분되면서가 아니고〉, 〈단위 단위로〉 일어나지요.
예를 들면 〈형상이 망막에 맺히니 보임이라는 앎(경험)이 일어나고〉, 〈형상이 망막에 맺힘이 없으면 보임이라는 앎(경험)이 일어나지 않지요〉 또 〈소리가 고막에 닿으니 들림이라는 앎(경험)이 일어나고〉, 〈소리가 고막에 닿음이 없으면 들림이라는 앎(경험)이 일어나지 않지요〉, 거기서 〈보임이라는 앎(경험)과 들림이라는 앎(경험)은 다른 앎(경험)〉이지요.
그래서 〈(꽃의) 보임〉은 앎(경험)이고, 〈보이지 않음〉은 〈보임이라는 앎(경험)에 대한 보임이라는 앎(경험)이 없음〉이라는 생각이지요!!!

저는 〈앎〉이 〈단위 단위〉로 일어난다고 보지 않습니다.
형상이 망막에 맺힘과 맺히지 않음이 앎의 한 〈단위〉라고 말씀하셨는데, 그것은 먼저 〈형상〉이 하나의 개별 단위로 분별되고, 그렇게 구분된 형상이 〈보이다가 안 보인다〉라는 기억 내용이 아닌가 이런 말입니다.
마찬가지로 보임이라는 앎과 들림이라는 앎이 다른 경험이라는 말은 보임의 시작과 끝이 있고 들림의 시작과 끝이 있어, 이 둘이 구분될 수

있어야 하는 것인데, 이 둘은 구분하는 것은 지금 일어나는 기억의 내용의 알아짐일 뿐, 실제 경험사실은 아니지 않느냐는 말입니다.

님이 단위라는 말을 써서 단위라는 말로써 말씀드렸을 뿐, 어떤 작용이 다른 작용과 관계없이 일어난다는 말은 아니었으며, 서로 연관으로 일어난다고 해서 작용과 작용이 하나라고 말할 수도 없습니다.
님은 마치 라마나 마하리쉬의 말과 같이 하나이자 유일한 실체인 〈앎〉 (편의상의 이름)만 있고 다른 작용들은 사실상 없다고 말씀하시는 듯합니다.

하나이자 유일한 실체인 앎만 있다 이런 말은 아니고, 저는 어쨌건 시간이라는 느낌을 줄 수 있는 - 단위라던지, 찰나, 순간 등등 - 표현이 오해의 소지가 많다고 생각해서, 영 마음에 들지 않네요.
또 작용 작용으로 뗄레야 뗄 수 없는 것을 보임 따로 들림 따로 나누어서 설명하는 것 또한 많은 오해의 소지가 있다고 생각합니다.
마치 꽃을 설명하는데, 꽃잎 따로, 줄기 따로, 뿌리 따로 설명하는 것 같아서요.
꽃잎, 줄기, 뿌리 한데 모아 놓는다고 그게 꽃은 아니잖아요?

〈영 마음에 들지 않네요〉는 님의 생각이고요.
왜 석가모니 부처도 이 세상을 18계로 설명하며, 보임 들림 느껴짐 알아짐(앎) 등이라는 6개로 나누어 설명했겠습니까?

바로 브라만교(힌두교)의 유일한 실체와 모든 현상인 꿈에 대한 파사현정이었지요.

님이나 다른 질문자의 물음에 따라 용어나 설명이 달라지는거지 굳이 그렇게 그런 용어나 설명을 고집하는 건 아닙니다.

그리고 〈꽃잎 따로, 줄기 따로, 뿌리 따로 설명하는 것 같아서요〉 또한 님의 생각이잖아요.

이 우보거사는 〈꽃잎 따로, 줄기 따로, 뿌리 따로 설명〉하는 것이 아니라 〈꽃이라 부르는 현상이 사실 또는 실체가 아니라는 설명〉이었을 뿐입니다!!!

71.

잠을 자도 소리는 귀에 닿고 생각은 일어나고, 깨어있는 것과 다를 바 없는 송장인데, 왜 이 두 상태는 다른 느낌일까요?
요즘 법문을 틀어놓고 자는 버릇이 있는데, 문득 왜 잠들어 있을 때는 깨어 있을 때와 같은 생각작용이 일어나지 않는지 의문이 들더군요. 분명 같은 소리가 귀에 와 닿는데…

〈관심〉이라 이름될 수 있는 정신작용이 일어나지 않으면 〈잠든 상태〉라 이름되는 경험상태가 되고, 〈관심〉이라 이름되는 정신작용이 일어나면 〈깨어있는 상태〉라 이름되는 경험상태가 됩니다!!!
그러한 〈관심〉은 〈인연과 연기라 이름되는 이치〉로 작용됩니다.
그 차이일 뿐입니다!!!

72.

"벌에 쏘이면 위험하다"라는 생각이 들었습니다.
곧이어 "하지만 그 생각은 사실이 아니라고 했어"라는 생각이 듭니다.
그래서 주위를 왱왱거리는 벌을 애써 무시하려고 합니다.

〈"하지만 그 생각은 사실이 아니라고 했어"라는 생각〉 때문에 〈애써 무시하려함〉이 일어날까요?

아님, "그렇지만 벌에 쏘이면 실제로 위험할지도 몰라"라는 또 다른 생각이 들고 그래서 〈애써 무시하려함〉이 일어나는 걸까요?

〈눈앞에 나타난 독사든 칼을 든 사람이든…〉 마찬가지 문제겠지요?

생각 내용이 "어느 정도까지 일리"있는 해석이지만, 그것이 절대불변의 사실이 아니라는 것이 알아지면, 그것은 각자의 경험 사실에 비추어 세상에 대한 일리있는 해석으로 작용하는 통찰이 됩니다.

〈생각 내용이 "어느 정도까지 일리"있는 해석〉이라면 모든 사람에게 그래야 되지 않나요?

그런데 위 3가지 사례(벌, 독사, 칼을 든 사람)에 대한 사람들의 생각은 다들 똑같지는 않겠지요?

그래서 벌이나 독사만 보면 무조건 때려 죽인다거나, 칼을 든 사람을

깨달음과 자유

강도로 오인하여 가지고 있던 골프채로 때려 죽이는 불상사가 날 수도 있잖아요?

또한 〈각자의 경험 사실에 비추어 세상에 대한 일리있는 해석〉에서, "각자의 경험사실"이라는 게 "생각 내용은 사실이 아니다"라는 걸 모르는 사람들에겐 각자의 생각경험일 뿐이고,

그러니 〈각자의 경험 사실에 비추어 세상에 대한 일리있는 해석〉이나, 어느 정도까지 일리)라는 건 통찰일까요? 아님 그냥 각자의 생각 나름일 뿐일까요?

"생각 내용은 사실이 아니다"라는 말의 뜻을 스스로 확인해보는 중에 어느 정도 일리가 있는 해석으로써의 역할을 할 뿐입니다.

"생각 내용은 사실이 아니다"라는 말의 뜻(낙처)은 무엇일까요?

생각이라는 건, 단순하게 얘기해 보자면, 지금 이 순간의 경험에 대하여 일어난 생각과 문득 뜬금없이 일어난 듯한 생각으로 나누어 보면,

지금 이 순간(현재)의 경험사실(보임, 들림, 느껴짐, 알아짐)에 대한 해석으로서의 생각 내용은 경험사실 자체라고 할 수는 없겠지요?

그러니 똑같은 경험사실(예를 들면, 소리의 들림)에 대한 생각내용은 사람마다 다르겠지요?

그래서 "생각 내용은 (경험)사실이 아니"지요?

그리고 뜬금없이 일어난 듯한 생각은, 과거의 기억이나 미래에 대한 생각, 과거 어느 시점(그때의 지금)의 생각내용이나 과거와 현재의 생각

내용에 기반한 미래에 대한 생각내용이지 않겠어요?

그래서 또한 "생각 내용은 (경험)사실이 아니"지요?

그렇지 않습니까?

그렇다면 "〈생각 내용은 사실이 아니다〉라는 말이 어느 정도 일리가 있는 해석으로써의 역할을 할 뿐"이라고 단정할 수 있을까요?

위에서 언급한 것처럼 우보거사님이 사용하시는 "사실"이라는 단어와 제가 사용하는 "사실"이라는 단어가 다른 것 같습니다.

그러하기에 더더욱 "생각 내용은 〈사실〉이 아니다"라는 말을 이해하는 것이 사람마다 다를 수 있지 않습니까?

님의 "생각 내용은 사실이 아니다"라는 것은 우보거사가 자주 하는 말과 같은 거 아닙니까?

그 말인 줄 알았습니다.

그렇다면 별로 관심이 없습니다.

그렇다면 그냥 님의 생각일 뿐일 테고, 사람마다 다른건 각자의 생각이해일 뿐일 테니까요!!!

그런건 그 말 뿐만 아니라 세상 사람들의 모든 생각이 다 그러할 뿐일 테니까요!!!

"생각 내용은 사실이 아니다"라는 말이 무엇을 가리키는가가 중요한 것 아니겠어요?

그 가리키는 바에 대한 이해를 돕고자 다양한 방법으로 설명을 하는 것이고요.

법담에서 자주 사용되는 용어들 - "경험사실", "들림", "알아짐" - 이러한 단어들도 결국 생각 내용이고 실체가 있는 것은 아니지요?

그런데 그러한 용어들이 또는 설명 풀이하는 방식이 반복되다 보면 그것들이 또 다른 고정불변의 진리처럼 착각될 수 있잖아요?

그런 점이 새삼 자각되어 시작한 글입니다.

"생각 내용은 사실이 아니다"라는 말이 무엇을 가리키는가가 중요한 것 아니겠어요?라는 님의 말씀은 맞습니다.

우보거사는 어떤 말이든 그 가리키는 것은 경험내용(생각내용)이 아니라 경험사실이라고 누누이 말하지 않습니까?

그럼에도 님이 말씀하시는 "생각 내용은 사실이 아니다"라는 말의 잘못된 이해로 인한 위험성이, 우보거사가 바로 그 위험 때문에 "생각 내용은 사실이 아니다"라는 말을 하는 바로 그 이유라는 걸 왜 모르세요?

모르지 않습니다. 그러나 또 모를 수도 있지 않나요?

거사님의 뜻을 다른 모든 사람들이 그렇게 알아들어야 하는 건 아니니까요.

하하하!!! 님에게 두 손 들었습니다.

막무가내 고집불통이시군요!!!

깨달음과 자유에 이르는 유일한 길 깨어있음 - 문답편

네, 저는 대화에서 둘 다 모른다는 자세로 함께 탐구해나가는 걸 좋아합니다.

예전 고승들이 하듯이, 한 수 가르쳐주겠다는 태도로 임하시면 언쟁밖에 더 되겠어요?

결론적으로, 도대체 이런 꼬이고 꼬여서 그럴듯하고 알쏭달쏭한 문제가 어떻게 제기되었을까요?

〈"생각 내용은 사실이 아니다"라는 말을 곧이곧대로 믿으면 생명이나 신체나 재산이나 사람간의 고집으로 다툼 등등으로 위험하다〉라는 생각으로부터 야기 되었겠지요? 안 그렇습니까?

그런데, 솔직히 생각해 보세요.

"생각의 내용이 사실이 아니다"가 더 위험할까요? "생각의 내용이 사실이다"가 디 위험할까요?

위에서 말씀드렸듯이 "각자의 경험 사실에 비추어 세상에 대한 일리 있는 해석이라는 생각"도 사실은 각자의 생각 내용이 사실이라는 생각과 뭐가 다르지요?

모두들 자기 생각은 자신의 경험 사실에 비추어 세상에 대한 일리 있는 해석이라고 생각지 않는 사람이 있기나 할까요?

그리고 가장 근본적인 문제는 생각하거나 이해하거나 무시하거나 감수하는 "나라는 주체가 있다는 관념"으로 인한 착각의 문제 아닙니까?

사실은 "생각 내용은 사실이 아니다"라는 분명한 이해가 있다면, 그 순간의 생각 내용으로의 규정으로 인한 위험이 경험되지 않으면서도, 그때의 상황에 따른 어떤 대처라 이름할 수 있는 작용이 일어나겠지요!!!
예를 들면 독사나 벌이나 칼을 든 사람이 보이면 스스로 자기 길을 가도록 방해 아닌 비낌이나 피함이 일어나든지, 아니면 생각내용이 사실은 아니지만, 그래서 오히려 확정적으로 어떻다고 단정될 수 없으니 경찰이나 동물구호단체에 알려줌이 일어나든지, 등등…
그렇지 않습니까?
사람이라는 자연 외의 다른 자연현상들을 보세요.
모든 게 그렇지 않습니까?
사람 또한 다름이 있을까요?

"생각 내용이 사실이 아니다"라는 생각도, "생각 내용이 사실이다"하는 생각도 생각의 본질, 즉 어디까지나 상대적이고 제한적인 상이라는 것이 분명하지 않아 그 생각을 절대적 진실이라 믿으면 위험한 건 마찬가지입니다.
중요한 것은 "생각 내용은 사실이 아니다"라는 말이 가리키는 바가 잘 이해가 되었을 수 있지만, 그 가리키는 바가 이해가 되지 않고, 그러한 말(생각) 또한 절대적 진실이라 믿어버릴 수 있다는 것을 지적하고자 한 것이 본 글의 취지였습니다.

님은 우보거사의 "생각 내용은 사실이 아니다"라는 말을 그냥 생각내용(개념)으로 받아드리라는군요.
우보거사의 그 말은 우보거사의 말의 맥락에서 분명히 드러나는데요.

우보거사는 밑도 끝도 없이 달랑 그 말만 쓰는 경우는 거의 없지 않습니까?

대화 상대의 경험을 상기시키면서 스스로의 경험적 이해를 바탕으로 생각내용으로 규정할 수 없음을 말하지 않습니까?

그리고 수없이 자신의 경험을 통한 이해를 말하지 그냥 개념적 이해를 말하지 않잖아요!!!

심지어 우보거사 말이라도 그냥 믿지 말라 하잖아요?

그런데 "그러한 말(생각) 또한 절대적 진실이라 믿어버릴 수 있다는 것을 지적"하신다니, 그러함은 어느 누구도 어쩔 수 없는 상황이잖아요?

부처님이나 예수님의 말씀에도 그러하지 않습니까?

그렇다고 다르게 이해해야 된다고요?

님은 자신의 생각논리에 빠져 지금 횡설수설하고 있는 거군요!!!

저는 다르게 이해해야 한다는 뜻으로 말하지 않았습니다. "생각 내용이 사실이 아니다"라는 말이 또 다른 진리처럼 받아들여질 수 있으니, 저 말이 가리키는 바가 무엇이냐에 대해 제 나름의 방식으로 설명을 해본 것입니다.

거사님이 이미 맥락상 다 자세하게 설명해놨는데 왜 거기에 또 다른 지적을 하냐는 뜻으로 이해되는데, 거사님이 자세한 해설을 하셨으면 무조건 다 제대로 알아들어야 하고, 그렇지 않으면 어느 누구도 어쩔 수 없는 것이라고 단정하시는 것은 아닌가요?

그렇다면, "생각 내용은 사실이 아니다"라는 말이 무엇을 가리키는가를 바르게 설명하는 노력이 필요한 거지 다르게 이해하라 하면 더욱 혼란만 가중시키는 생각놀음을 부추기는 꼴이잖아요?

그리고 "생각 내용은 사실이 아니다"라는 말로 가리키는 경험사실은 절대불변의 진리라 이름할 수 있다고 이해됩니다.

그 말은 금강경의 무주상이라는 말이나 무상 무아 고라는 삼법인이라는 말이나 연기라는 말과 모순 없이 맥락이 통하니까요.

그 말을 잘못 이해함을 무지라 할 수 있는데, 스스로 잘못된 이해에 빠지는 건 천 부처가 나와도 어쩔 수 없는 일 아니겠습니까?

그럼에도 님이 그러한 생각놀음으로 어떻게 해보시겠다고요?

73.

과거는 그때의 현재고, 미래 또한 그때의 현재고, 현재는 지금의 현재다!!!

지금의 현재엔 과거와 미래와 현재가 생각으로 동시에 작용한다!!!

그래서 오직 현재만이 있을(경험될) 뿐이다!!!

현재라는 말의 경험 실제는 경험되는 순간이다!!!

그 순간을 지금이라 이름한다!!!

74.

누구의 말은 그 사람의 말일 뿐이다!!!

누구의 말을 이러쿵저러쿵 해석한다는 건 부질없는 짓이다.

물어볼 수 있으면 물어보고, 물어볼 수 없다면 그저 들리는 소리와 알아지는 생각일 뿐이다.

누구의 말에 분명해야 하는 게 아니라 그 말이 가리키는 경험사실에 분명해야 하는 것이다.

그 경험사실이 분명하면 그 사람의 말이 사실에 맞는 말인지 틀리는 말인지 또는 그 사람만의 말(표현)일 뿐인지가 스스로 분명하게 된다!!!

75.

1. 〈분명하다〉는 그냥 말(표현)일 뿐 아닌가요?

〈분명히〉 들었지?, 〈분명히〉 여자였지?, 무언가 〈분명히〉 느껴졌어, 〈분명히〉 이해됐어, 등등…

근데, 님은 〈'분명하다'는 것은 법이 분명하다는 말이 아닙니다. 오온에 걸림 없이 매임 없이 자유롭게 살아가는 일이 분명하다는 의미입니다.〉라고 그렇게 규정할 수 있는, 그렇게만 쓰이는 말입니까?

님은 그렇게 개념에 얽매여 있다는 것이 스스로 드러난 꼴 아닌가요?

2. 〈분별을 벗어난 불이 중도〉가 뭡니까?

님은 그렇게 규정단정적으로 말하는 것은 역시 개념에 얽매여 있기 때문 아닌가요?

도대체 〈분별을 벗어난 불이 중도〉가 뭐길래 〈힘〉이라는 표현이 나오지요?

그렇다면 또 〈분별을 벗어난 불이 중도의 힘〉은 무엇입니까?

〈힘〉이니까 세고 약하고도 있겠네요?

방편으로 손가락이 달을 가리키고 있는데, 방편에 초점을 두시고 계십니다.

달을 가르치신다니 〈달〉을 안다는 거네요?

자, 방편은 필요 없으니 바로 〈달〉을 말씀해 보세요!!!

답변을 쉽게 하실 수 있도록 힌트(실마리)를 드린다면,

부처님은 법에 대해서는 〈무상 무아 고〉로 설명하시고, 또 〈연기와 연기에 대한 설명〉으로 설명하셨지요.

또한 〈중도와 팔정도, 그리고 아나빠나사띠와 4념처, 등등〉으로 말씀하셨지요.

혜능스님은 법이 알아지는 길을 〈무념무상 무주와 그 설명〉으로 하셨지요.

님도 아신다면 그렇게 또는 님의 경험적 언어로 얼마든지 설명하실 수 있을 겁니다.

몰라서 설명 못하는 거지 알면 어떻게든 설명할 수 있겠지요?

앵무새 말고 자신의 경험적 자각(깨달음)을 펼쳐 보세요!!!

(묵묵부답)

76.

공(空)을 체험하면 공(空)이 근원, 본질이기 때문에 자기의 본래 면목으로 다가옵니다.

공(空) 대신에 마음이라고도 합니다.

이 마음은 우리가 알고 있는 그런 마음이 아닙니다.

알 수 없는 마음이지만 통할 수 있습니다.

이 모습이든 저 모습이든 모두 본래 마음을 떠나 있지 않습니다. 아니 떠날 수가 없습니다.

깨달음과 어리석음이 똑같은 마음입니다.

1. 〈공〉이라는 게 무엇이길래 〈체험〉할 수 있나요?

체험해 보셨으니 그렇게 말씀하실 수 있을 텐데, 〈공 체험〉은 어떠하던가요?

체험하신 〈공〉이 무엇이길래 〈근원, 본질이고 자기의 본래면목〉으로 다가옵니까?

2. 〈공이라는 마음〉은 알 수 없는 마음이면 어떻게 〈통〉할 수 있습니까?

알 수도 없는 마음인데 통한다는 건 어떻게 알 수 있습니까?

3. 또 〈공〉을 체험한다면서 〈공이라는 마음〉을 〈알 수 없는 마음〉이라니, 도대체 그 〈체험〉은 어떠하길래 그러한 모순적인 말이 나올 수 있습니까?

4. 〈본래마음〉이 무엇인가요?
〈부처의 마음이나 중생의 마음이나 모두 똑같습니다.〉라고 하셨으니 누구나 그러하고 누구나 경험될 테니, 누구나의 경험으로 이해될 수 있도록 설명 좀 부탁드립니다.
그냥 그렇게 규정단정적으로 말씀하시면, 어디서 듣고 읽은 말이나 글을 앵무새처럼 지저귈 뿐일 지도 모르잖아요?

5. 똑같은 그 〈마음〉은 또 무엇인가요?
답변을 도와드리는 팁(실마리)를 드리지요
선불교의 원조인 혜능스님은 법담을 이렇게 하라 하고 말씀하신 게 있지요?
육조단경에 나와있지 않나요?
선수행을 하신다니 잘 아시겠네요?
자, 혜능스님이 육조단경에서 알려주신 방법으로 말씀해 보세요!!!

(묵묵부답)

깨달음과 자유에 이르는 유일한 길 깨어있음 - 문답편

77

우보거사는 종교를 말하지 않습니다.

불교도 종교로서의 불교를 말하는 게 아니라, 부처님 가르침으로서의 불교를 말합니다.

우보거사는 어떤 종교도 없습니다.

예수님의 경우에도 종교 교리로서의 예수님 말씀이 아닌 자각경험의 나눔으로서의 예수님 말씀을 예로 듭니다.

우보거사는, 불교경전에 부처님 말씀이라고 전해지는 말들도 경험사실에 맞지 않다면 맞지 않다고 말하고, 기독교 성경에 예수님 말씀이라고 전해지는 말들도 경험사실에 맞으면 맞다고 말할 뿐입니다.

우보거사에게는 종교, 인종, 민족, 국가, 지역, 성별, 노소간 차별은 없습니다.

우보거사는 오로지 진리와 진리에 이르는 길을 대화할 뿐입니다!!!

거사님은 무아가 진리라고 보시는 것 같은데, 아트만이나 영혼의 존재에 기반한 유일신교 신자들은 무명에 빠진 사람들입니까?

한국의 많은 불교 신자들이 유아와 윤회를 믿고 있는데 이들도 역시 무명에 빠진 것입니까?

이 문제에 일체유심조나 도가도 비상도를 적용하여 둘 다 진리라고 할 수도 있지 않겠습니까?

무신론자, 유신론자, 중도론자 모두 각자의 기질에 따라 선택을 하면 되는 상대적인 진리 문제가 아니겠습니까?

님이 제기하신 처음 2가지 질문에 대한 답변은,
영혼이나 유아나 유아윤회는 경험사실이 아니기 때문에 모두 그렇다 (무명에 빠진 상태다)입니다!!!

그 다음 2가지 질문에 대한 답변은,
적용하는 '나'와 기질에 따라 선택하는 '나'라는 것은 역시 경험사실이 아니기 때문에, 그리고 상대적인 진리란 생각(관념)이지 경험사실이 아니기 때문에 모두 그렇지 않다(진리라 할 수 없다)입니다!!!

님의 "윤회나 사후 삶을 인정하지 않으면서"라는 전제 또는 가정이 사실이 아니라면 님의 질문은 질문으로서 의미가 없지 않을까요?
윤회나 사후 삶이 존재(영혼)의 윤회나 사후 삶이 아닐 뿐이지 사후에도 윤회라 이름하는 연기적 현상까지 없지는 않습니다!!!
세상의 "자신이 존재라는 무지상태로 별 고통 없이 행복하고 순탄한 삶을 산 사람들"은 언젠가는 인연에 따라 반드시 괴로움이라는 경험이 있게 됩니다!!!
"악행을 많이 저지르고도 부유하게 살다가 편안하게 죽는 사람들" 또한 '언젠가는 인연에 따라 반드시 괴로움이라는 경험'이 있게 됩니다!!!
그러한 연기 이치는 예외도 없고 피할 수 있는 방법도 없습니다!!!

깨달음과 자유에 이르는 유일한 길 깨어있음 - 문답편

78.

세상의 모든 이름들은 경험에 따른 이름들이지요.

여기서 경험이란 내용과 함께 알아지는 의식현상을 말하지요.

그래서 이식이 있으니 이식이 인식되는 의식이 있게 되지만, 이식이란 이름은 의식이 있으니 있게 되지요.

의식이 소리의 들림이면 이식이라는 이름이 붙고 느낌의 알아짐이면 신식이라 이름이 붙게 되지요.

그래서 귀머거리의 예로 보면 이식이 아니라 신식이라 불리는 게 경험적으로는 맞지요.

그러나 육식(안이비설신의식)이란 경험현상에 따른 이름이고, 경험현상은 상(이미지)으로 사실(실경험 실제)이 아니므로 이해를 위한 편의상 이름일 뿐이니, 경험 실제에 대한 이해가 있으면 더 이상 이름은 무의미하게 되지요.

그래서 육식으로 나뉘지만 모두 식이라는 경험사실에서는 다름이 없어, 그러한 구분 이름들이 오히려 도라는 경험의 장애가 될 뿐이지요.

도라는 경험은 이름없는(무주상) 경험이니, 거기에 무슨 이름이 있으리오!!!

79.

같은 의식이라는 말일지라도 같은 의식은 아니지요?

소리가 들린다는 의식이 있고, 형상이 보인다는 의식이 있지요?

거기에 따라 이름도 달라지지 않나요?

이름이란 사실(경험 실제)이 아니라 해서 이름으로 소통하는 세상(현상계)에서 귀머거리에 들림이 있다는 말을 하면 소통이 되지 않겠지요?

그래서 산은 산이요 물은 물이라고 하는 거겠지요?

산도 물도 사실(경험 실제)가 아니라 해서 산을 물이라 하고 물을 산이라 하지 않지요?

사실의 이해가 있으면 있을수록 현상과 이름을 무시하지 않고, 현상과 이름을 따르되 그러함이 사실이 아니라는 자명한 경험의 삶이 되겠지요.

그렇더라도 귀머거리에게 들림이 있다는 말을 하지는 않겠지요?

그럼에도 귀머거리에게 들림이 있다는 말을 한다면 법상에 빠진 상태라고 할 수 있지 않을까요?

소리가 일어나니 들림이 일어났나요?

들림이라 이름할 수 있으니 소리라 이름하나요?

귀머거리에게는 소리가 일어난 게 아니라 느껴지는 느낌이 일어난거 아닌가요?

그러니 귀머거리에게도 들림은 있다라는 말은 억지이지 않나요?

이상하지 않나요?

앎의 이름이 귀라니? 앎의 이름은 마음이라 하지 않나요?

그렇다면 눈의 앎도 앎이니 눈이라 하지 않고 귀라해도 되겠네요?

귀에서 어떤 작용의 현상이 일어났나요? 일어난 어떤 작용의 현상을 귀라 하나요?

봉사의 눈을 보면 봉사 아닌 눈과 같은 현상(망막상태/홍채움직임 등)인가요? 다른 현상인가요? 귀라는 현상도 같은 이치의 맥락으로 설명할 수 있지 않나요?

님은 실상에 묶여서 현상의 차이를 간과하고 있지 않은가요?

귀머거리 귀도 귀라고 하지요?

귀머거리 아닌 사람의 귀만 귀라고 하는 건 아니지요?

귀를 다쳐서 귀머거리가 된 경우 그 사람의 귀는 귀인가요 몸인가요?

그 사람 귀를 귀라고 하다가 귀머거리가 된 이후 귀라고 하지 않고 몸이라고 하는 건 이상하지 않나요?

귀머거리의 귀도 귀라는 사람은 그러한 이치를 모르는, 자기의 귀가 실체여서 정상이라는, 경험현상이 달라졌으니 이름도 달라지는 게 비정상(병신)으로 오해되지 않는 현명함이라는 걸 모르는, 무지한 사람들의 생각이지, 그러한 경험현상에 대한 이름이 아니지요?

님은 무지한 중생으로 댓글 대화를 하고 있나요?

세상 사람들이 말하는 귀머거리(병신, 비정상)는 실제론 귀머거리가 아니라 무지한 사람들의 생각(이름)일 뿐이잖아요?

그래서 수행자는 귀머거리 또는 귀라고 하지 않고 몸이라 고쳐 이름함으로써, 귀머거리라 이름함은 무지고, 귀머거리라는 사람도 비정상(병신)이 아니라는 걸 밝히는 거지요!!!

귀머거리, 봉사… 요즘 젊은 분들도 이런 말 쓰나요?
안 보이고 안 들리는 사회적 소수자로서 불쾌하네요.

님은 수행자로 댓글 달고 있나요? 아님 그냥 무지한 중생으로서 댓글 달고 있나요?

귀머거리나 봉사라는 말은 몸이 실체라는, 몸은 이러저러 해야 정상이라는, 무지한 중생들의 무지한 이름일 뿐이지, 실제로는 비정상(병신)이 아니라 우주만물만상이 이러저러하듯이 그냥 이런저런 현상일 뿐이지 않나요?

그래서 그러한 이름을 쓰는 게 문제가 아니라, 몸이라는 게 실체라는 무지가 문제 아닌가요?

귀머거리나 봉사가 들어서 기분 나쁘다면, 병신취급 당해서 기분 나쁜 게 아니라 이러한 이치를 모르는 무지여서 기분 나쁜 게 아닌가요?

무지가 없다면 이름이 어떠하든 무슨 문제리요?

님이 불쾌한 것은 귀머거리나 봉사라는 이름 때문인가요? 그런 이치를 모르는 무지 때문인가요?

수행자로서 이름에 불쾌함을 느낀다는 것은 무지함이라 생각됩니다.
하지만 산은 산이고 물은 물입니다.
현상을 무시하거나 없는 것처럼 살 수는 없다 생각합니다.
말씀처럼 이름으로 소통하는 세상입니다.
모든 사람들이 수행자가 아니니 당사자가 불편하시다 한다면 존중해
드려야 하지 않을까요?
저도 그 단어들이 편치 않아서 한마디 보탭니다.

하하하!!! 당사자가 불편한 거 같으면, 그때가 절호의 기회이지요?
내가 귀머거리다라는 건 이런 의미라고, 그때 얘기해주면 그 당사자에
게 자각이 일어날 수 있는 계기가 될 수 있을 거고, 그러한 자각으로 비
정상(병신)이라는 자괴감에서 벗어나고, 다른 무지한 사람들의 그런
말에도 구애됨 없는 자유라는 삶이 될 수도 있지 않겠어요?
그래서 미리 조심함은 중생의 자비심이요, 불편해 할 때 그런 이치를
알려줌은 부처(도인)의 자비심 아닐까요?

식은 앎이라는 뜻이고, 그 앎이 귀라는 현상으로 드러났으니 이식이라
하지만, 그 이식은 의식으로 알아져야 우리가 인식할 수 있다는 것이
며, 이식의 경험은 있으되 인식능력의 한계로 자각을 통해 이식의 경험
은 확인된다는 것이 저의 경험으로 확인된 사실입니다.

"그 앎이 귀라는 현상으로 드러났으니…"에서, 그 앎은 항상하는 앎이 아니라 생멸하는 앎이겠지요?

그러니 귀라는 현상은 고정되어 있지 않고 변하겠지요?

귀라 불리는 그 현상의 변화는 들림이라는 앎으로 인한 변화일가요? 느껴짐이라는 앎으로 인한 변화일까요?

그러함을 모르는 무지한 중생에게야 계속해서 귀라는 현상으로 착각 되겠지만 그러한 무지가 없는 수행자에게는 그러한 현상은 귀가 아니 라 몸이라는 현상이겠지요!!!

그러니 경험으로 확인된 사실이라고 할 수 있을까요?

"차소리→귀에 닿음(이식)→이식이 알아짐(의식)이 통상적인 앎(인 식)"이라 합니다.

[ㅇㅇㅇ→귀라 불리는 현상에 닿음(?식))→닿음(?식)이 알아짐(의식)] 에서,

"ㅇㅇㅇ과 ?식"은, 들림이라는 의식이냐 느껴짐이라는 의식이냐에 따 라, 'ㅇㅇ소리와 이식 또는 ㅇㅇ느낌과 신식'이라 불림이 통상적인 앎 (인식)이라 합니다!!!

그러함이 경험에 맞다고 이해됩니다!!!

이식이냐 신식이냐 등등의 이름은 그렇게 정해진다고 경험적으로 이 해됩니다!!!

귀머거리는 소리라는 현상에 대해 신식이 알아지는 의식(앎)의 경험이지요.

참으로 이상한 말 아닙니까?

소리라는 현상이 어떻게 느껴짐(신식)되나요?

소리라는 현상은 들림(이식)되겠죠?

그러니 귀머거리에게는 소리라는 현상이 아니라 느껴지는 어떤 현상이겠죠?

그러니 귀머거리는 느낌이라는 현상에 대해 신식이 알아지는 의식(앎)의 경험이지요!!!

그건 그렇고,

들림의 현상이 귀다.

어떠한 현상의 이름이 귀다.

작용의 연기 현상이 귀다.

귀가 있고 귀에서 들림(앎)이 일어나는 게 아니다.

귀는 어떠한 현상의 이름일 뿐이다.

귀라는 실체가 있는 게 아니다.

귀(고막)에 어떠한 일도 일어나지 않는다고 할 수 없다.

귀머거리의 귀가 그러하듯, 바위도 그러하고 나무도 그러하다.

항상하는 어떤 것이 있는 게 아니라는 의미의 말인, 귀머거리 경우 들림(앎)이 있으나 들림(앎)이 알아지는 의식(앎)이 일어나는 일은 없다.

귀머거리의 귀에 어떠한 현상의 일어남도 없다고 할 수 없다.

이 말이 나올 수 없는 말인가요?

지금 님에게서 나오니 나올 수 없는 말은 아니겠지만, 산을 물이라 하고 물을 산이라 하는 그런 말과 다르지 않는 말이 되겠지요!!!

가) 들림(앎)의 현상이 귀다.

나) 귀머거리의 귀에 어떠한 현상의 일어남도 없다고 할 수 없다.

글 가)도, 글 나)도 희론입니까?

신식 또한 식

이식 또한 식

이러한 말 또한 희론 입니까?

수행자간의 대화에 있어, 현상을 현상적으로 말할 때에도 귀.눈.코.입 또한 몸이라고 고쳐 말하는 거라는 말씀인가요?

위 말이 희론이라는 게 아니라, 님 말씀처럼 "들림(앎)의 현상이 귀" 인데 님은 '귀머거리의 귀에 일어난 현상은 들림(앎)이 아니라 느껴짐(앎)인데 그 현상을 계속 귀'라고 주장하고 있는 꼴 아닌가요?

"현상을 현상적으로 말할 때"니 귀머거리의 귀라 불리는 현상은 들림

(앎)이라는 현상이 아닌 느껴짐(앎)이라는 현상이기에 귀가 아닌 몸이
라 불리는 게 "현상을 현상적으로 말하는 거"라는 겁니다!!!

네, 그런 말씀이군요.

**지금 님에게서 나오니 나올 수 없는 말은 아니겠지만, 산을 물이라 하
고 물을 산이라 하는 그런 말과 다르지 않는 말이 되겠지요!!! 라는 말
씀은,**
들림(앎)의 현상이 귀라는 말이 귀머거리의 경우를 국한한 말인 줄 알
고 하신 말씀인가요?

"귀머거리의 귀도 귀다"라고 한다면 그렇다는 말입니다!!!

80.

어제는 없는데 왜 어제라는 말을 써?

어제가 왜 없니? 니가 어제라는 말은 무엇인가의 기억이 나기 때문에 어제라는 말을 쓰는 거지…

그러니까 그때의 어제는 무엇인가의 기억이 난, 그것이 있었다고 생각되는 때를 가리키는 말이지…

[어제가 없다]라는 말은, 지금은 어제 그때로 있는 게 아니라 생각으로 있을 뿐이고, 지금은 지금이지 어제가 아니기 때문이고, 또 그러한 어제는 생각으로 있는데 생각이란 지금의 실제가 아니기 때문이고, 또 그 생각내용 또한 사람마다 다를 수 있어서 어제 실제로 생각대로 있었던 일 또는 사건이라 할 수 없기 때문에 쓰는 말이야!!!

깨달음과 자유에 이르는 유일한 길 깨어있음 - 문답편

81.

수행에서 분명함(자명함)이란, 분명하다 불분명하다 또는 안다 모른다는 생각대로 인지 아닌지는 모르지만 그러한 생각이 알아지는 경험상태(불명)를 말하는 게 아니라, 분명하다 불분명하다 또는 안다 모른다는 생각대로 인지 아닌지 모름이 없이 그러한 생각이 알아지는 경험상태(자명)를 말합니다!!!

방금 지하철에서,
1. '발빠짐 주의' 안내방송이 들렸어요.
우리는 위 소리를 아는 걸까요?

2. 옆옆 자리에 외국인 아가씨가 한국인 남자친구한테 쌀라쌀라 djsj.!,'
&₩@… 이랬어요.
우리는 위 소리를 모르는 걸까요?

저에게 두 상황이 다르지 않게 다가왔습니다.
저는요, 실체가 있든 없든 의식 속에 참나가 몇 마리 바글거리든 신경안 씁니다.
내 마음 편한 게 장땡이 아닙니까?

님은 두 상황이 다르지 않게 다가왔다고 말합니다만 과연 그럴까요?

1. "발빠짐 주의" 안내방송이 들린 경험은 실제로 발빠질까 주의가 작용되게 하는 원인경험으로 작용될 수 있습니다.

2. "외국인 아가씨가 한국인 남자친구한테 쌀라쌀라 djsj.!,&₩@(실제 모르는 언어로 똑같이 '발빠짐 주의' 안내방송을 확인하는 말)이 들린 경험"은 실제로 발빠질까 주의가 작용되게 하는 원인경험으로 작용될 수 없게 되지요.

그런데도 두 상황이 다르지 않는 경험이었을까요?

지당한 말씀입니다. 이론은…

그렇지만 실제 경험에서는 님의 말씀과 같은 경험상태는 막연하고 찝 찝하거나 똥누고 밑 안닦은 놈의 기분상태와 같든지 그러한 마음상태 가 되게 하는 원인경험으로 작용될 겁니다.
그러니 님의 그러한 경험상태는 편할 수가 없으니 장땡이라고 할 수 없 겠지요?

그러함이 무슨 이론입니까?
실제 삶의 경험으로 그러함이 확인될 겁니다.

그러한 경험상태로 결코 자유라는 이름의 삶은 있을 수도 없을 겁니다!!!

82.

님의 ⟨소리가 "나에게" 들린다⟩에서, ⟨나⟩는 무엇을 가리킵니까?

**들린다는 게 이 몸에서 알아지지 옆 몸에서 알아지는 것은 아니니까,
이 몸을 가리키는 말인 것 같습니다.**

그럼 ⟨몸⟩이 ⟨나⟩인가요?
⟨몸⟩이라는 게 고정되고 확정되어 있는 건가요?
어떤 ⟨몸⟩이 ⟨나⟩이기에 ⟨나에게 들린다⟩라고 하나요?
그때의 ⟨나⟩는 무슨 ⟨나⟩인가요?

**꼭 고정되고 확정되어야만 구분이 되는 건 아니잖아요.
예를 들어 꽃이랑 강아지랑 구분이 되는 건 꽃이랑 강아지가 고정되고
확정되어 있어서라기 보단 인식되는 무언가가 구분될 만하니까 그렇
게 부르는 거잖아요?
거사님도 이 몸과 저 몸은 구분이 되어 알아지지 않나요? 그러니까 그
렇게 구분되어 알아지는 이 몸을 나라 그런다는 거죠.**

님의 "고정되고 확정되어 있어서라기 보단, 인식되는 무언가가 구분"
에서, 그러한 구분이 구분인가요? 구분이라는 생각인가요?

깨달음과 자유에 이르는 유일한 길 깨어있음 - 문답편

그 생각은 사실인가요? 막연한 추측일 뿐인가요?

추측이라고 해도 숟가락으로 밥을 먹지 밥으로 숟가락을 먹지는 않잖아요?
그러니 구분이라는 게 사실이 아니라고 하기도 어려울 거 같습니다.

손가락으로 밥을 먹으면, 손가락은 손가락인가요? 숟가락인가요?
나초라는 과자를 식사로 하면, 나초는 나초인가요? 밥인가요?
나초로 나초를 먹으면 나초는 밥인가요? 숟가락인가요?
님의 〈밥과 숟가락〉이라는 게 특정되고 확정되어 구분되는 건가요?

또, 밥을 누가 또는 무엇이 먹나요?
손이 먹나요? 입이 먹나요? 식도가 먹나요? 위가 먹나요? 창자가 먹나요? 항문이 먹나요? 항문으로 나와 허공이 먹나요?
아님 또 다른 무엇이 먹나요?
그 중 무엇이 〈나〉인가요?
〈나〉라는 게 구분되어 〈나에게 경험된다〉라고 말할 수 있나요?

(묵묵부답)

83.

호수에 조약돌 두개를 던지면 각각이 만드는 물결이 서로 겹쳐서 새로운 물결의 모양을 만들 듯, 한 연기 작용과 다른 연기 작용이 시공간과 상관없이 모두 서로 영향을 준다는 이해가 생겼습니다.

간단하게 말해 거사님의 깨달음이 인간 모두의 정신작용뿐만 아니라 온 우주에 영향을 미친다는 말이고, 한 사람의 한 행동이 시공간 모두를 아우르는 어떤 사건의 흔적을 남긴다는 말입니다.

그 흔적이라는 것을 특정할 수는 없지만 그렇게 동작한다는 것이 알아졌습니다.

아무 것도 없는 것은 아니지만 있다고도 말할 수 없는 그것과 이 인간의 정신작용이라고 하는 현상과의 관계가 더욱 분명해지는군요…

미친 소리 같지만 하여간 중요한 이해라서 일단 적어봅니다.

그런 맥락에서 절대 또는 Self라고 하는 것이 왜 언급되었는지도 알아졌습니다.

그것은 단지 착각이 아니라는 이해도 생겼습니다.

"그런 맥락에서 어떻게 〈절대 또는 Self〉라고 하는 게 자각되는지"가 도무지 이해되지 않네요.

님이 좀 더 설명해 주시면 감사하겠습니다.

깨달음과 자유에 이르는 유일한 길 깨어있음 - 문답편

우선 무언가가 알아진다는 것은 "차이"가 알아지는 것이라는 말에 동의를 하시나요?

동의되지 않습니다!!!
〈차이〉가 알아지는 게 아니라 〈차이〉라는 생각 또는 지혜가 알아질 뿐이라 이해되네요.

저는 경험의 사실을 말하는 겁니다.
차이라는 단어(개념)는 물론 생각이지만, 실제 경험적으로 아무런 변화(차이)가 없다면 알아진다는 경험이 있을 수 있을까요?

우보거사도 경험사실을 말합니다!!!
경험사실에는 확정 또는 고정된 실체가 없는데 〈차이〉라는 게 어떻게 있겠습니까?
〈차이〉란 구분이 경험사실일 때 있을 수 있는 거 아니겠습니까?
그래서 구분된다는 〈차이〉란 분별이라는 생각일 뿐이고, 종래의 구분된다는 고정관념에 의문이 일어나는 경험에서의 〈이해의 차이〉는 지혜라 이름하는 경험이지요.

아무런 변화가 없다면 어떻게 무언가가 일어난다고 하겠습니까?
우리의 상태는 항상 이 변화의 알아짐 상태 아니겠습니까?

제가 말하는 차이는 지금 알아지는 것을 고정하고, 그것을 과거에 알아진 고정된 무언가와 비교하는 생각의 차이가 아니라, 알아진다는 그것이 가리키는 바가 변화(차이)의 상태라는 것입니다.
경험의 다른 말이 변화 즉 차이라는 말입니다.

님의 〈아무런 변화가 없다면 어떻게 무언가가 일어난다고 하겠습니까?〉에서,
예를 들면, 바람이라는 〈변화〉가 일어난다고 했을 때, 바람이라는 현상은 있다고 하지만, 그 바람을 특정하여 규정할 수는 없지요. 님의 바람이라는 〈변화와 일어남〉은 그러하지요?
바람뿐만 아니라 만물만상이 다 그러하지 않나요?

님의 〈알아진다는 그것이 가리키는 바가 변화(차이)의 상태〉에서,
예를 들면, 바람의 〈알아짐(경험)〉은 몸(피부)의 "감촉"과 그러함에 대한 해석 또는 이미지인 "생각내용"이겠지요?
그중에 "감촉"이 바람에 대한 실제경험이겠지요?
그러한 "감촉"에 무슨 〈변화(차이)〉가 있나요?

그러니까 〈변화(차이)〉란 실제 경험이 아니라, 그러한 경험에 대한 "생각내용"의 인식일 뿐이라는 거지요.

다시 "그런 맥락에서 어떻게 〈절대 또는 Self〉라고 하는 게 자각되는지"

깨달음과 자유에 이르는 유일한 길 깨어있음 - 문답편

를 설명해 주시길 부탁합니다.

예를 들어서 빛이라는 현상이 꺼졌다 켜졌다 하는 변화가 아니라면 빛이라는 현상은 없고 그런 것은 감지되지 않다는 얘깁니다.
바람이 감촉 된다는 예로 봐서도 바람이 피부에 닿을 때 느낌의 크기가 끊임없이 변화하지 않으면 바람이 분다는 인식조차도 없습니다.
그러니 생각에까지 가기 전에도 이미 우리 오감 자체가 인식 한다는 것이 차이나 변화라는 말입니다.

자꾸 실제 경험과 생각을 섞어서 쓰시는 것 같은데 제가 말하는 것은 생각을 제외하고서라도 오감 자체가 무언가를 인식 한다는 것은 차이가 있기 때문에 인식이 되는 거지 차이가 없으면 오감의 느껴짐조차도 없다는 얘기입니다.

그러니 우리의 실제 경험의 다른 말이 차이 또는 변화라는 거죠.

바람의 감촉은 그냥 감촉이잖아요?
지금 감촉이 있을 때는 감촉만 있는데 무슨 변화(차이)라는 게 있나요?
변화(차이)라는 건 전의 감촉에 대한 기억에 따른 또 다른 생각인거지요.
그렇지 않습니까?

그 다음 얘기 안 해주셔도 돼요.

그런 이해에서 나온 〈절대 또는 Self〉라는 말과 이해가 어떤 이해인지 감이 잡혔어요.

그럼 좋은 하루 되세요!!!

거사님이야말로 경험사실이 아니라 생각 내용을 말씀하시네요.

지금의 감촉과 다음의 감촉이 따로 알아지신다니요.

그게 경험사실에 맞는 말입니까?

감촉이라 부르는 것이 변화 또는 차이와 다른 말이 아닌 것이 사실인데, 부처님 말씀으로 고라고 하면 좀 더 와닿습니까?

누구나 명상을 해보면 알겠지만, 경험 사실이라는 것은 모두에게 같지가 않습니다.

명상의 상태에 접어들면, 시간의 경험이 아주 느려지는 것을 경험할 수 있습니다.

예를 들어, 예전에는 어떤 사람의 말소리가 그냥 따다다다 들렸다면, 명상 또는 도의 상태에서는 말소리와 소리 사이에도 무수하게 더 많은 경험이 있다는 것을 느낄 수 있듯이 말입니다.

감각이라는 것은 수없이 일어났다 사라졌다 하는 것을 부르는 말이잖아요? 그러함에 대한 말이었습니다.

그러나 그 수없이 일어났다 사라졌다 함이, 어떤 것은 빠르게 일어나고 어떤 것은 느리게 일어나는데, 예를 들어 원자는 분자보다 더 빠른 파동의 현상이고, 분자는 그보다 더 느린 파동의 현상이고, 흔히 말하는 "사라졌다"라고 하는 것이 바로 근원 바탕(Self)이라고 부르는 무한대의 파동인 것입니다.

사라진 게 아니라 현상으로 드러나지 않는 상태가 된 것인데, 이것은 온 우주 어디에나 있다는 말과 같습니다.

파동(또는 온/오프)이라는 말이 가리키는 바가 특정할 수 없다는 말입니다.

잘 보세요,

사과 하나가 왼쪽에 나타났다가 오른쪽에 나타났다가를 반복한다고 생각해보세요.

왼쪽 오른쪽이 천천히 반복되면, 사과가 왼쪽이나 오른쪽에서 보인다고 하겠죠?

그런데 그 사과가 엄청 빨리 나타났다 사라졌다 해봐요.

그럼 사과가 양쪽 모두에 있는 것처럼 보이겠죠?

무한대로 빠르게 나타났다 사라졌다하는 걸 상상해 보세요. 그건 어떻게 될까요? 그렇게 되면 "모순적으로" 그걸 나타나고 사라졌다고 말할 수 없겠죠?

그러한 것은 모든 곳에 동시에 있기도 하면서 또 어디에 있다고 특정할 수도 없고, 나타나고 사라지지 않기에 드러났다고 할 수는 없지만 없다고도 할 수 없겠죠?

그런 기본적인 사실조차 점검하시지는 않고 생각의 비교니 특정할 수 있는 게 없으니 무어라 말할 수 없다느니 하는 법상에 빠진 말만 반복하시니 거사님이야말로 본인의 편견으로 대화를 하시는 거 아니겠습니까?

그러면 혼자 거울보고 얘기하시는 꼴이지요.

먼저 님의 글에서 간과한 부분 〈거사님의 깨달음이 인간 모두의 정신작용에 뿐만 아니라 온 우주에 영향을 미친다는 말이고, 한 사람의 한 행동이 시공간을 모두를 아우르는 어떤 사건의 흔적을 남긴다는 말입니다. 그 흔적이라는 것을 특정할 수는 없지만 그러하게 동작한다는 것이 알아졌습니다.〉에서,

〈흔적〉이라는 말부터 규명해 보는 게 새롭게 대화하는 실마리가 될 수도 있겠습니다.

님이 먼저 〈흔적〉에 대한 이해를 좀 더 말씀해 주신다면 대화에 도움이 될 거 같습니다.

간단하게 말해서 거사님이 아~ 하는 소리를 내고 계시는데, 제가 옆에서 어~ 하면 제가 내는 소리와 거사님이 내는 소리가 합쳐진 새로운 소리가 나겠죠?

이때 이 새로운 소리에 파동을 보면 원래 거사님 소리의 "흔적"과 제가 낸 소리의 "흔적"이 둘 다 들어 있겠죠?

그런 말입니다.

깨달음과 자유에 이르는 유일한 길 깨어있음 - 문답편

그런데 우보거사의 〈아~〉소리와 님의 〈어~〉소리가 합쳐져 새로운 소리가 된 걸까요?
아니면 우보거사의 〈아~〉소리와 님의 〈어~〉소리의 간섭현상이 새로운 소리일까요?
이 때 새로운 소리가 있는 걸까요?
이러한 새로운 소리에 우보거사의 〈아~〉소리와 님의 〈어~〉소리의 흔적이라는 게 뭘까요?
그런 흔적이라는 게 있는 걸까요?

거사님의 아~하는 파동의 모양과, 제 어~하는 파동의 모양이 다르고, 또 둘의 파동이 간섭된 소리의 파동 모양이 다르니, "새롭다"라고 이름 한 것이지 그것을 따로 떼어내서 있는 무엇이다라고 할 수는 없지요.
여기서 흔적이라는 것은 이 간섭현상이라는 것을 가리키는 말로, 그러하게 두 소리(파동)가 얽힌다는 것을 표현하고자 하는 "말"입니다.
굳이 그림으로 그려서 설명하지 않아도 무엇을 가리키는 말인지 잘 아시리라 믿는데요.

님의 〈시공간 모두를 아우르는 어떤 사건의 흔적 남음〉에서 〈절대 또는 Self〉라는 말(개념) 또는 이해가 도출된 듯해서, 〈흔적〉부터 실마리를 풀어나가는 게 도움이 되지 않을까 합니다.

새로운 소리가 [우보거사의 〈아~〉소리와 님의 〈어~〉소리의 간섭현상]

이라면 [우보거사의 〈아~〉소리와 님의 〈어~〉소리들 또한 어떤 상황 (바람이 목젖을 통과하는 상황)의 일종의 간섭현상들 아닐까요?

여기서 〈흔적〉이라는 게 뭘까요?

무슨 〈흔적〉이라는 게 있는 걸까요?

여기서도 [우보거사의 〈아~〉소리와 님의 〈어~〉소리들이 바람과 목젖의 〈흔적〉 아닐까요?

맞습니다, 파동의 간섭이 현상입니다.

그러함에서 〈흔적〉은 〈무엇에 무엇의 흔적〉인가요? 아니면 그냥 〈흔적이라는 현상들〉인가요?

여기서 흔적이라 함은 한 순간의 간섭이 시공간 전체에 기록되는 작용을 흔적이라 합니다.

님의 〈시공간 전체에 기록되는 작용〉에서,

〈시공간 전체〉라는 건 무엇이며, 그러한 게 있는지 어떻게 알 수 있나요?

또 〈기록되는 작용〉은 어떻게 기록되며, 그러하다는 걸 어떻게 알 수 있나요?

바로 이 지점에서 이해를 달리 하네요.

거사님께 묻습니다,

찰라는 얼마나 빠른 순간입니까?

또 한 순간도 고정됨이 없다고 할 때 그 순간은 얼마나 빠른 겁니까?

〈찰라〉라는 말은 무시간이라 표현될 수 있는 그러함이니까 〈동시〉라 표현해도 무방할 그러함이겠지요?

근데 〈이 지점에서 이해를 달리 한다〉는데, 〈이 지점〉이 무엇이며, 〈다른 이해〉는 무엇입니까?

이 우보거사는 아직 무엇(무슨 이해)을 달리 하는지 모르겠는데요?

눈밭 위에 토끼랑 다람쥐랑 사람이 발자국을 겹쳐 찍은걸 생각해 보시면 됩니다.

최종적인 발자국은 지난 순간의 발자국들이 겹쳐진 모양이지만, 그 발자국은 토끼와 다람쥐와 사람 각각의 기록인 것입니다.

한 공간에서 보면 그것은 각기 다른 시간의 흔적이고, 한 시간에서 보면 그것은 각기 다른 공간의 흔적인 것입니다.

시공간 전체의 기록이 없다면 과거 모든 경험으로 지금의 현상이 드러나는 연기작용이라는 말은 성립될 수 없을 것입니다.

무시간이라는 말은 모든 시간과 모든 공간의 시공간 전체라는 말과 다르지 않은 것입니다.

찰라가 짧은 시간이라는 착각만 없다면 무시간이라는 말이 시공간 전체라는 말과 다르지 않다는 것을 알 수 있습니다.

우리의 평상시 인식은 시간에 제한되기에 위에 예시로 든 발자국이 하나의 겹쳐진 최종적인 발자국으로밖에 인식이 안되지만, 시간에 제한되지 않은 인식으로 보면 위의 발자국이 각기 다른 발자국으로 인식되는 것입니다.

님의 〈눈밭 위에 토끼랑 다람쥐랑 사람이 발자국을 겹쳐 찍은걸 생각해 보면, 최종적인 발자국은 지난 순간의 발자국들이 겹쳐진 모양〉이라 하셨는데,

앞에서의 대화에서 이견이 없었던 바와 같이, 〈눈밭〉도 찰라찰라의 간섭현상이고, 〈토끼랑 다람쥐랑 사람의 발자국〉들도 찰라찰라의 간섭현상들이고, 〈기록이나 흔적〉도 찰라찰라의 간섭현상 아닌가요?

그러함에 갑자기 〈한 공간과 한 시간과 다른 시간과 다른 공간〉과 〈시공간 전체〉가 왜 나오나요?

〈공간과 시간과 시공간〉이라는 게 있는지를 어떻게 알 수 있나요?

님의 〈무시간이라는 말은 모든 시간과 모든 공간의 시공간 전체라는 말과 다르지 않은 것〉이라는 말은 논리적 비약 아닌가요?

그렇다는 걸 어떻게 알 수 있나요?

깨달음과 자유에 이르는 유일한 길 깨어있음 - 문답편

그래서 여쭤본 겁니다.

찰라찰라의 간섭현상들이라고 하실 때 그 찰라가 아주 짧은 시간을 의미하시는 것이 아니고 정말 무시간을 의미하시는 것이라면 위의 말에서 어떤 부분이 이해가 안되시는 건가요?

님의 〈평상시 인식은 시간에 제한〉된다고 했는데, 그러함을 어떻게 알 수 있나요?

이 우보거사에게는 그런 이해가 일어나지 않는데요?
왜냐하면 그러하다고 이해할 만한 경험이 없으니까요.

평상시 인식이 시간에 제한됨은 그렇지 않은 인식의 경험으로 알 수 있습니다.
그래서 부처님도 과거 생에 뭐로 태어나서 어떻게 살았고 이러함을 종종 말씀하시는 겁니다.

가령 거사님이 서울에서 부산까지 1시간에 왕복할 수 있다면 서울에서 부산까지 왕복에 100일이 걸리는 개미에게 서울과 부산의 상황을 계속 알려줄 수 있겠죠?
그럼 개미 입장에서는 거사님이 서울에도 있고 부산에도 있는 것처럼 느껴질 겁니다.

그럼 서울에서 부산을 무시간에 왕복할 수 있다면, 그는 서울에도 있고 부산에도 있고 우주 어디에나 있겠죠?

또한 우주의 모든 것을 인식하겠죠?

예를 들면 그러한 것입니다.

⟨평상시 인식이 시간에 제한됨은 그렇지 않은 인식의 경험⟩으로 알 수 있다고 하셨는데, ⟨그렇지 않은 인식경험⟩이란 어떤 인식경험인가요?

⟨부처님도 과거 생에 뭐로 태어나서 어떻게 살았고 이러함을 종종 말씀⟩하셨다는 걸 어떻게 아나요?

그런 말이 혹시 있다고 해도 정말 부처님이 하신 말씀인지를 어떻게 아나요?

그리고 또 부처님이 하신 말씀이라 해도 그 말씀이 맞는지 틀리는지를 어떻게 아나요?

그건 스스로의 경험으로 시간이 느려짐을 경험해 보시면 그러한 말들이 그냥 있는 그대로의 경험을 말한 것이라는 것을 알 수 있습니다.

⟨서울에서 부산까지의 여정⟩이라는 게 한 순간도 확정되어 있지 않은 찰라찰라의 간섭현상들이며, ⟨서울과 부산의 상황⟩이라는 것 또한 찰라찰라의 간섭현상들일 뿐이며,

⟨서울에서 부산을 무시간에 왕복할 수 있다면⟩에서, 그러함은 생각일 뿐이지 실제로 그런 일은 있을 수 없으며, 그래서 ⟨그는 서울에도 있고

부산에도 있고 우주 어디에나 있겠죠? 또한 우주의 모든 것을 인식하겠죠?)라는 건 있을 수 없는 일이지 않나요?

그냥 님의 〈생각놀음〉일 뿐이지 않나요?

그건 거사님이 경험이 없는 상태에서 생각으로 위의 예시의 비유를 경험이 가리키는 바가 아닌 단지 본인의 생각 논리 속에서 이해하려고 해서 있을 수 없다고 말씀하시는 것 같습니다.

무시간이 가리키는 바가 어떠한지 다시 확인해 보시면 좋을 것 같네요.

님의 〈시간이 느려짐을 경험〉해보면 안다고 하셨는데,

〈시간〉이라는 게 찰라찰라 간섭현상이고, 〈느려짐〉도 찰라찰라 간섭현상이고, 그러함의 〈알아짐〉도 찰라찰라의 간섭현상 아닌가요?

그러함에서 어떻게 그런 이해들이 있을 수 있나요?

여전히 "한 순간도 확정되어 있지 않다"고 말씀하시는 그 "순간"이라는 표현이 거사님께는 무시간이 아니라 짧은 순간인 것 같습니다.

〈무시간이 가리키는 바가 어떠한지 다시 확인〉해보라 하셨는데, 거듭 묻습니다만, 님은 어떻게 확인하셨나요?

"한 순간도 확정되어 있지 않다"고 말씀하시는 그 "순간"이라는 표현이 우보거사한테는 무시간이 아니라 짧은 순간인 것 같다고요?

오히려 〈시간과 공간과 시공간〉을 있는 것처럼 말씀하시는 님 자신에게 해야 하는 말 아닌가요?

시간이 느려지는 경험에서 소위 유체이탈의 경험도 생기고, 무시간이 가리키는 바가 어떠한 지에 대한 이해가 생겼습니다.

시공간이 없다면 아무 것도 없다는 말씀이신데 정말 그러한가요?
시공간을 실체시하지 마시고 그 표현이 가리키는 바를 되짚어보세요.

님의 〈시간이 느려지는 경험에서 소위 유체이탈의 경험도 생기고, 무시간이 가리키는 바가 어떠한지에 대한 이해〉를 말씀하시려면, 먼저 〈시간이 느려지는 경험〉이 생각놀음인지 경험사실인지부터 밝혀야 되는데…
이제 그냥 막무가내네요?
그럼 그렇게 잘 사세요!!!

시간이 느려지는 경험은 생각놀음이 아닙니다.
눈앞에 시계나 그런 걸 놓고 확인해보세요.
시계가 매우 느려질수록 여러 시공간의 경험이 동시에 되고 있음이 확인됩니다.

누가 할 말인지 모르겠네요.

깨달음과 자유에 이르는 유일한 길 깨어있음 - 문답편

누가 〈시공간을 실체시〉하고 있나요?

누가 시공간이 없다고 아무 것도 없다고 했나요?

시공간 없이 있는 것 같은 그러함이 바로 찰라찰라의 간섭현상들이고, 그러한 현상들은 실체가 아니고, 그 밖의 〈시간과 공간과 시공간〉이라는 것 또한 그러한 찰라찰라의 간섭현상들이고, 〈흔적이나 차이〉라는 것 또한 간섭현상일 뿐이라 했지요.

그러니 〈절대나 Self〉라 할 만한 실체가 있다고 하는 건 생각놀음일 뿐이라 하는 거지요!!!

경전의 일부만 발췌해서 내 경험과 맞으니 이건 사실이고, 아닌 건 다 허구라고 여기는 것은 중세시대 사람들이 핸드폰보고 마귀의 산물이라 치부하는 것과 다름이 없지요.

부처님과 수많은 다른 사람들이 과거 생을 말하고 신통과 순간 이동과 유체이탈 등등 소위 지금의 이해로는 마귀의 산물이라 여겨지는 말들을 하는 것은 그것의 원리를 알고나면 전혀 신기할 것이 없는 일이기 때문입니다.

어쨌건 포커스는 그런 신비로운 일들을 말하고자 함이 아니라 원리를 말하려고 하는 것입니다.

그 원리에 시공간 전체와 무시간이라는 이해가 꼭 필요하고, 그러면 무상과 셀프가 어떻게 연결되어있는지도 분명해진다는 것입니다.

님의 〈시계(간)가 매우 느려질수록 여러 시공간의 경험이 동시에 되고

있음이 확인〉에서,

〈시계(간)의 느려짐〉이란, 시계(간)이란 실체가 있어서 빨리가다 느리게 가다 합니까?

아니면 눈앞의 시계의 시침이나 분침(또는 디지털)의 찰라찰라의 보임이라는 간섭현상들입니까?

또 〈여러 시공간의 경험이 동시에 되고 있음〉이라는 게, 〈여러 시공간〉의 경험인가요? 아니면 보임 들림 느껴짐 알아짐 등등 여러 간섭현상들의 경험인가요?

만약 〈여러 시공간의 경험〉이라면 그 〈시공간〉들은 어떻게(예를 들면 보임 또는 들림) 경험되나요?

간섭현상입니다,

경험이라고 부르는 것 또한 간섭현상이지요.

시간이 느려진다는 것은 평상시의 간섭작용에서는 드러나지 않는(인식되지 않는) 다른 주파수의 간섭작용이 인식됨을 시간이 느리게 경험된다고 표현하는 것입니다.

그렇기에 여러 시공간이라 표현될 수 있는(다양한 주파수의 간섭작용이 드러남) 것입니다.

간섭 작용에는 모든 주파수의 간섭작용이 다 담겨있습니다. 거기에는 무한주파수, 즉 무시간 또한 있다는 것입니다.

그렇지 않으면 어떤 간섭작용이 현상으로 드러난다는 것은 불가능한

일입니다.

님이 〈간섭 작용에는… 무한주파수, 즉 무시간 또한 있다〉라는 〈무한 주파수나 무시간〉이라는 것 또한 간섭현상들 중 하나거나 간섭현상들의 총합이라는 간섭현상이겠지요?

무한 주파수는 더 이상 간섭도 없고, 현상으로 드러나지도 않으니, 우리가 소위 말하는 아무 것도 없는 것은 아니지만 있다고도 할 수 없는 그러함이지요.
모든 간섭현상의 근원이지요.

님의 뜬금없는, 지금까지 대화의 맥락에도 없는 〈무한 주파수는… 모든 간섭현상의 근원〉이라는 이해의 경험근거는 무엇인가요?
다시 말하면, 그 〈근원〉이라는 것은 어떻게 경험(확인)되나요?

님은 〈무한주파수, 즉 무시간 또한 있다는 것입니다. 그렇지 않으면, 어떤 간섭작용이 현상으로 드러난다는 것은 불가능한 일〉이라 했는데, 책상을 바탕으로 연필이 보이거나 마우스패드 바탕으로 마우스가 보일 수도 있지 않나요?
거기에서 책상이나 미우스패드가 무한주파수 또는 무시간인가요?

또한 찰라찰라가 동시라 표현될 수 있는 무시간이라 할 수 있다 해서,

찰라찰라는 동시라는 말도 아니고 생멸이 있으니 무시간도 아니고, 시간이 아닌 시(경험 실제)라는 말이지요.

찰라찰라로 표현되는 경험 또한 조건생멸이어서 무아(실체 아님)이고 찰라생멸이어서 무상인 그러함이잖아요?

찰라찰라로 표현되는 무아이고 무상인 그러함은 시간도 아니고 공간도 아니고, 그래서 시공간 전체라 표현될 수 없음이잖아요?

찰라찰라로 표현될 수 있는 무시간이라는 말이 어떻게 모든 시간과 모든 공간의 시공간 전체라는 말과 다르지 않은 것인가요?

또한 〈흔히 말하는 "사라졌다"라고 하는 것이 바로 근원 바탕(Self)이라고 부르는 무한대의 파동인 것입니다. 사라진 게 아니라 현상으로 드러나지 않는 상태가 된 것인데, 이것은 온 우주 어디에나 있다는 말과 같습니다.〉라는 님의 말은,

〈사라졌다〉면 경험이 없는데 〈근원 바탕(Self)이라고 부르는 무한대의 파동〉이 있다는 말이 어떻게 나올 수 있지요?

〈현상으로 드러나지 않는 상태〉라면 역시 경험이 있을 수 없는데 〈사라진 게 아니고 현상으로 드러나지 않는 상태로 온 우주 어디에나 있다〉는 말이 어떻게 나올 수 있지요?

그런 말은 〈텅빈 허공〉이 있다는 말과 다름없는 말이잖아요?

그래서 용수보살이 중론에서 〈경험될 수 없는 허공이 있니없니 하는 말〉은 희론(생각놀음)일 뿐이라고 강하게 타파한 그런 말이잖아요?

님은 경험(보임 들림 느껴짐 알아짐 등)이 없어도 알 수 있는 초능력이
있나요?

결국 님의 〈절대 또는 Self〉니 〈변화(차이)〉니 〈무시간〉이니 〈근원 바
탕〉이니 〈시공간 전체〉니 〈무한대의 파동〉이니 〈온 우주 어디에나 있
다〉니 하는 말들은, 실제 경험에 기반하지 않은 생각일 뿐이고, 그런 생
각들이 경험사실이라고 착각된 무지일 뿐이지 않나요?

84.

〈없음을 전제로 있음이 있고, 좋음을 전제로 나쁨이 있고, 감을 전제로 옴이 있고, 텅빔을 전제로 나툼이 있고, 스크린이란 바탕을 전제로 화면의 움직임이 있고, 바다를 전제로 파도가 있다는 식〉의 토끼뿔을 말씀하셨지요?

거기서 〈없음을 전제로 있음이 있다〉라는 말이 이해가 잘되지 않아서요. 그 말의 낙처가 무엇인가요?

있다 없다는 관념이라는 표현입니다.

질문이 제대로 이해되지 않았군요.
그럼 이렇게 질문드립니다.

〈없음을 전제로 있음이 있다〉라는 말을 〈있음을 전제로 없음이 있다〉라는 말로 대체도 가능한가요?
혹시 그 두 말의 경험상 차이는 없는 건가요?

있어본 적이 없으니 없다는 말은 성립이 안되는 거죠.
위의 말은 둘 다 관념이라는 의미입니다.

질문은 [〈없음을 전제로 있음이 있다〉라는 말을 〈있음을 전제로 없음이 있다〉라는 말로 대체도 가능한가요? 혹시 그 두 말의 경험상 차이는 없는 건가요?]인데요.

그 답변이잖아요.
없음이나 있음은 모두 관념이므로 상관없이 사용됐다고요.
정확한 표현은 있음을 전제로 없음이라는 상상이 일어난다는…

〈정확한 표현은 있음을 전제로 없음이라는 상상이 일어난다〉고 하셨는데, 그렇다면 〈없음을 전제로 있음이 있다〉는 왜 정확한 표현이 아닌가요?

편하신 대로 사용하세요.

답변을 해주시면 안되나요?

답변을 드린 것으로 압니다만…

질문에 적확한 답변을 해주시면 안됩니까?
두리뭉실하게 말고, 머리가 나빠 무슨 말인지 모르겠습니다.

그런데 둘 다 관념이라면 굳이 집요한 구분이 왜 필요한가요?

깨달음과 자유

관념인지 아닌지 어떻게 아세요?

밑도 끝도 없이 관념이라고 규정해 버리면 어쩌자는 겁니까?

법담에 전제를 두든지 어떤 규정을 바탕으로 진행되면 제대로 된 법담이 될 수 없지 않나요?

그래서 어떠한 관념도 기반함 없이, 종교 문화 철학 등에 구애됨 없이 진리규명이 되려면, 누구나 인정하지 않을 수 없는 경험을 바탕으로 대화가 진행되어야 되지 않을까요?

관념이 관념인지 아닌지의 규명은 경험으로밖에 될 수 없지 않나요?

〈없음을 전제로 있음이 있다〉는 경험과 무관한 관념(생각놀음)이고, 〈있음을 전제로 없음이 있다〉는 경험에 대한 착각에 착각이 더해진 관념이라는 겁니다.

경험과 무관한 관념(생각놀음)은 구제가 어렵지만, 경험에 대한 착각에 착각이 더해진 관념은 경험을 규명하면 쉽게 구제될 수 있지요.

그래서 경험과 무관한 관념(생각놀음)은 부처가 살아와도 구제가 어렵다고 할 수 있지요.

그렇다면 관념인지 아닌지 직접 경험해보시지 그러셨어요?

하하하!!!

둘 다 관념이라고 말씀드렸으면 나머지는 말할 필요도 없는 거 아닌가요?

깨달음과 자유에 이르는 유일한 길 깨어있음 - 문답편

있음을 전제로 없음이 있다는 말은 있어(특정할 수 없는)본 적이 없으니 없음도 없다는, 즉 이러함이 관념인 것처럼 비교와 차이는 이러한 관념에서 생겨난 관념이란 말인 거고 또한 없음을 전제로 있다는 말 또한 없음은 없으니(경험되지 않으니) 없음을 전제로 있음이 있을 수 없다는 관념이니, 비교와 차이는 역시 이처럼 관념에서 나온 관념이란 말씀입니다.

님의 답변에 무엇인가 석연치 않음이 있는 거 같은데, 무엇일까요?

글쎄요…

님의 〈있음을 전제로 없음이 있다는 말은 있어(특정할 수 없는)본 적이 없으니 없음도 없다〉에서, 〈있어(특정할 수 없는)본 적이 없으니〉는 〈있음〉에 대한 말입니까? 〈없음〉에 대한 말입니까?

또 님의 〈없음을 전제로 있다는 말 또한 없음은 없으니(경험되지 않으니) 없음을 전제로 있음이 있을 수 없다〉에서, 〈(경험되지 않은) 없음〉이 어떻게 〈전제〉될 수 있지요?

전자의, 전제를 한다는 것 즉 없음은 개념이기 때문에 있음이라는 전제를 필요로 하고, 전제로 세운 있음 또한 개념인데, 이 개념을 전제로 세우는 것이니 더더욱 토끼 뿔과 다름없다는 말인 것이고,

후자의, 전제를 한다는 것 즉 있음 또한 개념이기 때문에 전제를 필요로 하는 것은 당연한 것이고, 전제로 세운 없음 또한 개념이기 때문에 역시 토끼뿔이라는 것입니다.

즉 없음뿐만 아니라 있음도 전제 될 수 없는 것이지요.

"전제"란 "가상으로"라는 말과 다르지 않지요.

그런데 거사님은 전제 될 수 있다고 들리셨나 봅니다?

없음이 전제 될 수 있다고 한들 전제를 필요로 한다면 그건 토끼뿔인데 이러한 질문이 왜 필요할까요?

그리고 앞의 질문은 당연히 있음에 대한 말입니다.

님의 〈이러한 질문이 왜 필요할까요?〉에 답변드리면,

님은 경험과 무관한 관념적 이해(법상)에 기반한 관념적 대화 같아서 드리는 질문들입니다.

만약 님이 경험적 이해(수행을 통한 통찰적 이해)라면, 토끼뿔의 예시를 들때 〈없음을 전제로 있음이 있다〉로 나오지 않고 〈있음을 전제로 없음이 있다〉로 나올겁니다.

왜냐하면 〈없음을 전제로 있음이 있다〉는 경험과 무관한 말이고, 〈있음을 전제로 없음이 있다〉는 경험과 관련된 말이기 때문이지요.

그래서 대화가 관념적 이해 기반으로 이루어져 계속 관념적 애매모호함으로 흘러 경험적 공감에 이르기 어렵게 되는 겁니다.

그러함이 느껴져서 드리는 질문들이었습니다.

그러한 질문들에 대한 답변 또한 끝없는 관념적 표현들뿐이군요.
어차피 더 진행해 봤자 똑같은 답변의 계속됨일 뿐일 테니 여기까지 하겠습니다.

님의 [〈있어(특정할 수 없는)본 적이 없으니〉는 〈있음〉에 대한 말]이라면 〈있음이 없으니 없음도 없다〉는 결론은 관념적 이해가 아닌지요?
있음이 없으니 없음이라고 말하지 않나요?
또 님의 〈"전제"란 "가상으로"라는 말과 다르지 않지요〉에서, 〈가상도 경험과 무관한 가상〉이라면 법을 규명하는 대화에서 나올 이유가 있나요?
오히려 왜 토끼뿔인지, 즉 왜 사실이 아닌 관념인지를 경험적으로 말해 주면 보다 쉽게 공감이 일어날 수 있지 않을까요?
꼭 그렇게 관념적으로 대화해야 하나요?

수많은 대화와 공부가 있었지 않나요?
특히 어떤 수행자는 윗 주제를 가지고 거사님과 1:1 대화를 통한 시간도 적지 않았지요.
그리고 충분한 이해가 있을 줄 알았던 분이 저러시니 저 분이 경험 사실을 몰라서 소위 억측을 부리는 것은 아닐 터인데 이 상황에서 이미 공부가 된 경험 사실을 일일이 들추는 것이 능사는 아니지요?
여러 사람의 많은 경험 사실을 들으시고도 그 전까지는 다 수긍하셨던 분이 오히려 법상에 빠졌다고 말씀하시지 않습니까?
그리고 대화를 할 때 또는 법을 규명할 때 관념적인 얘기는 해서는 안

되는 건가요?

관념적인 얘기는 불필요한 얘기인가요?

저는 오히려 이게 이해가 되지 않는군요.

위에도 글이 있었군요.

"있음을 전제로 없음이 있다"라고 써야 한다는 걸 인지하고 쓴 글입니다.

글을 바꿀까도 생각했었지만 토끼뿔을 강조했으므로 저렇게 바뀌어도 문제가 없다는 생각이 들었죠.

그러나 거사님이 질문을 하셨을 때 정확히 표현하면 "있음을 전제로 없음"이 정확하다고 말씀드렸고, 그렇지만 토끼뿔을 두고 왈가왈부할 일이 아니라는 생각이 들었네요.

감사합니다!!!

"있음을 전제로 없음이 있다"라는 말은 토끼뿔이다.

왜 토끼뿔인가? 한 번도 그 무엇이었던 적이 없는데(특정할 수 없는데) 없다는 말이 어떻게 있을 수 있는가?

성립이 되지 않는다. 없다는 것은 경험될 수 없다.

이 말이 어떻게 해서 관념적 이해인지 한말씀 듣겠습니다.

먼저, 님의 〈"있음을 전제로 없음이 있다"라는 말은 토끼뿔이다〉라는 말이 관념적입니다.

토끼뿔은 〈있음〉과 〈없음〉을 비유적으로 표현한 말이지, 〈"있음을 전제로 없음이 있다"라는 말〉은 〈없음〉이라는 말이 있게 된 착각을 가리키는 말일 뿐이기 때문에 토끼뿔이라 표현할 수 있는 게 아니지 않나요?

두 번째, "있음을 전제로 없음이 있다"라는 말은 〈있음(실체·실재)이라고 착각된 경험에서 있음이 없을 경우에 대한 무지한 생각(예를 들면 빈자리 또는 허공 또는 텅빈공간)에 대한 이름이 없음이다)라는 표현이지 않나요?

그러니 위의 님의 설명은 관념적 이해라고 볼 수 있지 않을까요?

그냥 토끼뿔이다와 없음이 있다는 말은 관념적인 표현이 맞습니다.
거사님의 표현 "무지한 생각에 대한 이름이 없음"이라고 구체적으로 적시하는 게 맞습니다.
그냥 있다 없다는 기준 없이는 모호해지는 크다와 작다라는 말과 다름이 없어서 없다가 있느냐는 또 다른 질문을 불러일으킬 수 있습니다.
감사합니다.

감사합니다!!!

85.

1. 보이지 않는 것도 존재할 수 있나요?

예를 들어 공기도 우리 눈에 보이진 않지만 존재하니까요.

저는 불교용어를 잘 몰라 6근, 6경, 6식이 뭔지 알지는 못합니다.

제가 궁금한 것은 6번째 감각기관인 마음이 깨어나면 보이지 않는 것

도 느끼고 볼 수 있게 되나요?

우선 마음이라는 건 무엇인가 알아지는 경험(앎)의 이름이고, 존재(실재)해서 있다는 게 아니라 경험이 있기에 있다 하는데, 마음이라는 경험은 소리가 일어나니 들림이라는 경험(앎, 마음)이 일어나고 소리가 사라지면 들림이라는 경험도 사라지듯이 조건생멸이기에 연기법이라 이름하지만 존재(실재)는 아니지요!!!

그래서 마음이 깨어난다는 말은 좀 이상한 말이지요!!!

마음이 깨어난다는 말은 마음이라는 게 잠에 빠져있다 깨어나는 게 아니라, 착각(잘못된 이해)이 없는 경험상태에 대한 표현이지요!!!

공기라는 게 보이지는 않지만 콧구멍으로 공기가 들어오고 나가는 게 느껴지듯이 느껴지거나, 진공으로 공기가 없으면 부패(산화)하지 않지만 공기 중에서는 부패됨을 알 수 있듯이 경험으로 확인 될 수 있잖아요?

무엇인가가 보이거나 들리거나 느껴지거나 맡아지거나 알아지는 경험이 고정관념(경험내용대로 경험된다는 착각)에 빠져있지 않으면 눈에 보이지 않아도 경험으로 없지 않다는 걸 알 수 있지요!!!

그렇지만 경험도 없고 경험으로 확인되지도 않는다면 공기처럼 있다고 말할 수 없겠죠?

물론 공기라는 것도 확정되고 특정될 수 있는 존재(실재)가 아니라 매 순간마다 조건생멸 현상에 대한 이름이라는 걸 역시 경험으로 알 수 있겠지요?

그러함은 있지도 않는 마음이 깨어나야 알 수 있는 게 아니라 고정관념(경험에 대한 잘못된 이해)이 없는 경험으로 알 수 있지요!!!

2. 그런데 제가 보이지 않는 것들을 느끼고 경험했다고 해서 다른 사람에게도 그런 것은 아니니, 이거야말로 있으면 있고 없으면 없다는 말인가요?

우선 "보이지 않는 것들을 느끼고 경험했다"는 게 사실일까요? 아님 착각일까요?

그것부터 먼저 점검해봐야 되지 않겠어요?

"보이지 않는 것들을 느끼고 경험했다"는 건 인식(의식)내용이겠지요?

인식내용은 실제 경험이 아닙니다!!!

예를 들면 귀를 후벼 보면 귀의 경험은 느껴짐이지만 인식은 소리로 되어지는데, 그 소리는 사람마다도 다 다를 겁니다.

그처럼 인식내용은 실제 경험이 아니어서 인식내용대로 실제 경험했다는 건 무지(어리석음)라 말합니다!!!

그러니 그러한 착각을 기반으로 하는 다음 말들에 대해서는 답변드릴 필요가 없겠지요?

3. 아니면 모든 것은 실체가 없으니 있느니 없느니 하는 것도 어리석은 것인가요?

우주만물만상(세상)이라는 모든 것들은 모두 고정되고 확정되고 특정될 수 없는, 매 순간 조건생멸 현상이어서 실체(실재)가 아니라고 말하는 거지요!!!

그래서 있다느니 없다느니 라는 실체시하는 말은 어리석음이지만, 이런저런 경험은 있었지만 고정되고 확정되고 특정될 수는 없다는 이해를 바탕으로 하는 말은 지혜의 말이라고 하지요!!!

깨달음과 자유에 이르는 유일한 길 깨어있음 - 문답편

86.

선과 악에 대한 법담 중에 선도 있고 악도 있다고 말씀하셨는데, 그 말씀은 순간 착각이면 선과 악이 있는 것이고 착각이 없으면 선과 악이 없다고 스스로 이해되는데 어떠한지요?

세상 사람들의 선악은 착하고자 하는 욕심이 선이요 불만족의 화가 악이며,

모든 부처들이 말하는 선악(제악막작 중선봉행)은 욕심과 화가 없음이 선이요 욕심과 화가 악입니다!!!

87.

"에고"란 실재가 아니라 마음이라는 경험에 대한 착각된 생각입니다.

삶을 조정하고 좌우하는, 그러한 "에고"는 없습니다.

스스로 몸과 마음이라는 현상이 실재라고 착각된 생각일 뿐입니다.

꿈속에서 경험이 사실처럼 착각되지만 단지 꿈일 뿐이듯이, 착각된 생각 속에서 삶을 조정하고 운전하는 "에고"가 있는 것처럼 보이지만, 단지 착각된 생각일 뿐입니다!!!

무의식이라 이름하는 것도 마찬가집니다.

"에고"라는 실재도 없고, "참나"라는 실재도 없고 "무의식"이라는 실재도 없습니다.

모두 보이고 들리고 느껴지고 알아지는 경험에 대한 착각된 생각(관념)입니다!!!

삶은 '내'가 사는 것이 아닙니다.

삶은 그냥 되어지는 그대로의 경험입니다.

삶을 살려고 하니 혼란스럽고 힘들고 괴롭게 됩니다.

지금 이 순간 일어나는 보임이든 들림이든 느껴짐이든 알아짐이든,

단지 그냥 알아지는 그대로의 경험상태이기만 하면, '내'가 경험한다는 착각도 없고 '내'가 어떻게 경험하려는 함도 없으면, 삶은 조금도 불편하지도 힘들지도 괴롭지도 않습니다!!!

거듭 말씀드리지만, 생각과 선택으로 살려하지 말고 우러나는 마음과
처해지는 상황대로 사십시오.
그러한 삶이면 스스로 정리되고 해결되어질 겁니다.
삶도 그렇게 스스로 편안해지게 될 겁니다!!!

88

〈당신이 이 세계 안에 있는 것이 아니라, 이 세계가 당신 안에 있는 것이다. 왜냐하면, 당신이 잠자는 동안은 세상을 인지할 수 없고, 잠에서 깨어나야 다시 인지되니까… 그래서 세상은 당신의 생각이다.〉

정말 잠자는 동안 세상을 인지할 수 없을까?

잠자는 동안에도 모기가 물면 문 줄이 인지되기에 손으로 긁는 일이 일어나고, 잠자는 중에도 오줌 마려움이 인지되기에 오줌 누러 일어나게 된다.

그 외에도 수많은 잠자는 중 인지 사례들을 들 수 있는데, 그래도 잠자는 동안은 세상을 인지할 수 없다고 단정할 수 있을까?

그래도 잠자는 동안에는 세상은 없다고 단정할 수 있을까?

그래도 세상이 당신 안에 생각으로 있는 거지 당신이 세상 안에 있는 것이 아니라고 단정할 수 있을까?

〈이 세상은 나(당신)의 생각이다. 내(참나)가 먼저 있고, 내(참나)가 이 세상(현상계)을 창조한다. 세상(우주)은 나(당신)의 상상이다. 이 세상은 참나에 나타난다.〉

- 〈내가 육체의 암4기라 하는가? 육체가 자기는 암4기라 하는가? 육체는 인식이 없다. 그래서 육체는 내가 아니다. 나인 마음은 병들지 않

는다.〉

- 〈우주(세상)가 나를 존재한다고 하는가? 나 스스로 내가 존재한다고 하는가? 내가 우주(세상)가 있다고 하는가? 우주(세상)가 스스로 있다고 하는가? 내가 나를 스스로 존재한다고 하고, 내가 우주(세상)를 존재한다고 한다.〉

- 〈그렇게 생각해야 한다. 그런 관점으로 세상을 봐야 한다. 그래야 참 나를 발견할 수 있다.〉

내가 육체가 암4기라 하는가? 의사의 암4기라는 말이 들린 경험에서 암4기란 생각이 나는가?

듣지 않으려 해도 들리고 생각하지 않으려 해도 생각이 나는데, 듣고 생각하는 내(나)가 있는가?

암4기란 의사의 말을 듣지 않으려 하면 들리지 않고, 암4기란 의사의 말을 생각하지 않으려 하면 암4기란 생각은 안 나는가?

내가 아무리 생각지 않으려 해도 암4기란 생각은 끊임없이 틀림없이 날 것이다.

그럼에도 내(나)가 암4기란 생각을 했다고 할 수 있으며, 그런 생각을 하는 내(나)가 있다고 할 수 있을까?

육체가 병드는가? 마음이 병드는가?

육체에 병이 있어도, 육체가 병들었다고 규정하는가? 육체가 괴롭다고 하는가?

육체에 병이 있으면, 마음이 육체가 병들었다고 규정하는가? 마음이 괴롭다고 하는가?

육체가 병들었는데 왜 마음이 육체가 병들었다고 규정하고 괴로울까?

그래도 육체가 병들고 마음이 병들지 않는다고 단정할 수 있을까?

그래도 육체는 나가 아니고, 마음이 나라고 단정할 수 있을까?

내가 나를 존재한다고 하는가? 세상(우주)이 나를 존재한다고 하는가?

인식될 때부터 세상의 아무도 나를 존재한다고 하지 않으면 스스로 존재한다고 생각될까?

인식될 때부터 세상(우주)이 경험되지 않으면 나와 나 아닌 세상이란 생각이 들까?

인식될 때부터 자신인 나만 스스로 인식되고, 나 아닌 세상에 대한 인식이 없었던가?

오히려 나 아닌 세상이 인식되고, 그 세상이 나를 존재한다고 끊임없이 규정하지 않았던가?

그래도 내가 먼저 존재한다고 단정할 수 있을까?

그래도 세상은 나의 상상(생각)이고 나의 창조물이라고 단정할 수 있을까?

그렇게 생각하고 그런 관점으로 세상을 봐야 참나를 발견할 수 있다면, 그런 참나야말로 상상(생각)의 산물(창조물) 아닐까?

그런 참나는 어떻게 경험되는가?

깨달음과 자유에 이르는 유일한 길 깨어있음 - 문답편

소리가 없는데 들림이라는 앎(경험)이 있는가?

형색이 없는데 보임이라는 앎(경험)이 있는가?

냄새나 맛이 없는데 맡아짐이라는 앎(경험)이 있는가?

접촉이 없는데 느껴짐이라는 앎(경험)이 있는가?

그런 앎이 없는데 느낌/생각/의도라는 마음현상이 있는가?

조건생멸(연기)이 없는데 의식(인식)이라는 앎(경험)이 있는가?

그래서 부처님은 의식(인식)이라는 앎(경험)도 조건생멸(연기)이라고 말씀하시지 않았던가?

그래서 부처님은 조건생멸(연기)인 의식이라는 앎(경험) 내용도 조건생멸(연기) 현상일 수밖에 없다고 말씀하시지 않았던가?

참나도 결국 의식이라는 앎 내용일 수밖에 없지 않는가?

그러니 참나는 상상(생각)의 산물(창조물)일 수밖에 없지 않을까?

그러니 세상이나 참나나 모두 의식이라는 앎 내용일 뿐이고, 의식이라는 앎과 그 내용(생각)은 조건생멸인 연기현상이지, 참나라는 존재의 생각이라고 단정할 수 없는데,

그래도 세상은 참나에서 나타난 참나의 상상이라는 생각이라고 단정할 수 있을까?

89

닭이 먼저인가요? 달걀이 먼저인가요?

닭이나 달걀이라는 것은 관념(생각대로 실재라는 착각)입니다!!!

단지 물질적 정신적 생멸작용의 현상일 뿐인데, 그러한 현상을 실재라는 착각으로 닭이 먼저인가요? 달걀이 먼저인가요? 라는 의문에 빠지게 된 것입니다.

그러한 착각 없는 경험 실제에는 닭이라는 실재도 없고 달걀이라는 실재도 없고, 그래서 선후(先後)라는 또 다른 관념도 있을 수 없습니다!!!